Klaus-Ewald Holst

Bewegte Zeit
Ein Leben voller Energie

Mit einem Vorwort von Kurt Biedenkopf

mitteldeutscher verlag

Inhalt

Vorwort

Kurt Biedenkopf

Mit seinem Buch will uns Klaus-Ewald Holst gleich drei Geschichten erzählen: die Geschichte seines Lebens; die Geschichte von der Überwindung der Unfreiheit, dem Wunder Leipzig, dem Fall der Mauer, der Verwandlung seines unterdrückten Landes in ein freies Land und wie er diese historische Zeit erlebt hat; schließlich die Geschichte von der Verwandlung des Volkseigenen Betriebes Verbundnetz Gas, Teil eines Kombinates, in eine selbständige VNG AG mitten in der Zeit des Umbruchs. Handstreichartig gewissermaßen, mit einem westdeutschen Partner, der Ruhrgas AG, gelingt ihm das alles noch vor der Wirtschafts- und Währungsunion im Juni 1990, schneller und erfolgreicher als vielen anderen. Er wird dabei auch noch der Chef des neuen Unternehmens – und bleibt es bis zum Ende seines Arbeitslebens.

Die Geschichten stehen nicht nebeneinander. Sie sind miteinander verwoben, um sich schließlich zu einer Geschichte zu verdichten, der das Buch seinen Titel verdankt: „Ein Leben voller Energie". Die Energie des Mannes und die Energie, die sein berufliches Leben bestimmt: das Erdgas.

In die Wiege gelegt war Klaus-Ewald Holst dies alles nicht. Als er im Mai 1943 geboren wurde, lebte sein Vater nicht mehr. Er war als Soldat vor Leningrad im Oktober 1942 gefallen. So wurde der Großvater zu seiner Leitfigur. Er war es auch, der seinem Enkel später den Rat gab, nicht Jurist zu werden. Es habe keinen Sinn, in einem Unrechtsstaat Jura zu studieren. Er solle etwas studieren, das nicht Sache der Auslegung der herrschenden Ideologie sei. Der Enkel folgte dem Rat und wählte das Ingenieurstudium.

Als Holst im Juni 1961 das Abitur ablegte, war es zu spät, die DDR zu verlassen. Wenige Wochen später wurden der Westen und der Osten Deutschlands scheinbar dauerhaft durch den Bau der Mauer getrennt. So studierte er an der Bergakademie Freiberg und wurde Ingenieur. Der Großvater hatte ihm mit seinem Rat den Weg bereitet. 1968 begann seine berufliche Laufbahn bei dem VEB Verbundnetz Gas in Leipzig. Sein Leben in der DDR beschreibt Holst ohne Groll, eher beobachtend und mit viel Gefühl für die menschlichen Probleme, die aus der Unfreiheit erwachsen.

Seit 1982 fanden die montäglichen Friedensgebete in der Nikolaikirche statt. Während diese Gebete zunächst auf die Kriegsgefahr auf deutschem Boden aufmerksam machen wollten, die von der Aufstellung der SS20-Raketen ausging, wurde die Kirche zunehmend zu einem Schutzraum für Ausreisewillige, die nur dort gefahrlos miteinander über ihre Pläne sprechen konnten. Im September 1989 begannen die Dinge, sich zu verändern. Die ungarische Grenze wurde für die DDR-Bürger durchlässig. In Leipzig beginnen die Montagsdemonstrationen, noch durch die Polizei niedergeknüppelt. Holst und seine Frau verbringen im September 1989 einen Urlaub in Bulgarien. Bei der Rückreise fragte man sie an der Grenze, ob sie wirklich noch nach Leipzig wollten. Viele hatten sich dagegen entschieden und den Weg nach Österreich gewählt. Holst erzählt, seine Frau und er hätten die Frage zunächst nicht verstanden.

Am 7. Oktober 1989 kann Klaus-Ewald Holst zum ersten Mal nach Westdeutschland reisen. Als er zurückkam, findet er eine veränderte Welt vor. In Leipzig hatte die erste friedliche Demonstration stattgefunden. Zehntausende waren zusammengekommen. Sie wollten keine Gewalt. Die wenigen Tage zuvor angedrohten polizeilichen und militärischen Maßnahmen gegen die Demonstranten unterblieben. Es war das Wunder von Leipzig.

Wenige Tage später musste Honecker zurücktreten. Auf die Frage nach der Flucht der Jugend aus der DDR hatte er geantwortet: „Sollen sie doch gehen. Wir weinen ihnen keine Träne nach." Er hatte damit nicht nur den Bogen überspannt, sondern auch sich und seine Ideologie selbst verraten. Mit der großen Demonstration am 9. Oktober 1989 in Leipzig begann auf unwiderrufliche Weise der Zusammenbruch der kommunistischen Herrschaft in der DDR. Krenz, der Nachfolger Honeckers wurde, war ebenso wie Modrow nach dem Fall der Mauer am 9. November 1989 nur noch politischer Insolvenzverwalter.

Vom Fall der Mauer berichtet Holst, er habe am Abend des 9. November in Bernburg/Saale mit Kollegen zusammen gesessen und getrunken, als ein Kollege in den Raum gekommen sei, um über die Ereignisse in Berlin zu berichten. Man habe ihn nicht ernst genommen und weiter getrunken. Erst am nächsten Morgen habe man die ganze Tragweite der Ereignisse begriffen. Dem Bundestag ging es im Übrigen am Abend des 9. November ähnlich. Als ein Redner beiläufig erwähnte, die DDR habe die sofortige Ausreise ohne weitere Anträge erklärt, dauerte es eine ganze Weile, bis die Parlamentarier begannen, die historische Bedeutung der Nachricht zu verstehen.

Mit dem Mauerfall beginnt die dritte Geschichte: die Verwandlung des VEB VNG in ein selbständiges Unternehmen und letztlich in die VNG AG. Dies alles vollzog sich in wenigen Monaten. Schon im September hatte man sich bei der VNG Gedanken gemacht, wie das Unternehmen in Zukunft weiter leben und sich aus der Kombinatsbindung befreien könnte, um selbständig handeln zu können. Als sich im Dezember 1989 der Generaldirektor des Gaskombinates, zu dem der VEB VNG gehörte, mit Dr. Liesen, dem Vorstandsvorsitzenden der Ruhrgas AG, traf, entschied sich Holst zu handeln. Zusammen mit seinen Mitstreitern intervenierte er auf eine Weise, die der Improvisationsfähigkeit der Bürger in der DDR Ehre machte. Sein Bericht über diese Monate und was sich daraus ergab gehört zu den spannendsten Teilen des Buches. Die Herrschaft der Konzernleitung und damit auch die politische Macht wurden überwunden. „Da lag die Macht auf der Straße – lasst sie uns aufheben", schreibt Holst über diese Zeit.

In den nächsten Monaten vollzog sich der Wandel der VNG zur AG. Am 29. Juni 1990 wurde die Aktiengesellschaft in Gründung notariell angemeldet. Zuvor hatte sich die VNG offiziell vom Gaskombinat verabschiedet. Ohne die Mitwirkung der Ruhrgas wäre dies sicher nicht möglich gewesen. Aber die treibende Kraft waren Menschen aus dem Osten. In Holst hatten sie ihren Vormann gefunden. Am 5. Oktober 1990 konstituierte sich der Aufsichtsrat der neuen VNG AG. Herr Späth, Ruhrgas, übernahm den Vorsitz. Holst wurde Vorsitzender des Vorstandes und erhielt einen Fünf-Jahres-Vertrag – wohl der einzige dieser Art zu dieser Zeit. An der endgültigen Gestaltung des Aktionärskreises beteiligte sich auch ein „Club" von zwölf ostdeutschen Städten mit einer Sperrminorität.

Die VNG unter Führung von Klaus-Ewald Holst und mit ihr alle Beteiligten, die Belegschaften, die Partner, die Aktionäre, der Betriebsrat waren im wiedervereinten Deutschland angekommen. Das Unternehmen entwickelte sich und war schließlich der große Konzern, der bis heute seinen Sitz in Ostdeutschland hat. Sein Aktionskreis reicht weit über die deutschen Grenzen hinaus. Die neue VNG konnte die langjährigen Lieferbeziehungen zur ehemaligen Sowjetunion fortsetzen und langfristige Verbindungen mit Norwegen ausbauen.

In den Folgejahren entwickelte sich das Unternehmen zu einem wirtschaftlichen und – dank des Kunstinteresses seines Vorsitzenden – auch zu einem kulturellen Anreger und Förderer. Vor allem jedoch wurde es zu einem wesentlichen Mitgestalter der Energiestruktur im östlichen Teil Deutschlands. Der Freistaat Sachsen und die Stadt Leipzig sind dankbar für seine Beiträge zu ihrer Entwicklung und stolz auf das Unternehmen und seinen Gestalter in der ersten Stunde und bis heute.

Genosse Großvater

Im Herbst 1965 starb mein Großvater Karl Nahmmacher. Ich hatte mich morgens von ihm verabschiedet, er war schon sehr schwach, doch er lächelte mir zu. Als ich abends von der Arbeit zurückkehrte, war sein Lächeln erloschen. Bevor der Sarg verschlossen wurde, legte ich ihm eine schwarz-weiß-rote Kokarde in den Farben des deutschen Kaiserreichs ab 1871 in die Hände, er hatte mir dieses Versprechen abgenommen. Dieser Wunsch kam mir damals komisch vor. Mein Geschichtsbild war vom sozialistischen Schulunterricht geprägt, ich begriff nicht, wie sehr die Zeit der stürmischen Entwicklung Deutschlands zur industriellen Großmacht in Europa in vielen Menschen aus Großvaters Generation nachwirkte. Bismarck war für mich nur der Feind der Arbeiterklasse, der Verfasser der Sozialistengesetze. Seine ungeheure staatsmännische Leistung bei der Bildung des deutschen Nationalstaates, bei der Erhaltung des Friedens nach 1871 durch Ausgleichspolitik nach Ost und West, besonders seine Behandlung Russlands, spielten keine Rolle bei der Bewertung seiner Person.

Viele Jahre später kamen mein Bruder Günther und ich im Gespräch auf die Frage, was uns in der DDR mit am meisten gestört habe, und wir gelangten zur selben Antwort: zum einen der Mangel an richtigen Vorbildern im Arbeitsleben, denn die Vorgesetzten saßen überwiegend ideologiebedingt auf ihren Posten, und zum anderen die fehlende Möglichkeit, sich frei und ungegängelt mit Geschichte befassen zu können. Großvater war für beides gut – er war ein menschliches Vorbild und ein lebendes Stück Geschichte. Sein Lebenslauf war natürlich vergleichbar mit denen Millionen anderer Menschen, aber für mich von einzigartiger Strahlkraft und prägender Bedeutung.

Viele Menschen schwärmen von ihren Großeltern, besonders wenn sie ihre Eltern in der Kindheit vermissen mussten. Aus der Sicht von Kindern haben besonders die Väter oft durch Abwesenheit geglänzt, sie waren auf Arbeit, abends im Verein oder auf andere Weise gesellschaftlich vereinnahmt, und heimgekommen, eilten sie noch für ein paar rasche, misslingende Erziehungsmaßnahmen ans Bett des Sprösslings. Die Großeltern dagegen müssen nicht erziehen, sie haben Zeit, auf das Kind einzugehen, sind gütig und nachsichtig und bewirken oft unbewusst viel mehr bei dem jungen Menschen als die Eltern.

Ich weiß, was ich alles von meinem Großvater habe: starke Kurzsichtigkeit gepaart mit der Farbschwäche Rot-Grün, früher Haarausfall, Liebe zur Morchel, zum Essen und Trinken allgemein, Sparsamkeit und Freude am Leben, eine starke Liebe für die Familie. Was ich von meinem Vater habe, weiß ich dagegen nicht, denn er war nicht da, bereits vor meiner Geburt gefallen bei Hitlers Überfall auf die Sowjetunion. So war mein Großvater auch Vaterersatz und nach 1945 Ernährer einer sechsköpfigen Familie. Doch der Reihe nach.

Großmutter Helene und Großvater Karl Nahmmacher, 1914

Großvater entstammt einer hochgebildeten evangelischen Pfarrersfamilie aus Wesenberg in Mecklenburg-Strelitz, die dort seit 1713 wirkte. Wer die wunderschöne Feldsteinkirche in Wesenberg durch den Nebeneingang betritt, sieht ein großes Ölporträt seines Großvaters aus dem Jahr 1862, der seinerseits über fünfzig Jahre lang Pfarrer in Wesenberg gewesen war und die dortige Schule gegründet hatte. Großvater studierte nach dem Abitur Theologie und Philologie, besuchte 1893 bis 1894 das theologische Seminar der Universität Leipzig. Zurück in Neustrelitz, wirkte er von 1898 bis 1901 in der großherzoglichen Familie als Erzieher des Prinzen Borwin. Seine erste Predigt hielt er in der 1859 erbauten Schlosskirche. Ab 1901 war er Lehrer am Gymnasium Carolinum in Neustrelitz.

Im ersten Weltkrieg meldete er sich freiwillig, kriegsbegeistert wie so viele, obwohl schon 40 Jahre alt. Die ganzen vier Jahre hindurch nahm er als Leutnant der Infanterie an dem Wahnsinn teil. Zuvor hatte er 1902 Helene geb. Nauck geheiratet, eine Tochter bekannter Domänenpächter in Mecklenburg; sie entstammte der Familie des Malers Philipp Otto Runge, des ‚Erfinders' der Romantik in der Malerei. Sie bekamen zwei Kinder, der Sohn Jürgen wurde Landwirt, die Tochter Hildegard, meine Mutter, Säuglingsschwester. Sie heiratete 1933

Ewald Holst, einen jungen Juristen aus Wilhelmshaven, der in Neustrelitz sein Referendariat machte. Bevor er jedoch in den Staatsdienst übernommen werden konnte, verlangte man von ihm, sich wieder von seiner Frau zu trennen; der inzwischen obligatorische Ariernachweis hatte 130 Jahre zurück „jüdisches Blut" zutage befördert. Mein Großvater schrieb daraufhin einen Brief an den „Führer". Man liest ihn mit Grauen. Ein stolzer, gebildeter Mann kriecht zu Kreuze, um seiner Familie zu helfen; vergebens. Mein Vater lehnte die Scheidung ab, er wurde Rechtsanwalt. 1940 zu den Pionieren eingezogen, fiel er am 1. Oktober 1942 vor Leningrad. Dies hat mein Großvater nie verwunden. Er schied 1937 vorzeitig aus dem Schuldienst aus – Naziideologie zu vermitteln war nichts für einen Humanisten wie ihn.

Und nun betrete ich die Bildfläche, geboren im Mai 1943, gleichsam als Vermächtnis seines im Krieg gebliebenen Schwiegersohns. Ich konnte nichts dafür, aber meine Brüder Günther und Werner kamen bei der Verteilung der Zuneigung nicht gegen das Nesthäkchen und Sonntagskind an. Bei Kriegsende war Großvater 70 Jahre alt. Als Familienoberhaupt hatte er seine Frau, seine Tochter mit drei Söhnen, elf, acht und zwei Jahre alt, durchzubringen. Bald wurden beide Wohnungen von den Russen requiriert. Meine Großmutter, eine couragierte Person, versuchte noch etwas von der Ausstattung zu retten, Silber, Bücher, Wäsche. Einmal, so erzählte sie später, habe sie gesehen, wie Soldaten in meinem Kinderbett ein Schwein schlachteten.

Großvater fragte mich einmal nach meinen ersten Erinnerungen an ihn. Meine ehrliche Antwort: Schläge auf meinen Hintern, verbunden mit fürchterlichem Geschrei. Er sah mich ungläubig an, dann schossen ihm die Tränen in die Augen. Schläge, Schmerzen, Geschrei als früheste Erinnerung, das hat ihn erschüttert. Es musste im Herbst 1945 gewesen sein. Ich konnte mich noch an einen großen Raum erinnern. Nun kam seine Rückbesinnung. Ja, wir wohnten zu sechst in einem großen, unbeheizten Raum, und ich muss vor Hunger ununterbrochen herzzerreißend geweint haben. Gegen meinen Hunger konnte er nichts tun, und das Weinen ertrug er irgendwann nicht mehr, da schlug er mich; es waren sicher nur Klapse der Hilflosigkeit. Bei unserer Rückschau musste nun ich schlucken. Mir wurde deutlich, wie auch Erwachsene in diesen Tagen gelitten haben mussten. Aber wir waren am Leben.

In unserer kleinen Stadt zogen wir allein in zwei Jahren sechsmal um. Großmutter erkrankte an Tuberkulose und war so immer eine akute Gefahr für uns alle. Großvater ging jeden Morgen zum Hamstern aufs Land. Er kannte viele Bauern, und viele halfen ihm, aber es wurde immer schwerer, da auch die Berliner auf der Suche nach Essbarem das Land überschwemmten. Wenn es nichts mehr allein für gute Worte gab, tauschte er Naturalien gegen Wertsachen aller Art. Silberne Tauflöffel wurden zu Kartoffeln, Damastservietten zu Mohr- und Kohlrüben, aus einem Goldring wurden Butter und Brot. So schwanden die Wertsachen dahin, doch der Hunger blieb, wurde größer. Auch Brennstoff musste besorgt werden. Großvater machte sich auf in den Wald und schleppte Knüppelholz nach Hause.

Eines Abends, es war wohl Ende 1946, klopfte es nach Einbruch der Dunkelheit an unserer Zimmertür. Heiliges Erschrecken! Es konnten nur die Russen sein, denn um diese Uhrzeit herrschte bereits strikte Ausgangssperre. Großvater verbarg sich hinter einem Kleiderschrank. Die Angst vor den Russen steckte damals tief und lähmend in den Menschen. Sie war letztlich auch eine Folge der Nazi-Propaganda, die Schreckensszenarien entwarf für den Fall, dass der Krieg verlorengeht und „der Russe" vorrückt. Vor dem Einmarsch der Roten Armee nahmen sich in Neustrelitz zahllose Menschen, oft ganze Familien, wohl dem Beispiel des „Führers" folgend, das Leben. Mit einem Mal waren viermal mehr Russen da, als die Stadt Einwohner hatte, hinter vorgehaltener Hand war von Vergewaltigungen und Deportationen die Rede, was sich oft genug als wahr erwies, deshalb suchte mein Großvater, der einzige Mann in unserer Familie, Schutz hinter dem Schrank.

Nach wiederholtem Klopfen öffnete meine Großmutter die Tür. Oh Gott! Tatsächlich ein Russe, ein Offizier mit umgeschnallter Pistole, und schon hatte er einen Fuß in die Tür gestellt. Er fragte in nahezu akzentfreiem Deutsch nach Großvater. Was sollte Oma sagen? Er wäre nicht da? Dann würde er die Sperrstunde missachten – und das bedeutete Tod durch Erschießen. Der Russe spürte die Angst und erklärte, unseren Großvater in guter Absicht sprechen zu wollen. Der kam hinter dem Schrank hervor, und der Russe wurde hereingelassen. Er war Lette, ein Jude namens Grünewald, Kulturoffizier der Roten Armee. Die Kulturoffiziere waren ein wichtiger Bestandteil der sowjetischen Besatzungspolitik, oft sehr gut ausgebildete Germanisten,

Historiker, Kunstwissenschaftler mit starkem Bezug zu Deutschland. Sie brauchten keine Dolmetscher und hatten Listen von Deutschen in allen Städten und Dörfern, derer man sich für die geistige Erneuerung des Landes im Sinne ihres Ziels, Ostdeutschland de facto zu einer ganz und gar abhängigen Sowjetrepublik umzugestalten, bedienen konnte.

Großvater war ein großer Verehrer von Fritz Reuter, dem plattdeutsch schreibenden Schriftsteller. Er rezitierte wie kein Zweiter aus dessen Roman „Ut de Franzosentid" über den Freiheitskampf gegen Napoleon. Diesen hatte er 1910, zum 100. Geburtstag Reuters, für die Bühne bearbeitet. Sein Stück war in Neustrelitz unter Mitwirkung meiner Mutter aufgeführt worden. Und in seinem Buch „Neustrelitz vor 50 Jahren" hatte Großvater 1933 die Stadt und ihre Bewohner beschrieben. So war er wohl auf die Liste der Russen gekommen. Reuters schweres Schicksal mit seiner siebenjährigen Festungshaft in den 1830er Jahren wegen „Teilnahme an hochverräterischen burschenschaftlichen Verbindungen" und zugleich sein genialer Humor haben ihn zeitlebens fasziniert und seine eigene Geisteshaltung geprägt: Niemals öffentlich jammern, und geht es dir noch so schlecht, es nimmt dir die Zeit und die Kraft, dich aus einer Misere zu befreien. Ich habe Großvater nie klagen hören! „Wehre dich", sagte er immer, „und tu etwas – nur so kannst du vor dir bestehen, vor deinem Umfeld, deiner Familie und vielleicht vor Gott." Selbst als er auf die Neunzig zuging und blind wurde, musste ich ihn um die Häuserblöcke führen und Gedichte vorlesen, die er dabei auswendig lernte.

Kulturoffizier Grünewald konnte Großvater dafür gewinnen, die Menschen aus dem auch geistigen Zusammenbruch herauszuführen. Dies tat er mit Begeisterung und mit Fritz Reuter. So saß er hungrig bei Kerzenschein da und bereitete Vorträge vor, die er in Neustrelitz und den umgebenden Dörfern hielt. Per Flugblatt wurden sie angekündigt – und Studienrat Nahmmacher zog Publikum. Vielleicht erschien es zunächst nur wegen der Aussicht, in einem Raum zusammenzusitzen, sich gegenseitig zu wärmen und der Tristesse des Alltags zu entfliehen. Im Winter war die Eintrittskarte ein Stück Holz oder Kohle zum Heizen des Raums. Ich war nie dabei, kann mir aber lebhaft vorstellen, wie die Menschen hungrig und frierend dasaßen und einem schmächtigen, aufrecht stehenden Mann mit Glatze und Nickelbrille zuhörten, der den Humor Fritz Reuters und ihrer Mecklenburgischen Heimat über sie ergoss: „Läuschen un Rimels", Schwänke und Reime wie „De russischen Rubeln", „De Drom" oder „Die Sokratische Methode" – man kommt aus dem Lachen nicht wieder heraus. So half Großvater vielen Menschen in harter Zeit, den Augenblick erträglich zu machen. Dann war das letzte Wort verklungen, der letzte Scheit Holz abgebrannt, und die Mägen begannen bald wieder zu knurren.

Das mag Großvater irgendwann als zu wenig empfunden haben – so erkläre ich mir, dass er dem Drängen nachgab und Mitglied der 1946 entstandenen SED wurde. Vielleicht tat er es aus dem Gefühl heraus, sich nach der faschistischen Barbarei mehr für das neue Deutschland einsetzen zu müssen, vielleicht wies ihn auch nur der leere Magen, mein weinendes Geschrei, der fehlende Wohnraum oder eine Mischung aus alldem. 1948 bekamen wir durch Vermittlung des Rotarmisten Grünewald eine Wohnung, sogar mit Zentralheizung. Wenn keine Kohlen da waren, schleppte Großvater Knüppelholz aus dem Wald und wir Jungen mussten mit ran.

Dazu hatte er immer seinen Spannnagel parat. Das ist ein Stahlnagel von zehn Zentimetern Länge, der Vorder- und Hinterteil eines Handwagens miteinander verbindet und die Lenkung mittels der Deichsel ermöglicht. Wohl dem, der jetzt beides besaß. Sobald die Kunde von einem Holzeinschlag in den Kiefernwäldern rund um die Stadt zu uns drang, ging es los. Erst musste man den Ort des Geschehens finden, dann rasch sägen, hacken, aufladen, nur das Holz der Kronen, kein Stück dicker als fünf Zentimeter ohne Genehmigungsschein. Und rasch ab nach Hause, ohne von Förstern oder Russen gesehen zu werden. Dort angekommen, sorgte Großvaters Beute für Feuer, Wärme – Leben. Der Handwagen hat, so denke ich, nach dem Krieg das Überleben vieler Deutschen in Ost und West ermöglicht.

Ich bin sicher, Großvater hat spätestens nach der Gründung der Deutschen Demokratischen Republik und damit der endgültigen Teilung Deutschlands seinen Schritt zum Genossen bereut. Langsam wurde ihm die geistige und politische Haltung der neuen Herrscher um Walter Ulbricht immer deutlicher.

Die seriöse Erscheinung des Staatspräsidenten Wilhelm Pieck verstellte noch eine Weile die Erkenntnis, dass sich eine neue Diktatur ausbildete, aber Ulbrichts Reden erfüllten nicht nur Großvater mit Grausen.

Bald sollten wir sie zu hören bekommen, denn die Familie beschloss, auf ein Radio zu sparen. Jeder entbehrliche Pfennig wurde in eine Dose getan, jedes Wochenende wurde ausgeschüttet und gezählt. Meine Mutter arbeitete täglich acht Stunden im Dreischichtdienst, verrichtete danach viele Stunden Hausdienst und bekam nur ein paar Stunden Schlaf, zudem war sie schwerhörig. Und doch verlor sie nie ihren Humor. Wir brauchten drei Jahre, dann war es soweit, für 250 Mark kam ein Radio ins Haus, ein Nachfolgemodell des Volksempfängers. Am ersten Abend saßen wir feierlich um das kleine Gerät herum, als wäre Weihnachten, dann, nach Ende der Stromsperrzeit, wurde er eingeschaltet. Wir hielten den Atem an, hörten erst ein Piepsen, Knarzen. Großvater drehte am Senderknopf, der sich über eine beleuchtete Skala bewegte – Antwerpen, Belgrad, London, Paris, Hilversum – dann ein klarer Ton – klassische Musik – dann Sprechen – stiller Jubel, Faszination. Wir hatten nun Anschluss an die Welt! Die Großeltern hörten klassische Musik – Bruckner, Beethoven, Mozart und Bach –, mein ältester Bruder Günther verfolgte den Englischunterricht der BBC, für Bruder Werner gab's Operetten, Caterina Valente für mich, Mami schlief nach der Arbeit immer sofort ein. Gemeinsam verfolgten wir die Olympischen Spiele 1952 in Oslo und Helsinki, 1956 in Melbourne. Wir hörten auch noch Rom 1960 und Tokio 1964 zusammen, doch da lockte auch schon das Fernsehgerät eines Nachbarn.

Aber eines Tages im Jahr 1953 diese Stimme! Ich gehe etwas einkaufen und sehe einen großen roten Zettel hängen mit der Warnung „Ausnahmezustand!" und einer Liste von Verboten, die den Klassenfeind stoppen helfen sollen. Zurück in der Wohnung, frage ich Großvater, was denn ein Ausnahmezustand sei. Er erschrickt und stellt sofort das Radio an. Da saßen wir in der Mecklenburgischen Provinz und hörten, was gerade in Berlin, Leipzig und Bitterfeld auf den Straßen geschah, am 17. Juni, dem Tag des Volksaufstands. Und wir hörten Walter Ulbricht, seine unsägliche Fistelstimme. Spätestens jetzt hat Großvater seine Genossen gehasst. Auch wenn weiterhin jeden Monat welche bei ihm erschienen, um den Mitgliedsbeitrag zu kassieren, denn aus der Partei trat er nicht aus, er wollte wohl seinen Enkeln nicht schaden. Seinen grauen Star auf beiden Augen machte er sich zunutze. Er ließ mich die Gäste ins Wohnzimmer bringen, wo er auf seinen Stock gestützt auf dem Sofa saß, knurrend einen Gruß erwiderte, ausgestreckte Hände geflissentlich übersah und sich von mir Parteibuch und Beitrag reichen ließ. Marken mit Symbolen der SED wurden eingeklebt, dann geleitete ich die Genossen zurück auf den Flur. Es waren freundliche Damen, die für Ulbrichts Stimme und Taten nichts konnten.

Großvater erkannte leidvoll, dass wir unfrei und materiell unterversorgt in einer Diktatur lebten, in der Diktatur des Proletariats, das dafür in Geiselhaft genommen worden war. Später las ich bei Golo Mann: „Marx war nicht in der Lage, seine Familie zu ernähren. Dies überließ er seinem Freund Engels. Wie und warum sollte man einem Mann und seiner Lehre, die alle Menschen ja bei Befolgen der Ratschläge frei, reich und glücklich machen wollte, danach glauben?"

Nachdem das Radio im Wohnzimmer stand, sparte Großvater das ganze Jahr über Pfennig um Pfennig für die Weihnachtsgans. Die Vorfreude war groß, dann war es soweit, wir bereiteten sie zu und verzehrten unsere kleinen Portionen am Festtag. Doch ebenso genüsslich aßen wir eine einfache Schnitte mit Margarine und Salz, dazu eine selbst gezogene Tomate. Wir wussten dem Leben auch in solch kleinen Dingen jede Menge Freude abzugewinnen. Großvater brachte mir Skat und Schach bei. Mit Glaubensfragen und Religion hat er mich, obwohl es nahegelegen hätte, über die Konfirmation hinaus nie bedrängt, das habe ich ihm hoch angerechnet. Heute bedauere ich es jedoch auch ein wenig, denn bei unserer atheistischen Ausbildung in der DDR blieb ich ohne rechtes Wissen und Verständnis etwa für den Einfluss des Christentums auf die Künste und das abendländische Denken.

1957 begann meine Zeit auf der EOS, der Erweiterten Oberschule. Der Zugang zum Abitur stand aus meiner Sicht damals noch nahezu allen offen, die gewisse Leistungen in der Grundschule erbracht und sich nicht als „Feind der Republik" erwiesen hatten. Unser Jahrgang sollte in zwei naturwissenschaftliche Klassen

Vor dem ersparten Radio, 1960

19

Tagesspaziergang mit 90: Meine Mutter Hildegard Holst, mein Großvater und ich 1964 in der Breitscheidstraße in Neustrelitz

und eine Sprachenklasse eingeteilt werden, dazu sollten wir alle nach unserem Berufswunsch befragt werden. Ich sprach mit Großvater und nannte ihm als meinen Berufswunsch Jurist, wie mein Vater, den ich nie kennengelernt hatte. Großvater schaute mich an und sagte: „Jung, das geht nicht. Es gibt keinen Sinn, in einem Unrechtsstaat Jura zu studieren, mach es nicht. Studiere etwas, das nicht eine Sache der Auslegung der herrschenden Ideologie ist. Die Gesetze der Schwerkraft können Ulbricht und seine Genossen nicht verdrehen." Das überzeugte mich zwar nicht vollständig, aber am nächsten Tag antwortete ich auf die Frage nach meinem Berufswunsch mit: Ingenieur. So wurde ich einer naturwissenschaftlichen Klasse zugeordnet. Ich war zufrieden, da die meisten meiner Sportkameraden ebenfalls in ihr landeten. Zwischendurch wollte ich Lehrer für Sport und Geschichte werden, das verhinderte ein böser Muskelriss beim Abiturturnen.

Nach dem Krieg war meine Mutter die einzige Rechtsanwaltsfrau, die in Neustrelitz geblieben war. Alle anderen Anwaltsfamilien aus ihrem Bekanntenkreis waren rechtzeitig aus der Sowjetischen Besatzungszone in den Westen gezogen und bauten sich dort eine neue Existenz auf. Viele schrieben ihr: „Kommen Sie doch hierher, gehen Sie weg aus Ulbrichts Osten." Das wäre sie wohl gerne. Manchmal sah sie mich nachdenklich an und sagte: „Wenn du Abitur gemacht hast, packen wir unsere Koffer und fahren über Westberlin nach drüben." Drüben, in der Bundesrepublik, hätte ich dann zu denen gezählt, die vom ersten sozialistischen Staat auf deutschem Boden gut ausgebildet worden wären, um gleich danach in die „Frontstadt" Westberlin, diesen kapitalistischen Stachel im Fleisch des Arbeiter-und-Bauern-Staates, überzulaufen.

Im Juli 1961 machte ich mein Abitur. Danach hätten wir kaum Zeit gehabt, unsere Koffer zu packen, denn am 13. August wurden die Grenzen der Sowjetischen Zone geschlossen und es wurde damit begonnen, die Mauer mitten durch Berlin zu ziehen. Wir hatten noch die sächsisch-näselnde Stimme Walter Ulbrichts im Ohr, der erst wenige Tage zuvor verkündet hatte, dass niemand die Absicht habe, eine Mauer zu errichten. Wahrscheinlich hat dieser unangenehme Slang des Leipzigers Ulbricht für lange Zeit dazu beigetragen, den sächsischen Dialekt in Misskredit zu bringen.

Die DDR hatte durch die Flüchtlingsströme Richtung Westen einen fürchterlichen Aderlass an Wissen, Können und Kreativität erlitten. Jede Universität, jede Schule, jeder Betrieb, jedes Krankenhaus konnte ein Lied davon singen. Persönlich bewusst wurde mir selbst dies in den Jahren nach dem Fall der Mauer, als die Menschen aus dem Westen kamen, um uns zu helfen, und ich an so vielen Lebensläufen erkannte, dass sie ursprünglich aus Berlin, Magdeburg, Bernburg, Cottbus, Erfurt, Rostock stammten – der gesamte Osten war vertreten. Sie alle hatten vor 1961 „rübergemacht" wie beinahe jeder achte DDR-Bewohner, unter ihnen zahlreiche Angehörige der Intelligenz.

In vielen Diskussionen ist bis heute als Argument für den Mauerbau zu hören: Die (arme) DDR, was hätte sie denn tun sollen? Walter und Erich und ihre Genossen, sie konnten doch gar nicht anders. – Darauf ist leicht zu antworten: Sie hätten eine Politik machen müssen, die den Menschen das Leben in ihrer Heimat erträglich gestaltet hätte. Die eigene Bevölkerung durch eine nach innen gerichtete Grenze namens „antifaschistischer Schutzwall" am Weglaufen zu hindern und bei Versuchen, es doch zu tun, auf sie zu schießen, bleibt ein durch nichts zu rechtfertigender Makel.

Im August 1961 war das letzte Loch in die Freiheit, die Grenze zu Westberlin, verschlossen und für uns damit jegliche Hoffnung auf ein Leben im Westen gestorben.

Ich nahm mein Studium an der Bergakademie Freiberg auf, der ältesten montanwissenschaftlichen Hochschule der Welt, gegründet 1765. Neben der guten Ausbildung zum Ingenieur, bei der unsere Professoren auch sehr auf die Persönlichkeitsbildung achteten, lernte ich bereits die harte Praxis der Berufswelt kennen, etwa auf einem Bohrturm bei der Suche nach Öl und Gas.

Abgerundet wurden meine Studienjahre von intensivem Trink- und Singunterricht.

Pfarrer Morche, Günther, Klaus-Ewald, Werner Holst (v. l. n. r.) in der Pfarrkirche von Wesenberg/Mecklenburg vor dem restaurierten Bild des Ururgroßvaters Sigismund Nahmmacher

Nun stelle ich mir Folgendes vor: Meine Antwort „Jurist" hätte mich nach dem Abitur etwa nach Berlin zum Studium der „Sozialistischen Rechtswissenschaften" an die Humboldt-Universität geführt. Dort wäre ich Ende 1967 Diplom-Jurist geworden und mit dem nötigen Ehrgeiz in den Staatsdienst eingetreten. Schritt für Schritt hätte ich, ohne es zu merken, aus Karrieregründen meine inneren Überzeugungen verdrängt und vergessen, hätte mich arrangiert und wäre immer tiefer aktiv in das Unrechtssystem der sozialistischen DDR hineingeraten. Vielleicht hätte ich aus Selbstschutz sogar begonnen, den ideologischen Unsinn zu glauben und ihn mir zu eigen zu machen. Ich wäre Staatsanwalt oder Richter geworden, in die SED eingetreten und hätte Republikflüchtige ins Gefängnis geworfen, Kinder ihren Eltern weggenommen, sie zur Zwangsadoption freigegeben und hätte dies alles für rechtens gehalten. Mein zweiter Bruder hat aus meiner Sicht eine damit vergleichbare Entwicklung durchlaufen. Er war gelernter Maschinenschlosser, wollte Ingenieur werden. Um studieren zu dürfen, musste er zunächst Dienst bei der Transportpolizei leisten, einem mit halbschweren Waffen ausgerüsteten Militärverein der Reichsbahn, der bereits vor der Wiedereinführung der Wehrpflicht in beiden deutschen Staaten zum Schutz gegen den „Klassenfeind" existierte. Nach zwei Jahren fiel er durch die Aufnahmeprüfung und nach weiteren eineinhalb Jahren dort erneut – vier Jahre Dienst an der Waffe hatten ihn nicht vorangebracht. So blieb er bei der Transportpolizei, absolvierte später eine Offiziersausbildung im Kriminalbereich, trat in die SED ein, wurde nach dem Fall der Mauer 1990 entlassen. Die politischen Gründe dafür sind nachvollziehbar, fachlich hätte man ihn weiter gebrauchen können, er war ein normaler Mensch in einem anormalen System gewesen.

Nach dem Ende der DDR hat er sich nicht in den Schmollwinkel zurückgezogen und dem Sozialismus nachgetrauert, sondern für mickriges Geld Arbeit angenommen und dabei auch sicher seine Vorurteile gegenüber dem Kapitalismus und der sozialen Marktwirtschaft bestätigt bekommen, ganz sicher nicht als Einziger. Ich hatte das Glück, dass mich mein Großvater von der Berufsidee Jurist abbrachte und damit einen ganz anderen Weg einschlagen ließ. Dafür bin ich ihm bis heute dankbar.

Meine erste Westreise
und das „Wunder von Leipzig"

Zum Schlangestehen hat es in Deutschland schon oft Gründe gegeben: vor den Suppenküchen im Kohlrübenwinter 1917, vor den Geldschaltern während der großen Inflation 1920/23, in den Warteschlangen der Arbeitsuchenden während der Weltwirtschaftskrise wenige Jahre später. Es war immer Ausdruck eines Mangels. In der DDR gehörte das Schlangestehen quasi zur Grundausbildung der Menschen und war nahezu permanent gefordert. Natürlich gibt es die Schlange auch in anderen Ländern, in Großbritannien zum Beispiel stellt man sich an der Bushaltestelle brav hinten an, dort ist es ein Ausdruck von Disziplin. Das war auch bei uns so, der DDR-Bürger schrie nicht über die Köpfe hinweg nach seinem Kotelett, sondern reihte sich geduldig in die Schlange beim Fleischer ein. Manchmal war der Vorrat des Begehrten aufgebraucht, wenn er endlich dran war, dann ging er meist friedlich nach Hause. Ich habe seit meiner Kindheit in Schlangen gestanden, zwei sind mir in besonderer Erinnerung. Erstere hatte mit Mangel an geistiger Freiheit, letztere mit Reisefreiheit zu tun.

Irgendwann Mitte der achtziger Jahre sollten die aus dem Westfernsehen auch in der DDR gut bekannten Kabarettisten Dieter Hildebrandt und Werner Schneyder für wohl zwei Auftritte nach Leipzig kommen. Kabarett hatte einen unvorstellbar hohen Stellenwert für die Menschen, die es in Dresden, Leipzig, Magdeburg, Berlin und Rostock zu sehen bekommen konnten. Dort wurde ein kleines, natürlich durch die SED gut kontrolliertes Ventil offengehalten. Die wenigen Zuschauer, die Karten ergatterten, waren nahezu immer begeistert, konnten sie doch herzlich darüber lachen, wie so manche Absonderlichkeit der Diktatur des Proletariats auf die Schippe genommen wurde, und es beklatschen, ohne hinterher in Bautzen zu landen.

Nun sollte Westkabarett nach Leipzig kommen – unfassbar. Ich schickte meinen Sohn früh um 5:00 Uhr voraus zum Kartenvorverkauf, ich wollte nachkommen. Der Kulturhausbau am Sachsenplatz war ein flacher Quader von vielleicht 50 Metern Kantenlänge, er lag noch im Dunkeln, als ich wenig später dazustieß und meinen Sohn unter den Ersten in der Schlange wähnte. Weit gefehlt! Bereits zweimal schlängelten sich die Wartenden um das Gebäude herum, je fünf Personen nebeneinander – rechnete ich jeweils einen Meter Abstand zum Vordermann, machte das rund zweitausend Menschen. Und es wurden immer mehr. Die ersten waren am Abend zuvor angetreten, mit Schlafsack und Kaltverpflegung. Wir bekamen zwei Karten für die zweite Vorstellung.

Später erzählten beide Künstler, dass dieser Leipziger Auftritt ihnen besonders in Erinnerung geblieben sei. Niemals zuvor und danach hätten sie eine solche geradezu spirituelle Verbindung zum Publikum gehabt. So hatten auch wir es empfunden: Wir wussten lange vorher, was als Pointe kommen musste, fieberten der nächsten entgegen, forderten mehr, immer neue Glücksmomente, klatschten, trampelten, lachten – es war der Wahnsinn. Die Regie des Abends wurde vom Publikum geführt. Den Aufpassern von der Stasi muss ganz schlecht geworden sein, und Veranstaltungen dieser Art wurden daraufhin auch nicht wieder zugelassen.

Die zweite besondere Schlange bildete sich am 22. September 1989 vor dem Einwohnermeldeamt unseres Wohngebiets im Süden von Leipzig. Die Volkskammer hatte beschlossen, dass jeder Bürger auf Antrag einen Reisepass erhalten sollte, mit dem er dann wiederum Westreisen zu Familientreffen aus besonderem Anlass – runde Geburtstage, Hochzeiten, Todesfälle – beantragen konnte. Nichts stand für den größten Teil der Ostdeutschen weiter oben auf ihrem Wunschzettel als eine Westreise. Manche Lebensplanung etwa von Spitzensportlern ging wohl allein darauf zurück. Ihnen mit Mauer samt Stacheldraht und Selbstschussanlage die Reisefreiheit zu nehmen, war der größte Fehler der Genossen. Hätten sie die Menschen reisen lassen, wären an den sozialistischen Feiertagen freilich bald keine Fahnenträger mehr dagewesen. So blieb nur das große Naturgefängnis.

Nun also sollten Westreisen beantragt werden können. Meine Frau und ich wollten das auch, also gingen wir an diesem Tag, es war wohl ein Sonntag, zum Einwohnermeldeamt in einer schönen, aber heruntergekommenen Jugendstilvilla in der August-Bebel-Straße. Die Menschenschlange dort glich der vom Kabarett, aber in ihr zu stehen war ein ganz anderes Gefühl als in irgendeiner Schlange zuvor. Die Stimmung war freudig und gelöst. Es fehlte nicht viel und die Menschen hätten getanzt. Da war kein Argwohn, ob einem jemand das letzte Schnitzel, die Apfelsinen, die Flasche Exportbier, die letzte Eintrittskarte vor der Nase wegschnappt. Hier winkte ein Ticket für die große, weite Welt im Westen!

Dann waren wir dran. Wir gaben unsere vorbereiteten Anträge ab und bekamen gesagt, in 14 Tagen könnten wir die Pässe abholen. Meine Cousine Gerda (meine richtige Cousine neben einer falschen – ich werde das noch schildern), wohnte in Ratzeburg. Gerda war die Verbindung zu der mir unbekannten Familie meines Vaters aus Wilhelmshaven. Sie hatte immer Kontakt zu uns gehalten und uns auch in Leipzig und Halle besucht. Am 7. Oktober 1989 wollte sie ihren 65. Geburtstag feiern, dieser Anlass war nun antragsfähig, also schlug mein Bruder Günther aus Halle/Saale vor, dort hinzufahren. Die Chance, das genehmigt zu bekommen, schien mir gering, zumal ich bei der Arbeit mit Vertraulichen Verschlusssachen (VVS) geologischen Inhalts zu tun hatte, aber Versuch macht klug!

Das Ehepaar Holst beantragte also diese Reise nach Ratzeburg, meine Frau, weil sie Lehrerin war, bei der Volksbildung Leipzig, ich im VEB und im vorgesetzten Kombinat. Zu meinem Erstaunen gaben beide Behörden ihre Zustimmung. Man schätzte mich wohl als jemanden ein, der wiederkommt, und damit hatten sie unbedingt recht. Ich verstand jeden, der die Ausreise nutzte, um sich abzusetzen, aber für uns kam das nicht in Frage. Mit dieser Genehmigung gingen meine Frau und ich wieder zum Meldeamt, das gerade an unseren Reisedokumenten arbeitete. Dort fragte ein Beamter nach unserem Begehr. Wir erklärten es ihm und übergaben unsere Anträge.

Er überflog sie, hob den Kopf und fragte: „Wessen Cousine ist das?" – „Meine", sagte ich. Nun wandte er sich an meine Frau und fragte: „Warum wollen Sie denn dann dorthin?" Wir waren verblüfft und Christa sagte: „Da wir verheiratet sind, dachten wir ... vielleicht zusammen zu fahren ... oder nicht?" Der Mann der Staatsmacht schlug leicht mit der flachen Hand auf unsere Anträge und rief: „Was sagt man dazu! Das eine hat doch mit dem anderen nichts zu tun. Verheiratet! Hier geht es um ein sozialistisches Gesetz. Wessen Cousine ist sie denn?" – „Meine", antwortete ich erneut. „Na sehen Sie. Also haben Sie", er richtete sich an meine Frau, „gar nichts damit zu tun." Damit gab er ihr ihren Antragszettel zurück.

Mit Cousine Gerda und Bruder Günther vor dem Holstentor in Lübeck, 7.10.1990

Wir haben diese Szene oft erzählt und uns später vor allem über uns selbst gewundert, denn diese einfache Erklärung hatte uns damals sofort überzeugt. Statt aufzuspringen und entrüstet zu sein, hatten wir die Entscheidung klaglos hingenommen. Wir waren in unserem Empfinden schon so weit degeneriert, dass wir dachten: „Recht hat der Mann, wie konnten wir nur." Wir schlichen nach Hause, aber ich als Inhaber einer Cousine hatte ja noch meine Chance. Bruder Günther hatte schon die Genehmigung, und nach ein paar Tagen erhielt ich sie doch tatsächlich auch: Der Westen rief! Wir buchten den Interzonenzug, tauschten 15 DM Westgeld ein, schrieben der Cousine, dass wir kämen.

Fühlten wir damals, im September 1989, eine große Zeit herannahen? Bestimmt nicht. Aber dass sich etwas tat, spürten wir doch, auch wenn wir normal-angepasst lebten und uns nicht wirklich in Kirchen- oder Umweltkreisen engagierten. Im Nachhinein erkenne ich für mich den September als „Umschlagmonat", so wie bei einer basischen Lösung, der Tropfen für Tropfen Säure zugeführt wird, bis die Lösung

Urlaub in Bulgarien, 1983

bei einem ph-Wert kleiner 7 kippt und sauer wird. Diese Tropfen waren die Ausreisewilligen, deren Anträge Tag für Tag in anschwellender
Flut auf den Amtsstuben des sozialistischen Staates landeten.

Seit 1982 fanden in der Leipziger Nikolaikirche Montags Friedensgebete statt, die sich zunächst aus Anlass des NATO-Doppelbe-
schlusses und der Stationierung sowjetischer SS-20-Raketen gegen die
Kriegsgefahr auf deutschem Boden richteten. Ab Mitte der achtziger
Jahre kamen die Ausreisewilligen in die Kirchen, weil sie sonst keinen Ort fanden, um sich zu treffen und auszutauschen. Diesen Raum
zu bieten, war ein großes Verdienst der Kirchen. Im Mai 1989 traten
die Menschen, oft vom jahrelangen Warten verzweifelt und vom Hinhalten zermürbt, erstmals aus diesem halbgeschützten Raum heraus
auf die Straße, an die Öffentlichkeit. Es war Messezeit in Leipzig, das
Westfernsehen war in der Stadt. Plakate wurden gezeigt, auf denen
stand „Wir wollen raus". Die Polizei kam, um solche Demonstrationen
zu unterbinden, die Kameras hielten drauf, und in der „Tagesschau"
bekamen wir das abends zu sehen. Im September begann die Serie der
Montagsdemonstrationen. Die Polizei versuchte sie aufzulösen, knüp-

pelte sogar auf die Demonstranten ein, für alle sichtbar, eine fürchterliche Demaskierung des Systems.

Von dort begannen sich über die Grenze nach Ungarn immer mehr Menschen „wegzumachen", auch einige Leute aus unserem Bekanntenkreis, eine Massenflucht setzte ein. Ich selbst überblickte die Situation erst nicht recht. Als ich mit meiner Frau aus dem Urlaub am Schwarzen Meer aus Bulgarien zurückfuhr, fragten uns die ungarischen Grenzbeamten: „Wollen Sie wirklich nach Leipzig zurück?" Wir bejahen, ohne zu begreifen. Sie dachten, wir wollten auch nach Österreich und weiter. In Bulgarien hatten wir von der Entwicklung nichts mitbekommen.

Anfang September antwortete Erich Honecker im Interview mit einer amerikanischen Zeitung auf die Frage, was er zu den vielen, vor allem jungen Menschen sage, die die DDR verlassen oder verlassen wollen, auf seine gewohnt verblendete Art, sie wüssten nicht, was sie tun, das sei Verrat am Sozialismus. Und dann sagte er noch den Satz: „Sollen sie doch gehen, wir weinen ihnen keine Träne nach!" Vielen Menschen öffnete genau dieser Satz nun die Augen: Der oberste Sozialist weinte der Zukunft des Landes keine Träne nach. Damit hatte er den Bogen überspannt.

Die Sekretärin meines damaligen Chefs, eine gescheite, fleißige Frau, die sich mit politischen Äußerungen zurückhielt, hatte am Tag des Honecker-Interviews das „Neue Deutschland" auf dem Tisch liegen, als ich ihr Büro betrat. Sie war blass und schimpfte so laut vor sich hin, dass man es auf dem Gang hören konnte: „Verbrecher, Schweinehunde, jetzt habe ich genug. Die sollen mir noch mal mit ihren Lügen kommen!" Ich war erschrocken, verstand nicht, da warf sie mir die Zeitung zu und sagte: „Lies!" Ich las, doch ich begriff nicht sofort, erst später, als ich erfuhr, dass ein Sohn der Sekretärin über Österreich in den Westen gegangen war; um sie zu schützen, hatte er seinen Eltern nichts davon gesagt.

Der Kummer, die Ungewissheit, ob sie ihren Sohn je wiedersehen würde, war groß. Und in dieser Situation, selbst leer geweint, musste sie lesen: „Wir weinen ihnen keine Träne nach." Von Frau Fäthe war in diesem Augenblick jegliche Angst vor Repressalien abgefallen, wie bei vielen Menschen im Land, und so erodierte die sozialistische Autorität im Land immer weiter.

Beim samstäglichen Autowaschen vor den Wohnhäusern sprach mich ein Nachbar an, schüchtern, etwas verzweifelt. Er war Mitglied des Gewandhausorchesters, wir hatten einander bislang gegrüßt, mehr nicht – ob ich ihm raten könne? Er erzählte mir vom „Neuen Forum", einer Plattform Andersdenkender, die an ihn herangetreten sei, bei Veränderungen in der DDR mitzuwirken. Ich hörte zum ersten Mal von organisierten, inoffiziellen Andersdenkern und fragte nach. Er wollte sich engagieren, hatte aber auch Angst um seine immerhin exponierte Stelle im ältesten bürgerlichen Orchester der Welt. Ich hatte mehr Fragen als Rat. Er entschied sich damals mitzumachen, und er spielt noch heute im Gewandhausorchester.

Bei uns zu Hause wurde derweil der Wunschzettel für die Westreise aufgesetzt. Wir lebten aus unserer Sicht nicht schlecht und der Mensch versucht ja in der Regel, mit seinen Lebensumständen klarzukommen. Nur wenn im Westfernsehen Reiseschilderungen aus der uns verschlossenen Welt liefen, musste meine Frau leise weinen. Meine Mutter hatte, weil ihr Sohn Offizier war, nicht einmal ihren bei Fulda lebenden Bruder nach dessen Tod mit unter die Erde bringen dürfen. Wie hatte Mutter deshalb gelitten, dafür hasste ich an dieser Stelle den Staat.

Am Freitag, dem 6. Oktober 1989 – die nächste Montagsdemonstration nach dem Friedensgebet in St. Nikolai stand bevor – erschien in der „Leipziger Volkszeitung" ein Leserbrief eines Kommandeurs der Betriebskampfgruppen. Das waren bewaffnete Einheiten in den Großbetrieben, die sich im Fall des Falles dem angreifenden Klassenfeind oder Konterrevolutionären im eigenen Land zum Schutz des sozialistischen Eigentums entgegenzuwerfen hatten. Sie erhöhten das Kampfpotenzial der DDR beträchtlich. Wenige wollten da wirklich mitmachen, viele wurden mit leichtem oder schwerem Druck „überredet". Die Betriebskampfgruppen verfügten über Maschinengewehre, Handgranaten, Granatwerfer. Mit diesen, so schrieb der Kommandeur nun, sollte am kommenden Montag die Konterrevolution auf den Straßen Leipzigs gestoppt werden, so sie denn wieder ihr hässliches Haupt erhebe, mit den Waffen der Arbeiterklasse! Jedem Demonstranten und damit potenziellen Klassenfeind sollte damit klar gemacht werden: Bis hierhin und nicht weiter.

Am 6. Oktober also, einen Tag vor dem feierlich zu begehenden 40. Jahrestag der DDR und einen Tag vor Antritt meiner ersten Westreise, wurden die Abteilungsleiter und Direktoren unseres Betriebes zusammengerufen, vor uns standen der Betriebsdirektor, der Parteisekretär – und der Kommandant der Betriebskampfgruppe. Sie forderten uns auf, alles zu unternehmen, um Mitarbeiter und Familienangehörige von einer „Zusammenrottung" am Montag um die Nikolaikirche abzuhalten, der sozialistische Staat, seine Ordnungsorgane würden diesmal nicht zurückweichen! Es war still, keiner sagte ein Wort. Dies war keine dieser salbungsvollen, floskelhaften Funktionärsansprachen, wie wir sie gewohnt waren. Die Überbringer der Nachricht waren sehr ernst und angespannt. Wir alle hatten Angst. Wir gingen auseinander und informierten unsere Mitarbeiter. Ich sagte, was ich sagen sollte, und fügte hinzu: „Überlegen Sie sich gut, was Sie tun", und das meinte ich auch so.

Und nun ging es für mich in den Westen. Vom Bahnhof rief ich noch einmal zu Hause an. Meine Frau meinte, wenn ich drüben bliebe, sollte ich wenigstens ordentliche Pakete schicken, und sie wäre so gern mitgekommen – dann heulten wir gemeinsam am Telefon wie die Schlosshunde. Niemals bin ich trauriger und mit mehr Wut im Bauch von zu Hause weggefahren.

Früh um 5:00 Uhr kam ich in Hamburg an, die Stadt war noch menschenleer. Mit meinem Stullenpaket und 15 DM in der Tasche machte ich mich auf in Richtung Landungsbrücken, dem Tipp von Cousine Gerda. Unterwegs stieß ich auf zwei Männer, die mich fragten: „Weißt du wo ist sich Aldi hier?" – Hä ...? Was sollte das sein, ich hatte noch nie davon gehört. „Musst du unbedingt hin, ist sich großer Laden, wo viele gute Sachen für wenig Geld." So, nun wusste ich das. „Wo bist du her?" – „Aus Leipzig." Ah, da war ihnen alles klar. „Und wir kommen aus Warschau", sagten sie. Den Weg zu den Landungsbrücken kannten sie nicht.

Einige Jahre später erzählte ich diese Geschichte im Beirat des Bankhauses Trinkaus und Burghardt und löste erhebliche Heiterkeit aus, die ich natürlich meiner begeisternden Erzählkunst zuschrieb. Otto Graf Lambsdorff, der Vorsitzende des Beirats, trübte meine Freude darüber, er fragte mich: „Haben Sie das gewusst?" – „Was?" – „Theo

Albrecht saß da schräg vor Ihnen." Der Besitzer von Aldi-Nord soll nicht gelacht haben, dabei wollte ich ihm wirklich nichts Böses.

In Hamburg saß ich eine Weile wie ein staunendes Kind an den Landungsbrücken und aß mein Leipziger Brot. Dann ging es weiter nach Ratzeburg, es war der 7. Oktober, Geburtstag von Cousine Gerda und der Republik! Dort stieß ich auf lauter mir unbekannte Verwandte, es gab ein großes Hallo und viele deutsch-deutsche Gespräche, derweil in Berlin bei deutsch-sowjetischen Gesprächen Gorbatschow sein bald geflügeltes Wort aussprach: „Wer zu spät kommt, den bestraft das Leben." Am folgenden Tag besuchten wir ein Grenzmuseum (ich staunte, mit welchem Aufwand wir bewacht und am Weglaufen gehindert wurden), Friedrichsruh (Sitz der Familie Bismarck) und abends die Reeperbahn in Hamburg, weil mein Bruder unbedingt hinwollte. Gerda fuhr uns hin und las uns nach zwei Stunden wieder auf. Die Frauen flogen auf uns, doch als wir unsere Ostmark zückten, flohen sie uns.

Mein Bruder Günther blieb in Ratzeburg, ich machte mich auf nach Paderborn, dort wohnte die „falsche" Cousine Uschy mit ihrem Mann. Wir kannten uns seit 1972 vom Sommerurlaub in Bulgarien. Dies war das Fernreiseziel für DDR-Menschen. Die Plätze waren teuer und heiß begehrt, nach ausgiebigem Schlangestehen vor dem Reisebüro hatten wir Glück und durften 17 Tage nach Nessebar am Schwarzen Meer. Wir waren begeistert und sind wohl noch mehr als ein Dutzend Mal dort gewesen.

Bulgarien war also die für uns erreichbare Form des Paradieses. Das Land hatte den Tourismus als Devisenbringer entdeckt und mit unschlagbaren Angeboten auch westeuropäische Familien angezogen. Dazu hatte man für ein gewisses Niveau bei der Unterbringung, Versorgung und Zerstreuung gesorgt, das uns, die wir an die DDR-Ferienorte von der Ostsee bis zum Thüringer Wald gewöhnt waren, beeindruckte. Und zwischen Ost und West gab es keinerlei Trennung! Wir lagen da unterm Sonnenschirm und um uns herum Leute aus dem Ruhrgebiet, aus München, Hamburg, Kiel und Paderborn. So gelangten wir an „Bild der Frau", „Brigitte", „Spiegel", „Neue Ruhrzeitung" und endlose Gespräche. Der Kontakt kam meist über die jeweiligen Kinder zustande.

Abends gingen wir gemeinsam etwas essen und trinken, bezahlt wurde überall in der bulgarischen Währung Lewa. Die Westler hatten davon im Überfluss, wir sparten tagsüber eisern, um am Abend unser weniges Geld hemmungslos auszugeben – wir wollten mithalten können. Und hier lernten wir Uschy und Freddy mit Sohn aus Paderborn kennen. Wir trafen uns in den folgenden Jahren immer wieder, in Bulgarien, am Plattensee, in Prag und auch in Leipzig. Damit das ging, musste irgendein Verwandtschaftsverhältnis her – so erklärten wir Uschy kurzerhand zur Cousine meiner Frau.

Wenn wir Westler trafen, kam es allerdings auch oft zu absurden Diskussionen. Man verteidigte dann, was einen im Grunde selbst gegen den Strich ging, und griff die bei uns allseits kursierenden Parolen von der hohen Arbeitslosigkeit und der Nazivergangenheit westdeutscher Politgrößen auf. Hinterher erklärte ich es mir selbst so, dass man ja wieder zurückfinden musste in sein Leben und zu seiner Arbeit und man nicht das Gefühl mitnehmen wollte, dass alles umsonst und von Grund auf verpfuscht war – eine Methode, die noch heute viele anwenden, die mit verklärtem Blick auf die DDR zurückschauen.

Auf meiner ersten Westreise war ich inzwischen auf dem Weg nach Paderborn. Dort wohnte ich am Montag bei unseren Freunden im Haus. Den ganzen Tag schon war ich unruhig, was wohl daheim geschehen werde. Was ich dann am Fernsehgerät mitverfolgte, war das „Wunder von Leipzig".

Wenn ich später im Westen Deutschlands und im Ausland mit Geschäftspartnern, Bekannten, Freunden auf den Herbst 1989 und die deutsche Wiedervereinigung zu sprechen kam und begeistert meine Empfindungen beschrieb, bekam ich immer wieder zu hören: „Oh ja, der 9. November, wir haben die Bilder im Fernsehen miterlebt, Wahnsinn!" Ich musste und muss dann immer deutlich machen, dass ich selbst vom 9. Oktober spreche. „Wieso 9. Oktober, was ist mit dem?", wird dann nachgefragt.

Natürlich sind die Bilder vom Tag, an dem die Mauer fiel, in ihrer Symbolkraft für uns Deutsche, ja für Europa und die Welt nicht zu überbieten. Auch wenn sie sich oft mit der Wahrnehmung verbinden, das leicht verwirrte Politbüromitglied Schabowski hätte durch fehlerhaftes Verlesen einer Meldung die Mauer eingerissen. Platz zwei der

„schicksalhaften" Tage nimmt gemeinhin der 4. November ein mit der großen Demonstration auf dem Alexanderplatz in Ostberlin. Historisch erwiesen waren jedoch die Monate September und Oktober mit ihren Massendemonstrationen vor allem in Sachsen und dort insbesondere in Leipzig am 9. und 16. Oktober die entscheidende Phase, in der die DDR-Macht zerbröselte. Man erinnere sich, wann Erich „Wir weinen ihnen keine Träne nach" Honecker zurücktrat: Es war der 18. Oktober, zwei Tage, nachdem 150 000 Menschen aus ganz Ostdeutschland auf den Straßen von Leipzig seine Ablösung gefordert hatten. Jetzt weinte ihm keiner eine Träne nach. Worin genau bestand das Wunder von Leipzig?

Die Stadt war voll von bewaffneten Kräften aller Art – Polizei, Kampfgruppen, Staatssicherheit. Am Stadtrand waren Kampftruppen der NVA und der Roten Armee postiert, darüber war offen informiert worden, damit es den Menschen Angst machte. Mit allen Mitteln sollte jegliche Ansammlung verhindert werden. Die Bilder vom Tiananmen-Platz in Peking vom Mai 1989, als Chinas kommunistische Machthaber friedlich demonstrierende Bürger zusammenschießen ließen, waren allgegenwärtig. Alle in Leipzig hatten Angst vor einer ähnlich grausamen Eskalation – und dennoch gingen die Menschen in bislang ungekannter Zahl nach dem Friedensgebet in der Nikolaikirche auf die Straßen, geschätzte siebzigtausend.

Über den Stadtfunk kam der berühmte Aufruf, der zum Motto dieser Revolution werden sollte: Keine Gewalt! Die Polizeisperren vor dem Bahnhof, für einige hundert „Klassenfeinde" eingerichtet, wurden vom Volk überrannt, unorganisiert, ungeordnet und unwiderstehlich. Und ich saß in Paderborn und sah die Bilder in der Tagesschau. (Schon die Geschichte dieser Bilder ist unglaublich; zwei junge Leute nahmen sie von einem Dachboden aus auf und brachten sie selbst nach Berlin, so dass sie rechtzeitig in ein Westberliner Funkhaus gelangten und ausgestrahlt werden konnten.) Mir blieb das Essen auf der Gabel ruhen. Ich konnte nicht glauben, was ich sah, das konnte nicht sein: Dieser Staat hatte über Jahrzehnte seine Bürger verbogen, belogen, eingesperrt – und da zogen sie los und überwanden erst ihre Angst und dann ihre Staatsmacht.

„Keine Gewalt" – beide Seiten hielten sich daran, auch ein Wunder. Später haben die, die damals die Macht hatten, dies als ihr großes Verdienst dargestellt, so als hätten sie selbst der Revolution zum Durchbruch verholfen. Dabei hatte man die Genossen in Leipzig schlicht ohne Befehl ihrem Schicksal überlassen. Keiner wollte die Verantwortung für etwas ganz und gar Unabsehbares übernehmen. Wer immer aus den Machtzentren von Partei und Staatssicherheit in Leipzig versuchte, eine Handlungsanweisung aus Berlin zu erhalten, bekam keine. So war man gelähmt und ließ seinerseits die, die mit ihren Waffen auf den Straßen und im Gebüsch lagen, ohne Befehl.

Zudem waren einfach zu viele Demonstranten unterwegs. Mit dem Gummiknüppel draufziehen und mit der Pistole losschießen, dazu hätten sich vielleicht auch manche ohne Befehl bereitgefunden. Aber dieser Masse Menschen gegenüber ließen sie es lieber bleiben, Gott sei Dank. Und schließlich hatten unter den Männern der bewaffneten Staatsmacht viele ihre eigenen Zweifel, etliche wären vielleicht selbst gerne mitmarschiert oder hatten Freunde, Kollegen, ja Familienmitglieder auf der anderen Seite.

18 Jahre später traf ich Egon Bahr bei einem Essen zu seinen Ehren in der Deutschen Botschaft in Oslo, er hielt einen Vortrag in der Deutsch-Norwegischen Gesellschaft, deren deutscher Co-Präsident ich war. In Norwegen gibt es den schönen Tischreden-Brauch Takk for maten – jemand bedankt sich beim Gastgeber fürs Essen und die Mühe bei der Vorbereitung. Ich war dran, dies zu tun, dazu gehörte die Würdigung des Ehrengastes. Dabei konnte ich nicht umhin, auf den 9. Oktober 1989 einzugehen. Ich hatte ein Interview mit Egon Bahr gelesen, in dem er wie so viele andere den 9. November, den Tag des Mauerfalls, gewürdigt hatte, ohne auf den wirklich entscheidenden Tag einzugehen. Darauf wies ich ihn hin. In seiner Antwort gab er mir sofort recht, dass der 9. Oktober, das „Wunder von Leipzig", die entscheidende Voraussetzung für alle weiteren Entwicklungen in unserem Land gewesen sei, und untermauerte dies mit einer Geschichte, die mir so noch nicht bekannt gewesen war.

Mit Willy Brandt war er am 7. Oktober in Berlin und sie entschlossen sich, von dort direkt nach Moskau zu fliegen, um die Einschätzung der Russen über die Entwicklung in der DDR in Erfahrung zu bringen. Sie erörterten, wer wohl Honeckers Nachfolger werde, dann fragten die Deutschen, wie die Sowjets in der DDR weiter vorgehen würden. Die einfache Antwort: Sie würden abwarten, was am kommenden

Montag (also dem 9. Oktober) in Leipzig geschehen werde, danach würden sie über die weiteren Schritte entscheiden. Wie sich dieser Tag auf Europa und die Welt auswirken sollte, ahnte niemand, doch sie konnten absehen, dass dies ein für die weitere Entwicklung in der DDR und vielleicht in ganz Deutschland entscheidender Tag werden würde. Damals hätten sie sich entscheiden können, mit Waffengewalt dazwischen zu gehen, aber sie haben nicht eingegriffen.

Von Paderborn fuhr ich zurück nach Leipzig. Jetzt empfand ich auch, wovon so viele Westbesucher bis heute erzählen: Man roch die DDR. Ja, das war das Schwefeldioxid aus Millionen von Schloten, entstanden durch Verbrennen der Braunkohle; Öl- oder Gasheizungen gab es praktisch nicht. Wie die Städte, die Landschaften aussahen, das fiel einem erst auf, wenn man aus einer anderen Welt wieder zurückkam.

Am Donnerstag war ich wieder zu Hause, packte meine Mitbringsel aus, erzählte und fragte. Am Freitag rief eine Freundin an: „Kommt ihr am Montag mit?" – „Wohin?" – „Na zur Demo!" – „Ja, gut, wir gehen auch hin." Da ich am 9. Oktober nicht in der Stadt gewesen war, mussten wir mit der Montagsdemonstration eine Woche später vorlieb nehmen. Immer wenn wir in den letzten 22 Jahren vor der Nikolaikirche standen und Freunden, Bekannten, Kollegen diesen Nachmittag beschrieben, bekamen wir Gänsehaut im Nachhinein, versagte irgendwann die Stimme – jedoch nicht an diesem Tag selbst. Der gewaltfrei verlaufene 9. Oktober hatte eine ungeheure Wirkung entfaltet. Noch immer war Unsicherheit über die Reaktion der Staatsmacht überall zu spüren, aber das hatte die Masse nicht abhalten können zu kommen. So etwas hatten wir noch nicht erlebt.

Die Plätze und Gassen um die Nikolaikirche herum sind begrenzt und eng. Die Kirche ist überfüllt, der Gottesdienst läuft noch. Alle Räume um die Kirche sind derart mit Menschen angefüllt, dass keine sprichwörtliche Stecknadel auf den Boden hätte fallen können. Immer mehr Menschen kommen hinzu, doch es herrscht eine ganz auffällige Disziplin, die dazu führt, dass keinerlei Drängelei oder Panik aufkommt. Nie wieder habe ich so viele Menschen auf so engem Raum warten sehen. Es gibt keine Organisation, die den Strom lenkt, die Masse lenkt sich selbst. Auf den Dächern sieht man Filmkameras, Beobachtungsposten, Waffen (?) der Staatsmacht. Niemanden schert es. Die Fenster der bewohnten Häuser um die Kirche sind ebenfalls voll von Menschen, viele halten Kerzen in den Händen. Und dann donnern Sprechchöre durch die Straßenschluchten: „Keine Gewalt!" und „Wir sind das Volk!" und „Wir bleiben hier!" Es berauscht, reißt einen mit fort, macht zuversichtlich und frei – wie nie zuvor und auch nie wieder danach in dieser Urgewalt aus hunderttausend Kehlen.

Plötzlich hören wir alle: Tatü tata und viele denken: Oh Gott, jetzt kommt es also doch noch zur Gewalt! Dabei wurde nur wegen irgendeines Unglücks ein Krankenwagen angefordert. Und dann geschieht etwas Erstaunliches: Ich hatte gesagt, es ist so eng, da hat niemand Platz zum Umfallen, geschweige denn ein Auto Platz zum Hindurchfahren. Und doch passiert es. Als die Menschen sehen, dass es ein Rettungswagen ist, weichen sie zentimeterweise alle zugleich auseinander, bis Platz für das Auto entsteht. Das kommt zwar nur langsam voran, aber es kommt voran. Die gleiche Prozedur zurück. Hinter dem Sanitätswagen fließt die Menschenmenge wieder ganz langsam zusammen und es ist so eng wie zuvor.

Nun läuten die Glocken von St. Nikolai, die Türen gehen auf, die, die drin sind, wollen raus auf den ohnehin überfüllten Platz. Alle wissen, jetzt geht die Demo los, wir müssen auf den Karl-Marx-Platz und dann auf den Ring und um den alten Stadtkern von Leipzig herum, an der Stasihauptzentrale vorbei: Aber wie? Alle wollen zugleich, aus allen Straßen quillt der Strom zum großen Platz zwischen Gewandhaus und Oper. Und immer wieder: „Wir sind das Volk!" Es geht voran, zentimeterweise. Von unserem Standort in der Nähe des Haupteingangs der Nikolaikirche bis zum Karl-Marx-Platz sind es vielleicht einhundertfünfzig Meter. Dafür brauchen wir etwa vierzig Minuten – macht nichts, wir üben derweil rufen und frei sein.

Dann erreichen wir endlich den Platz, haben mehr Luft, es geht schneller voran. Wir sehen ein Transparent mit der Aufschrift „Mecklenburg schläft auch nicht" – da müssen wir hin! Zwei junge Männer tragen das Transparent. „Wo kommt ihr her?", frage ich einen. „Ich aus Leipzig, der aus Greifswald", sagt der. „Wie bist du darauf gekommen, so ein Transparent hochzuhalten?", frage ich den Greifswalder. „Ich habe gehört, dass man euch hier in Sachsen erzählt, wir in Mecklenburg würden das hier alles ablehnen und euch deshalb im Sommer keine Ferienwohnungen anbieten. Das ist natürlich Quatsch, aber ich dachte mir, da musst du am Montag mal nach Leipzig." (Es war tatsächlich eine der verzweifelten „Maßnahmen" der sich auflösenden Macht, Desinformation ins Volk zu tragen. In Mecklenburg ließ man verbreiten, Autos mit mecklenburgischen Kennzeichen würden an Tankstellen in Sachsen nicht mit Benzin versorgt. Lustig!)

Wir sind stolz auf unseren Mecklenburger, ich löse den anderen jungen Mann in seiner tragenden Rolle ab und so schreiten wir drei Mecklenburg-Vorpommer selig um den Ring. Sechzig, siebzig Menschen in einer Reihe nebeneinander, in einer unübersehbaren Kolonne, geht es zum Hauptbahnhof, am Hotel Fürstenhof vorbei unter der dort damals noch vorhandenen Fußgängerbrücke hindurch, die oben voll mit lachenden, rufenden Menschen ist, Spruchbänder in den Händen, nach links in Richtung Bezirksverwaltung der Staatssicherheit. Dort sollte sich an diesem Tag die Friedfertigkeit dieses gewaltigen Marschs der Hundertfünfzigtausend entscheiden.

Die „Runde Ecke" ist ein großes, wuchtiges Gebäude. Dort lief die beispiellose Bespitzelung der Bevölkerung des Bezirks Leipzig zusammen, dort residierte die Stasi, „Schutz und Schwert der Partei". Aller Zorn richtete und richtet sich noch heute gegen die Stasi und ihre Inoffiziellen Mitarbeiter, wobei nicht vergessen werden sollte, dass sie nichts als der Hund der SED war. Von dort kamen sämtliche Aufgaben und Befehle. Sehr schnell wurde aus der SED die PDS und die Staatssicherheit zum Sündenbock für alles, was an Menschenverachtendem in der DDR geschah. Hans Modrow wurde Ministerpräsident und später Ehrenvorsitzender der PDS, er gilt bis heute als ehrenwerter Herr. Aber wer trug die Verantwortung für das Niederknüppeln der Demonstranten Anfang Oktober 1989 in Dresden? Die Bezirksleitung der SED, deren Chef er so viele Jahre war, und so waren die Machtstrukturen überall in der DDR.

Jetzt sind wir fast an der Stasizentrale angelangt und die Stimmung der Masse kocht hoch. Die Sprechchöre rufen: „Stasi in den Tagebau!" – den Stasileuten unter uns müssen die Ohren geklingelt haben. Der Ton wird wütender. Dann sieht man das Gebäude, das völlig still und schwarz daliegt. Heute weiß man, dass die Leute angstvoll drinsaßen, mit der Waffe in der Hand, ohne zu wissen, was sie zu tun hätten, sollte ein Sturm auf sie losgehen. Der Sturm bleibt aus. Hier stehen Ordner des Neuen Forums, hinter ihnen ein sechs bis sieben Meter breiter Ring aus Kerzen, es sind hunderte und immer neue werden von

vorbeiziehenden Menschen hinzugestellt.
Junge Männer klettern die Dachrinnen
und Blitzableiter hoch, stellen Kerzen
auf die Fensterbretter und entzünden sie.
Kerzen schützen Pistolen und besiegen
sie zugleich – ein unglaubliches Bild.
Der Menschenstrom stockt, man will
genau hinschauen, einige wollen vielleicht doch stürmen, aber die Nachdrän-
genden lassen ein Verweilen nicht zu.
Links die Thomaskirche, rum ums Neue
Rathaus, links ab Richtung Leuschner-
platz, Gewandhaus, Hotel Deutschland.
Man löst sich aus dem Strom. Wir ver-
abschieden uns vom Mecklenburger mit
seinem Transparent, gehen frei und fröhlich nach Hause.

Die „falsche" Cousine Uschy mit Familie
in Paderborn, 1989

Am nächsten Tag sagt ein Mitarbeiter zu mir: „Ich habe Sie mit einem Transparent gesehen. Sah ich richtig?" – „Ja." Nun ist er doch ein
Revoluzzer, ein Klassenfeind, musste der denken! Es war schön und
aufregend eine Woche zuvor im Westen, aber nichts im Vergleich mit
diesem Tag in Leipzig.

Zwei Tage später wurde Honecker abgesetzt.

Ein teures Telegramm aus Westberlin

Nichts hat uns Deutsche seit dem Ende des Zweiten Weltkriegs so geprägt und beeinflusst, beschäftigt und verbittert wie die Existenz der Berliner Mauer und der innerdeutschen Grenze. Deshalb gruben sich die Bilder und Erinnerungen an ihren Fall am 9. November 1989 besonders tief im Gedächtnis ein. Zahllose Menschen erzählten seither ihre persönliche Geschichte rund um den Tag, an dem sich die scheinbar für alle Zeiten verschlossene Grenze unverhofft öffnete. Und sie umrissen oft nicht nur den einen besonderen Tag, sondern ein ganzes Leben, das bis dahin geführt wurde. Im Folgenden möchte ich ihnen eine weitere hinzufügen.

Am 10. November klingelte es am frühen Nachmittag, die Post brachte ein Telegramm. Oh! Gute Nachricht, schlechte Kunde? Es war eine sehr lange, etwas wirre Ansammlung von Informationen unseres Sohnes aus Berlin-West. Dieses Schmuckstück habe ich leider nicht aufgehoben, aber es las sich in etwa so: „Bin mit Studienkollegen hier in Westberlin, wir heute früh durch die Mauer, Wahnsinn, die Stadt steht auf dem Kopf, ich im amerikanischen Frühstücksfernsehen, Englisch gestammelt, nicht viel gegessen, nur getrunken, alles hier umsonst, heute Abend zurück, habe viel zu erzählen, Gruß Axel." In dieser Art ging es über eine ganze DIN-A4-Seite. Donnerwetter, dachte ich, was das wohl gekostet hat?

Unser Sohn Axel war inzwischen Schauspielstudent. Meine Frau und ich hatten es nicht immer leicht mit ihm gehabt – und er nicht mit uns. Seine Mutter stellte als Lehrerin besonders hohe Anforderungen, sein Vater verzweifelte so manches Mal angesichts seiner Rechenkünste und anderen schulischen Leistungen. Sein Kinderzimmer, der Schulranzen waren keine Horte der Reinlichkeit. Was sollte aus dem Jungen bloß werden? Täglich gingen wir damals mit unserem Hund Artus von Burgund, einem Welsh-Terrier spazieren. Er war fröhlich, wettbewerbslustig, immer in Bewegung, pünktlich beim Geschäft, mannhaft und freundlich zum weiblichen Geschlecht. Mit Artus also spazierten wir durch die Dunkelheit der Straße des 18. Oktober am Bayrischen Bahnhof, als meine Frau wieder einmal darüber klagte, dass aus Axel bei seinem schwach ausgeprägten Ordnungssinn nicht viel

Axel und Cousine, Neustrelitz 1968; rechts: Axel am Zierkersee, Neustrelitz 1968

werden könne. Da stellte ich die Frage, die unsere Zweifel endlich zum Schweigen brachte: „Ist dir aus der Geschichte der Menschheit irgendjemand bekannt, der aufgrund seines herausragenden Ordnungssinns berühmt geworden ist?" Uns fiel niemand ein, und so beruhigte uns dieser Gedanke noch oft, wenn uns die Sorge einmal wieder umtrieb.

Wir wohnten in einer Gegend, in der es von Trägern des Staates nur so wimmelte: Schuldirektoren, Offiziere, wahrscheinlich auch Hauptamtliche des Staatssicherheitsdienstes und ihre verdeckt agierende Variante, die IMs – dazwischen wir. Nach langem Kampf hatten wir eine betrieblich zugeordnete Zweieinhalb-Zimmer-Neubauwohnung mit Balkon und Fernheizung bekommen. Der VEB Verbundnetz Gas, in dem ich arbeitete, hatte als „strukturbestimmender Betrieb" sieben Neubauwohnungen bekommen, eine bezogen wir. Das Bewohnerprofil in unserem Viertel spiegelte sich natürlich auch im Charakter der Schulklassen, was unserem Sohn Probleme bereitete. Er war kein Arbeiter-und-Bauern-Sohn, und seine Eltern hatten keine herausgehobene Stellung in Staat oder Politik. Dazu kam, dass er ein heranwachsender Sozialist mit leicht chaotischem Antlitz war.

Nach Abschluss der achten Klasse wollte er auf die Erweiterte Oberschule und Abitur machen. Er stellte einen entsprechenden Antrag – und wurde abgelehnt. Ich ließ mir sofort einen Termin bei der Schulleiterin geben und erlebte ein Gespräch der eigenen Art. Auf meine Frage, warum unser Sohn nicht genommen wurde, antwortete

Meine Frau Christa mit Artus von Burgund, einem Hund von altem Adel

sie: „Seine schulischen Leistungen sind ganz in Ordnung, aber ...“ – „Was, aber?“ – „Nun ja, wir hören, dass Axel in den Pausen auf dem Schulhof anders spricht als im Unterricht, wenn es um die Entwicklung unserer sozialistischen Gesellschaft geht!“

Ich war baff. Und erschrocken. Da gibt er wohl wieder, was er zu Hause beim Abendbrot hörte samt laufendem Westfernsehen, dachte ich. Ich fragte nach: „Woher haben Sie diese Informationen?“ – „Das hören wir so.“ Sie hatten also Spitzel unter den Kindern und Jugendlichen – ein fürchterlicher Gedanke. „Und darauf gründen Sie Ihre Entscheidungen?“ – „Ja, auch – andere sind da einfach zuverlässiger.“

Meine Frau hatte es an ihrer Schule über viele Jahre hinweg beobachten können: In den ersten vier, fünf Schuljahren waren nahezu alle Kinder begeistert bei der Sache. Stolz trugen sie ihr jungpionierblaues Halstuch, sangen „Unsere Heimat, das sind nicht nur die Städte und Dörfer ...“, gingen zum Fahnenappell, auf Wandertag. „Seid bereit – Immer bereit!“, so begann in der Unterstufe morgens der Unterricht. Man malte rote Fahnen und fand nichts Falsches an dem Vers „Die Partei, die Partei, die hat immer recht“. Dann setzte irgendwann das eigene Denken ein, und Fragen kamen auf nach den Erscheinungen des täglichen Lebens, warum es durch die Dächer tropfte, Qualm und Ruß die Sonne verdunkelten, der Wohnraum so schlecht oder gar nicht vorhanden war in einem doch so überlegenen System. All diese Fragen wurden in der Schule falsch oder überhaupt nicht beantwortet. Was sollte man auch sagen, das System war eben nicht überlegen. Und am heimatlichen Herd wurde zwischen Mama und Papa derweil Klartext gesprochen. Der Bruch zwischen Schein und Sein, zwischen Anspruch und Wirklichkeit wurde dem Heranwachsenden auf grelle und desillusionierende Weise sichtbar. Und die Eltern konnten ihrer Tochter, ihrem Sohn nur sagen: „Sprich nicht so, wie du denkst und wie wir miteinander sprechen" – ein Zustand der Schizophrenie, noch heute als beschämend empfunden.

Nun erlebten wir die Folge daraus an unserem eigenen Sohn. Ich legte Einspruch beim Bezirksschulrat ein, dort hieß es: „Es ist leider alles voll, wenn sich noch was ergibt, melden wir uns" – es meldete sich niemand, für Axel gab's kein Abitur.

Daraufhin schlug er einen für ihn mühevollen Umweg ein. Erst sollte er eine Lehre zum Buchdrucker absolvieren und sich dann drei Jahre zur Nationalen Volksarmee selbstverpflichten. Das war so ein typischer Opportunistenrat seines Vaters, wie er es nannte und mir oft vorgeworfen hat, aus seiner Sicht zu Recht. Ich brauchte nur zu raten, er musste erleiden. Die Lehrzeit hatte ihm nicht wirklich Spaß gemacht und ihn wohl auch nicht erfüllt, aber geschadet hat sie ihm auch nicht, so wie es niemandem schaden kann, selbst zu erfahren, wie die überwiegende Mehrzahl der Menschen lebt und arbeitet.

Danach die drei Jahre NVA. Die normale Wehrpflichtzeit betrug achtzehn Monate. Kaum ein junger Mann hatte Lust, länger zu dienen, deshalb wurde mit dem Anreiz gelockt, nach drei Jahren Dienst die Hochschulreife und damit den Studienzugang zu erhalten. Das war ziemlicher Unsinn, denn drei Jahre NVA haben wohl eher die Verblödung gefördert als der Hochschulreife zu dienen. Axel kam zur Marine und war in der Nähe von Rostock stationiert. Neben seinen Leistungen im Beobachten des Westgegners fand er dort Zeit, an der Erfüllung seines Traums zu arbeiten – er wollte Schauspieler werden. Entstanden war dieser Traum viele Jahre zuvor in Leipzig. Das dortige Synchronstudio der Filmindustrie DEFA, Nachfolgerin der UFA Babelsberg, suchte Kindersynchronstimmen. Das war in Sachsen etwas schwierig. Meine Frau ging mit den am wenigsten sächselnden Kindern der vierten Klasse zum Vorsprechen und nahm unseren Sohn mit. Er hat daraufhin jahrelang für Film und Rundfunk seine hochdeutsche Kinderstimme eingebracht. Weil er viel Kontakt mit Schauspielern hatte, entwickelte sich sein Wunsch, selbst einer zu werden.

Die Auswahl an der Hochschule war hart und selektiv. Axel fiel zunächst zweimal bei Aufnahmeprüfungen für Förderklassen in Leipzig durch. Nun saß er im NVA-Lager und bereitete sich für die Aufnahmeprüfung an der Theaterhochschule „Ernst-Busch", Außenstelle Rostock vor. Er wurde genommen, und da war er nun im Herbst 1989

Axel im Theater in „Lederfresse", 1994

und lernte den Schauspielerberuf. Am Abend des 9. November muss es dort hoch hergegangen sein. Man war wohl gerade dabei, sich für irgendeine Unternehmung warmzutrinken, als ins feucht-trunkene Geschehen der Ruf erging: „In Berlin kann man einfach in den Westteil fahren!" – „Was, wer, wo, wann?" – „Ab sofort, die strömen schon alle, es gilt bis morgen früh um acht!" So versuche ich es mir vorzustellen, die jungen Leute hatten ja sicher weder die Aktuelle Kamera noch die Tagesschau gesehen. Sie hatten am Nachmittag Brecht, Goethe, Schiller gelernt, ein wenig gefochten, getanzt und waren dann zum Essen und Trinken geschritten. Nun hören die benebelten Studenten eine Nachricht, die unwahrscheinlicher klingt, als würde einem Rostocker Schauspieleleven ein Oscar verliehen.

Einer schaltete den Fernseher ein – und da sahen sie es! Unser Sohn beschrieb das später so: „Einige Kommilitonen stürzten los, so wie sie waren, steckten noch schnell Geld ein und liefen im gestreckten Galopp zum Bahnhof. Wir hatten ja nur bis acht Uhr morgens Zeit, wie wir dachten. Der nächste Zug fuhr aber erst so ab, dass wir es gerade eben schaffen konnten. Am liebsten hätten wir die Lokomotive gezogen – oh Gott, wenn wir das verpassen! Keiner dachte ans Dortbleiben, wir wollten nur bei dem Ereignis dabei sein! Wir erreichten Berlin, fragten nach der Bornholmer Straße, liefen los." Dann ging das Gerücht durch diese dem Wahnsinn ausgelieferte Stadt, die Regelung gelte bis auf Weiteres. Langsam ernüchtert, aber voller Adrenalin gelangten die jungen Leute durch den Westteil der Stadt zum Brandenburger Tor. Die Stadt, die Menschen, die Welt war im Ausnahmezustand und Axel mittendrin. Vor dem Tor bauten amerikanische Fernsehanstalten eine Bühne auf, um das Geschehen in die Stuben der USA zu berichten. Da wurden Axel und seine Freunde angesprochen: „Do you speak English?" Sie hätten Bahnhof verstanden und immer nur „yes" geantwortet. CNN fragte und Axel stammelte „yes" und „happy" für die Amerikaner an ihren Mittagstischen. Dann bekam Axel dafür 100 DM. Erst wollte er sich mit dieser Wahnsinnssumme gleich ein Haus kaufen, dann fielen ihm seine Eltern in Leipzig ein, die er wohl erst einmal informieren sollte, und er ging ein Postamt suchen.

Sein Vater saß derweil mit Kollegen aus verschiedenen Betrieben in Bernburg a. d. Saale in einer Kneipe und trank auch. Gegen 22:00 Uhr kam ein Kollege hinzu und berichtete von ungeheuerlichen Vorgängen. Ja ja, sagten wir, wendeten uns wieder dem Essen und Trinken zu und gingen bald ins Bett. Erst durch das, was wir am nächsten Morgen im Autoradio hörten, wurde uns das ganze Ausmaß des Geschehens deutlich. Wir beendeten unsere Tagung und eilten in unsere Heimatorte zurück. In Leipzig kam mein Chef bei uns vorbei, er hatte am 9. November Geburtstag, und nun feierten wir mit einer Flasche Sekt auch noch den Fall der Mauer. Er war ein guter Genosse, aber kein ‚scharfer', vielleicht wollte er sich, wenn auch unbewusst, schon ein wenig neu positionieren.

Dann kam Axels Telegramm. Er hatte eine Post gefunden, das Horn auf gelbem Grund war ja gesamtdeutsch geblieben. Westgeld war vorhanden, also er schrieb den Eltern einen langen Bericht. Die Dame hinter dem Schalter schaut aufs Telegramm, schaut dann auf den jungen Mann, fragt ihn: „Soll das so bleiben?" – „Ja." Nun denn, sie zählt die Silben, rechnet, nennt die Summe: „Macht 95 DM." Axel durchfährt der Blitz, er hat sich wohl verhört? Er fragt nach, es bleibt beim Preis.

Nun geschieht, was noch lange Zeit typisch bleiben wird für uns Ossis (denn nun, nach dem Fall der Mauer, wurden wir zu Ossis): Aus

Unsicherheit in einer Situation, entstanden aus großen Unterschieden – ein solches Telegramm von Leipzig nach Berlin hätte vielleicht 18 Ostmark gekostet –, entsteht ein Schamgefühl. Und statt die Fehleinschätzung einfach zuzugeben und das Telegramm zurückzuziehen, wird die falsche Aktion zu Ende gebracht. Axel zahlt und trollt sich, vom Schicksal getroffen. Das Haus bzw. die Mittel dafür – wie gewonnen, so zerronnen. Er hätte nur „Oh, so teuer?" sagen müssen, „her mit dem Ding, ich schreib's neu: ,Bin im Westen, alles prima, komme zurück, Gruß Axel, Stopp'" – vier Mark fünfzig.

Der frühe Reinfall war ihm eine Lehre. Ich konnte seine Reaktion nachfühlen, ich war selbst oft gehemmt und stumm geblieben. Doch bald, wenn mir etwas Neues, Unverständliches begegnete, beherzigte ich einen Grundsatz, der mich vor vielen Fehlern aus Unwissenheit bewahrt hat: Gleich am Anfang fragen.

Politik oder Wirtschaft?

Ich war wie meine Frau Mitglied der Liberal-Demokratischen Partei Deutschlands (LDPD). Gegründet 1945, war sie im mitteldeutschen Raum stark, zwischen 1945 und 1949 besonders in Halle und Leipzig. Hans-Dietrich Genscher hat erzählt, wie er als Student in Leipzig Mitglied war. Zweifellos hat das System der alles beherrschenden SED die sogenannten Blockparteien wie LDPD, CDU oder NDPD nur zugelassen, um seiner Diktatur ein scheindemokratisches Mäntelchen anzuziehen. Andererseits machte es aber doch einen Unterschied, ob man Mitglied der SED war oder Mitglied einer Blockpartei. Im Zentralorgan der SED, dem „Neuen Deutschland", las ich als Student an der Bergakademie einen Bericht über irgendein Plenum, auf dem sich Kurt Hager, Chefideologe der SED, mit innerparteilicher Kritik über das Postulat „Die Partei hat immer recht" auseinandersetzte. Jeder, so Hager, der daran nur den geringsten Zweifel hege und diese sogar vielleicht noch mit weit hergeholten Scheinbeispielen belegen zu können glaube, lege damit eine unerträgliche intellektuelle Überheblichkeit an den Tag, die in der SED keinen Platz habe. Gott sei Dank, dachte ich damals, die hatten also keinen Platz für mich.

Gleichwohl war jedem Absolventen klar, dass bei Antritt eines Arbeitsplatzes sehr bald der Gang zum Parteisekretär anstand. Der würde schnell die Frage nach dem Eintritt in die Partei der Arbeiterklasse stellen und auf die Antwort Wert legen. Mancher sagte gleich Ja, weil er von der Sache überzeugt war oder wusste, dass an ihr kein Weg vorbeiführen würde, sollte der Aufstieg im Betrieb nicht schon am ersten Tag ins Stocken geraten und spätestens dort enden, was wir heute mittleres Management nennen. Andere wollten partout nicht in die Partei, konnten dies aber nicht so direkt sagen und antworteten, sie seien noch nicht reif für diese so wichtige Entscheidung. Nur die wenigsten sagten Nein und lebten mit den Konsequenzen. Die, die „noch nicht reif" waren, hatten nichts gewonnen außer Argwohn und ein wenig Zeit, nach deren Ablauf sie schlecht sagen konnten, sie wären immer noch nicht reif.

In diesem Bewusstsein war meine Antwort 1966 der Eintritt in die LDPD. Das war beileibe keine Heldentat. Doch als ich 1968 in den VEB

Ausflug im Spreewald mit der Abteilung, in der Mitte rechts Dr. Günther Richter

Verbundnetz Gas eintrat, ersparte mir das die unvermeidliche Frage. Allerdings wurde mir bald bei einem Betriebsfest ein kleiner Schock versetzt, als zu später Stunde einer der Direktoren seine Riesenpranke auf meine Schulter legte und mich anlallte: „Du bist also der Holst." Und dann fortfuhr: „Wenn du Rindvieh nicht in diesem Liberalverein, sondern bei uns wärst – hick –, hätte was aus dir werden können!" Viel später bin ich sein Chef geworden.

Zunächst musste ich als angehender Berufseinsteiger erst einmal in der Großstadt Leipzig ankommen, und das gestaltete sich schwierig. Ich hatte einen Besprechungstermin in Böhlitz-Ehrenberg beim VEB Verbundnetz, Direktion Gas. Ich legte mir eine Route zurecht: Mit dem D-Zug von Freiberg nach Leipzig Hauptbahnhof und von dort weiter Richtung Merseburg, Leuna, aussteigen in Böhlitz-Ehrenberg. In Leipzig angekommen, fragte ich an der Informationsstelle: „Wo bitte geht der Zug nach Böhlitz-Ehrenberg ab?" Die beiden Damen schauten mich an, als wäre ich vom Mond. „Doch nicht mit dem Zug. Da fahren Sie mit der Straßenbahn direkt hier vor dem Hauptbahnhof ab und sind in zwanzig Minuten dort."

Ich war frisch gebackener Diplomingenieur der ältesten technischen Hochschule der Welt, konnte locker bis zu zehn Liter Bier trinken und danach noch die alte Bergmannshymne „Glück auf" singen, aus dem Kopf und ohne auf ihn zu fallen. Aber Straßenbahn fahren – nein, davor hatte ich einen Heidenrespekt, ich wusste gar nicht, wie das ging. Ich wartete fast zwei Stunden im Hauptbahnhof, um dann den Zug nach Böhlitz zu besteigen. Nach zwanzig Minuten erscholl der Ruf „Böhlitz-Ehrenberg", ich griff meinen Koffer, stieg aus und stand allein auf weiter Flur auf einem Bahnsteig ohne Umgebung. In einem Häuschen saß eine Reichsbahnfrau, die mich verwundert anschaute.

„Können Sie mir sagen, wie ich zum Verbundnetz komme?" – „Wohin?" – „Zum VEB Verbundnetz, Direktion Gas." – „Ach, zur Gasanstalt! Warum sind Sie nicht mit der Straßenbahn hingefahren? Nun haben Sie einen langen Weg vor sich, denn hier ist der Ortsteil Ehrenberg, und die Gasanstalt liegt im Ortsteil Böhlitz, direkt an der Stadtgrenze von Leipzig. Gehen Sie hier oben zur Endstelle der Linie 17 und fahren Sie dorthin."

Es war Sommer, heiß, und ich beschloss, zu Fuß die Straßenbahnschienen entlang bis zur „Gasanstalt" vorzudringen. Ob ich meinen Koffer bei ihr lassen könne, fragte ich. „Natürlich." Mein Fußmarsch zur Gasanstalt dauerte etwa eine Dreiviertelstunde, zum Glück hatte ich ausreichend Zeit.

Mein Gespräch verlief positiv. Ich würde für den Aufbau von Untergrundgasspeichern gebraucht und könne am 1. Januar 1968 anfangen, Ingenieurgehaltsstufe römisch zwei – 540 Mark. Das Forschungsthema, an dem ich in Freiberg als Absolvent eingesetzt war, könne ich als Mitarbeiter der VNG noch für sechs Monate begleiten. Zurück an der Haltestelle Ehrenberg, fuhr ich dann mit der Straßenbahn zum Hauptbahnhof. Ich musste Münzen in eine Trommel werfen, an einem Hebel ziehen und schon hatte ich eine Fahrkarte, es war ganz einfach. Und so machte ich es dann die nächsten zweiundzwanzig Jahre an jedem Arbeitstag morgens um 5:30 Uhr.

Mit dem VEB Verbundnetz Gas, zu dem die „Direktion Gas" 1969 geworden war, hatte ich großes Glück. Ich kam in eine Gruppe „Untergrundgas speichern" innerhalb der Abteilung Technische Entwicklung. Sie wurde von Dr.-Ing. Günther Richter geleitet, einem Vollblutingenieur, der die Entwicklung eines einheitlichen Netz-, Verdichter- und Speichersystems in der DDR vorantrieb und von ideologischer Gängelei nichts hielt, seine Mitarbeiter sogar dazu anhielt,

LDPD

Leipzig braucht einen neuen Oberbürgermeister!!

Nach dem Rücktritt von Dr. B. Seidel wird unsere Bezirks- und Messestadt „amtierend" geleitet. Um das Schweigen zu brechen, stellt sich ein Liberaldemokrat der Wahl für dieses Amt am 26. Januar 1990.

Wer ist es?

Dr. Klaus-Ewald Holst, 46 Jahre, verheiratet, Hauptabteilungsleiter im VEB Verbundnetz-Gas, Mitglied des Zentralvorstandes und des Bezirksvorstandes der LDPD.

Warum stellt er sich?

Dr. Holst ist nicht „vorbelastet". Er war nicht am Wahlbetrug in Leipzig beteiligt. Der Zustand der Stadt ist katastrophal — keiner der etablierten Kommunalpolitiker war bereit, als Stadtoberhaupt Verantwortung zu übernehmen.

Was will er?

1. Schaffung einer freien Handels- und Messestadt Leipzig.
2. Leipzig muß Zentrum des Handels, der Wirtschaft und des Handwerkes sowie der Wissenschaft und Kultur werden.
3. Durchsetzung einer Wirtschaftsordnung, in der Leistungsprinzip und ökonomischer Wettstreit aller Eigentumsformen einschließlich Privatinitiativen gesichert werden.
4. Lösung der dringenden Umweltfragen mit den Schwerpunkten Luft, Wasser, Abfallprodukte und Lärm.
5. Entwicklung der Messestadt zu einem Touristenzentrum.
6. Grundlegende Veränderung in der Baupolitik und Abrißstop von Altbauten.
7. Sachliche Zusammenarbeit mit allen demokratischen Kräfte in dieser Stadt im Interesse der Bürger Leipzigs.

Wahlkampf, Dezember 1989

50

mit Sachargumenten gegen die oft ausufernde Dummheit vorzugehen. Er schützte uns, wo es ihm nur möglich war. Wir jungen Ingenieure wurden gefordert und gefördert. Wir bekamen teilweise unglaubliche Verantwortung übertragen und lernten, keine Angst davor zu haben. Fehler durften gemacht werden, aber nur einmal. Wir konnten vieles ausprobieren und sogar manche gänzlich neuen Dinge in der Praxis erproben, zum Beispiel die Stadtgasspeicherung, also Kohlenmonoxyd, in einem stillgelegten Kali- und Steinsalzbergwerk.

Mit 25 Jahren war ich Bauleiter für den Untertageteil eines Speichers für Butan-Propan bei Bernburg, ebenda für einen der inzwischen weltweit größten Salzkavernenspeicher für Erdgas. Für die Einrichtung des Flüssiggasspeichers erhielten wir 1972 den Orden „Banner der Arbeit", ich bin bis heute stolz auf unsere Ingenieurleistung, denn sie hat noch nach vierzig Jahren Bestand.

Der VEB Verbundnetz Gas hatte Ingenieure, Meister, Facharbeiter auf allen Gebieten der Gaswirtschaft; was wir nicht hatten und ja auch in der Planwirtschaft nicht brauchten, waren Volkswirte, Juristen, Marketingleute und Verkäufer – das eine war später unser Vorteil, das andere unser Manko. Über zwei Jahrzehnte arbeitete ich mit Freude und gemeinsam mit vielen großartigen Mitarbeitern im Volkseigenen Betrieb. Ich wurde schnell Gruppenleiter, dann Abteilungsleiter, später Hauptabteilungsleiter. Das war schon mehr, als ich als Mitglied einer Blockpartei erwarten konnte. Während die SED in den Betrieben das Machtzentrum darstellte und ihre Mitglieder jeden Montag um 16:00 Uhr zur Parteiversammlung samt Rapport der Leiter vor dem Parteisekretär berief, trafen sich die Blockparteien in sogenannten Wohngebietsgruppen. Ich leitete fast zwanzig Jahre lang eine Gruppe. Hier traf ich Menschen aus allen Berufszweigen und bekam oft interessante, meist desillusionierende Einblicke in den Zustand des „Aufbaus des Sozialismus". An dem äußerten wir zwar keine lauten Zweifel, aber die Diskussion war sehr oft heftig und deftig, denn hier galt eben nicht „Die Partei hat immer recht!".

Dann kam der Herbst 1989.

Die Diskussionen wurden kritischer – freier. Ein zentrales Thema auch bei uns in Leipzig waren die beobachteten Wahlfälschungen während der Kommunalwahl vom Mai. Wie nicht anders zu erwarten, waren die Kandidaten des Demokratischen Blocks mit 99,9 Prozent der Stimmen gewählt worden (mancher Journalist musste bei Verkündung dieser frohen Botschaft daran gehindert werden, nicht „knapp über 100 Prozent" zu schreiben). Mit dem Vorwurf der Wahlfälschung sah sich auch der Oberbürgermeister der Stadt Leipzig konfrontiert. Er stritt ab, trat aber am 3. November zurück und wurde von seinen eigenen Genossen in Untersuchungshaft gesteckt. Da saß er nun und war wohl erstaunt.

Einige Tage später war in der Zeitung ein Interview mit dem Stellvertreter des einsitzenden Oberbürgermeisters zu lesen. Er beklagte die Zustände in der Stadt, die durch die Montagsdemonstrationen nicht besser geworden waren, im Gegenteil. Die Müllabfuhr, der Nahverkehr, die Löcher in den Straßen, den Dächern, das fiel unserem sich langsam schärfenden Blick für die Realität jetzt viel mehr auf. Zum Schluss stellte ihm der Redakteur die Frage, ob er denn bereit sei, die Position des Oberbürgermeisters zu übernehmen. Der Stellvertreter antwortete entrüstet in dem Tenor, das wolle er sich in dieser Situation auf keinen Fall antun. Mir stockte der Atem, und ich schimpfte in Richtung meiner Frau, das sei ja wohl nicht zu glauben, der habe den Zustand mit herbeigeführt und wolle sich jetzt der Verantwortung entziehen, sich wohl noch vom Acker machen mit seinen Genossen usw.

Wenig später war ich auf einer Abendversammlung der LDPD, bei der ein Redner unter großem Beifall die allgemeine Lage umriss. Mit Blick auf die mangelnde Bereitschaft, sich bei der Erzielung von Veränderungen in der DDR einzubringen, endete er mit dem Appell, jeder möge ein Stück Verantwortung übernehmen: „Am Beispiel des Oberbürgermeisters sehen Sie, was ich meine. Niemand will diese Position übernehmen."

„Ich würde es machen", rief ich von meinem hinteren Platz aus.

Mein Gott, was ritt mich da? Alle drehten sich zu mir um und glaubten an einen Scherz. Stille. „Wie meinen Sie das?" Ich blieb ganz ruhig und antwortete: „Ja, warum denn nicht? Mit den richtigen ‚Truppen' muss es doch hinzukriegen sein. Schlechter, als es jetzt ist, kann es nicht werden." Sofort brach ein Sturm der Stimmen los: Prima, wir machen mit, unsere Unterstützung haben Sie und so weiter. Ein Termin bei der LDPD-Bezirksleitung wurde für den nächsten Tag vereinbart.

Ich trottete nach Hause. Kleinlaut berichtete ich meiner Frau von meinem Aussetzer. „Mach es nur, meine Unterstützung hast du", sagte sie zu meiner Überraschung. So stürzten wir uns Ende 1989 in einen Kommunalwahlkampf, lange vor der ersten freien Wahl zur Volkskammer am 18. März 1990.

Viele Jahre später, wahrscheinlich bei der Auflösung von Akten, erhielt ich aus dem Leipziger Rathaus ein Relikt aus dieser Zeit: meinen Personalbogen vom November 1989, der in der DDR in jeder Kaderakte enthalten war und den ich damals mit meiner Bewerbung einreichte. Wenn ich ihn heute überfliege, muss ich lachen über diesen Schnelldurchlauf meiner „Qualifizierungen": Nach Alter, Geschlecht, Familienstand, Schul- und Ausbildung stehen dort die Mitgliedschaften in Parteien und gesellschaftlichen Organisationen, Junge Pioniere, Freie Deutsche Jugend, dazu die Funktionen, Gruppenratsvorsitzender, Kulturfunktionär und die Auszeichnungen, x-mal Aktivist der sozialistischen Arbeit und x-mal Mitglied eines Kollektivs der sozialistischen Arbeit, der Orden Banner der Arbeit von 1972.

Am 1. Dezember 1989 kam es zum Runden Tisch in Leipzig, der unter der Leitung von Superintendent Friedrich Magirius praktisch die Führung der Stadt übernahm. Dort wurde der Termin für die Wahl eines neuen Oberbürgermeisters auf den 26. Januar 1990 gelegt. Ich wurde offizieller Spitzenkandidat der LDPD. Tagsüber arbeitete ich in der VNG und eilte nach 17:00 Uhr in den Wahlkampf. Das war aufregend, denn natürlich kannte mich kein Mensch, doch die Granden der FDP wie Hans-Dietrich Genscher und Gerhart Baum kamen nach Leipzig und wurden mir vorgestellt. Ich bekam viele gute Ratschläge und wenig Schlaf. Mir fiel auf, dass über alles geredet, diskutiert und gestritten wurde – nur die Frage, wie es mit der Wirtschaft weitergehen solle, spielte keinerlei Rolle, höchstens in Verbindung mit Umweltfragen.

Anfang Dezember erhielt ich eine Einladung ins Rathaus zu Herrn H., meine Bewerbung sei eingegangen, er würde sich über ein Gespräch mit mir freuen. Ich ging hin und nahm einen LDPD-Kommunalpolitiker mit. Wir saßen im Vorzimmer des amtierenden Oberbürgermeisters, als sich die Tür öffnete und er seine Gäste verabschiedete. Mir sagten sie nichts, aber meine Begleitung bekam große Augen. Es waren die Oberen der Partei aus Stadt, Kreis und Bezirk nebst Staatssicherheit. Dann saß Herr H. vor uns, mein Schreiben in der Hand und sprach: „Herr Holst, aus Ihren Unterlagen geht hervor, dass Sie gar kein gelernter Verwaltungsfachmann sind." Bedeutungsvolle Pause, dann weiter: „Und meine Genossen haben noch einmal dringlich mit mir gesprochen … Also, im Ergebnis werde ich mich doch um die Weiterführung meines Amtes bewerben." Aha, darum waren die Besucher vor mir da gewesen.

Noch kurz zuvor hätte ich mich wohl kaum so etwas zu sagen getraut, doch jetzt hatte ich Freude daran, ihm zu antworten: „Ja richtig, ich bin kein gelernter Verwaltungsfachmann. Aber wenn das, was ich um mich herum in Leipzig sehe, das Ergebnis ‚gelernter Verwaltungsarbeit' ist, möchte ich auch nie einer werden. Außerdem finde ich es toll, dass Sie, verehrter Herr H., sich doch nicht Ihrer Verantwortung entziehen wollen und sich zur Wahl stellen werden. Da sind wir schon mal zwei, die den Begriff ‚Wahl' mit Inhalt füllen. Wenn Sie gewinnen, kehre ich ohne Groll an meine Arbeit zurück, andernfalls packen Sie hier Ihre Sachen. Dann setze ich mich auf diesen Stuhl und werde die Dinge verändern – es zumindest versuchen." Wir standen auf, es war alles gesagt.

Zurück in der VNG, tobte wie überall die Auseinandersetzung mit den zerfallenden Strukturen. Noch galt: Der Generaldirektor des Gaskombinats bekam seine Anweisungen aus dem Ministerium und parallel vom Zentralkomitee der SED, dessen Mitglied er war. Diese gab er an seine Betriebsdirektoren weiter, von ihnen gelangten sie über die Direktoren an uns, die Abteilungsleiter, und wir sollten nach diesen Maßgaben den weiteren Aufbau der DDR vorantreiben. Nach den Montagsdemonstrationen funktionierte das nicht mehr, an den Schwarzen Brettern hingen Aufrufe, die das Gleiche forderten wie die Transparente: „Weg mit dem Machtmonopol der SED" – eben auch in den Betrieben. Dem Parteisekretär mussten die Ohren klingeln von dem, was er nun alles zu hören bekam.

Anfang Dezember las ich eine Notiz im „Neuen Deutschland": Generaldirektor Genosse Dr. Richter, Mitglied des Politbüros der SED, traf sich mit dem Vorstandsvorsitzenden der Ruhrgas AG Essen Dr. Klaus Liesen zu einem Gedankenaustausch über die mögliche Zusammenarbeit bei der weiteren Entwicklung der Gaswirtschaft in der DDR. – Der eine war der Gott der DDR-Gaswirtschaft, vor dem

Offener Brief

Herbert Zeyß
Mitarbeiter Projektierung
im VEB VNG

Gen. Erwin Heinze
Sekretär SED-GO
im VEB VNG

Es ist an der Zeit...

Werter Gen. Heinze!

„ Das Gespräch mit den Menschen,
das wir führen,
um ihre Fragen zu beantworten,
ihre Gedanken und Vorschläge zu hören,
sich ihren kritischen Meinungen zu stellen,
nimmt zuallererst jeden Genossen
in die Pflicht."

H. Hackenberg, 2. Sekretär
der SED-Bezirksltg. Leipzig,
am 17.10.89 vor der SED-GO
des Kirowwerkes Leipzig

Wann wollen Sie im VNG mit dem offenen, ehrlichen Gespräch beginnen?

Ich habe leider den Eindruck gewinnen müssen, daß für die Genossen im VNG keine Probleme, Meinungen, Gedanken, Fragen zu unserer Zeit existieren...

Für mich gibt es welche!
Und aus Gesprächen am Arbeitsplatz ist mir bekannt, daß auch bei anderen Kolleginnen und Kollegen offene Probleme bestehen.

Weisen Sie den Führungsanspruch Ihrer Partei im VEB VNG nach; wie haben Sie diesen Anspruch in den letzten 10 Jahren erfüllt und WIE wollen Sie ihm in ZUKUNFT gerecht werden?

Die Zeit ist überfällig, Gen. Heinze
- treten Sie aus der Anonymität heraus!

In bedrückender Sorge um unser Land
wartet auf Ihre Antwort

Herbert Zeyß.

Böhl.-Ehrenberg, 23.10.89

Mitarbeiter 1703d

Am schwarzen Brett

jedermann zitterte, den anderen kannte ich (noch) nicht. Mir wurde aber blitzartig klar, dass da jene, die die Verantwortung für unseren Zustand trugen, munter in den Westen fuhren und über ihre Zukunft redeten, ohne uns, die wir hier demonstrierten, diskutierten und für Veränderungen kämpften, auch nur zu fragen oder mit einzubeziehen. Ich entschied für mich, zu handeln.

Bereits im September hatten wir in einer Arbeitsgruppe aufgeschrieben, was sich nach Meinung „der Produktion" ändern musste. Einfach gesagt, schlugen wir Folgendes vor: Die VNG wird unabhängig vom Kombinat, kauft von ihm produziertes Stadtgas, veredelt es durch unsere nun eigene Infrastruktur – zu der auch Gasfernleitungen, Verdichterstationen und Untergrundgaspeicher gehören –, und soll durch den Verkauf an Industrie und Bevölkerung genug Gewinn erlösen, um wirtschaftlich arbeiten zu können. Diesen Entwurf hatten wir nach Hoyerswerda, dem Sitz des Kombinats geschickt. Er passte natürlich hinten und vorn nicht in die Planwirtschaft und wir hatten auch nie eine Reaktion erhalten. Doch dieses Papier fiel mir nun wieder ein, und ich schrieb einen Brief an den Generaldirektor, in dem ich ihn an die Vorschläge erinnerte und ihn aufforderte, zu ihrer Beantwortung zu uns nach Leipzig zu kommen. Um dem Ganzen ein wenig revolutionären Nachdruck zu verleihen, schrieb ich, andernfalls würden wir die Kugelhähne schließen, also kein Gas mehr durch die Leitungen lassen – mein lieber Mann!

Ich ging zum Betriebsdirektor mit der Bitte, dies zu unterschreiben. Lutz H. war kein schlechter Kerl und ein guter Ingenieur, aber er war ein ängstlicher Mensch, der erst nach dem sechsten Bier revolutionär wurde. Natürlich hatte er aufgrund all dessen, was in Leipzig und um ihn herum geschah, auch Angst vor der Zukunft. Er las den Brief, erschrak, wurde bleich und begriff die Lage sofort: „Wenn ich das unterschreibe, schmeißt der Generaldirektor mich sofort raus." – „Dann unterschreibe ich", war meine Antwort. „Dann müsste ich dich auf Anweisung des Generaldirektors von deinem Posten entfernen." Auch das leuchtete mir ein. Eine andere Lösung musste her.

Ich sehe mich noch heute, wie ich in einer der baufälligen gelben Baracken in Böhlitz-Ehrenberg vor einigen Kollegen stehe, deren Denken ich einschätzen konnte und denen ich meine Absichten darlegte: „Wir gründen jetzt hier sofort einen Betriebsrat, der seid ihr und der unterschreibt den Brief an den Generaldirektor." Sie fragten mich: „Was ist ein Betriebsrat?" Ich antwortete: „Weiß ich auch nicht, gibt's im Westen, ist so was Ähnliches wie die FDGB-Betriebsgruppe, also was mit Gewerkschaft oder so. Ist aber egal, es muss sich nur bedrohlich anhören, sonst hat es nicht die erhoffte Wirkung." Nach fünf Minuten Diskussion sagten alle: „Warum nicht? Einverstanden!" Dieses so entstandene Schreiben von Mitte Dezember 1989 betrachte ich heute als die Gründungsurkunde unseres Unternehmens auf seinem neuen Kurs Richtung soziale Marktwirtschaft.

Den Betriebsdirektor setzte ich noch in Kenntnis davon, dass der „Betriebsrat" es sofort auf die Reise schicken werde. Gesagt, getan – auf den Fernschreiber und weg. Keine Stunde verging, da klingelte der interne Apparat von Lutz H., bei dem ich gerade saß. Der Generaldirektor tobte, Lutz wurde immer kleiner in seinem Stuhl, behauptete, von nichts zu wissen. „Konterrevolution – nicht nur auf den löchrigen Straßen, sondern mitten im Gaskombinat – und du weißt nichts davon? Was sagen die Genossen, der Parteisekretär? Mach dich sofort kundig, wer dahinter steckt. Vorschläge an mich", so ergoss es sich über meinen armen Betriebsdirektor, der ja nicht lange nach dem Rädelsführer suchen musste – der saß vor ihm. Lutz lächelte mir schwach zu und sagte: „Siehste, gut, dass weder ich noch du unterschrieben haben."

Doch der Generaldirektor kam tatsächlich am 18. Dezember zu einer Betriebsversammlung nach Leipzig, in Begleitung von Parteisekretär, Gewerkschaftsboss usw. Da saßen nun die Spitzen des Kombinats und der VNG und wir ihnen gegenüber. Unser Speisesaal, der vielleicht dreihundert Personen fasste, war überfüllt. Der Generaldirektor hielt seine Rede: Wir hätten gemeinsam viel erreicht, auch Fehler gemacht, aber nun lebten wir in dramatischer Zeit, unsere sozialistischen Errungenschaften seien in höchster Gefahr. Änderungen kämen, auch in der Personalpolitik (!), aber jetzt sei Solidarität gefragt, wir müssten dem Angriff des Westens widerstehen: „Lassen Sie uns zum gemeinsamen Wohl an die Arbeit gehen. Ich erwarte Ihre Vorschläge für Veränderungen, die wir schnell und gründlich prüfen und entscheiden werden." Dann setzte er sich. Der Versammlungsleiter dankte und schaute in die Runde: „Dazu noch Fragen?" Stille im Raum, wir hatten das bohrende Fragenstellen nicht gelernt, noch nicht.

Ich fühlte die aufmunternden Blicke der Kollegen auf mir, hob die Hand, bekam das Wort und ging zum Mikrofon. Da endlich bekam der Klassenfeind oder Irregeleitete ein Gesicht. Nun war es egal. „Sehr geehrter Herr Generaldirektor", sagte ich, „hätten Sie diese Rede vor Jahresfrist hier gehalten, der Beifall, ja unsere jubelnde Zustimmung wäre Ihnen sicher gewesen – nun ist es dafür zu spät. Wir wollen und werden unser Geschick in die eigenen Hände nehmen. Wir bleiben bei unserem Vorschlag, dass die VNG selbständig wird und wir das Gas auf Basis von Verträgen an eigene Kunden verkaufen. Auf dieser Grundlage können wir weiter zusammenarbeiten. Die Personen, die uns dabei führen, bestimmen wir selbst und alles sonst Notwendige auch ..."

Ein Sturm brach los, die Menschen sprangen auf, klatschten, riefen, trampelten – eine weitere Diskussion war unmöglich. Der Generaldirektor schnappte sich unseren Betriebsdirektor und verließ mit seinen Getreuen den Raum. Erneuter Beifall! Einer aus der Begleitung des Generaldirektors kam zu mir, wir kannten einander ganz gut, und sagte: „Das durftest du nicht tun, das wird dir übel angerechnet. Das wirst du nicht überstehen!" Meine Antwort: „Seid froh, dass wir zivilisiert mit euch umgehen, in Leipzig hat niemand mehr Angst vor euch und der SED. Wer hier was übersteht, das werden wir ja sehen."

Kurz nach dem Jahreswechsel herrschte gespannte Ruhe im Kombinat, und in der Stadt lief der Wahlkampf. Ich erhielt einen Telefonanruf, die freundliche Stimme eines Mannes sagte, man hätte in der Zeitung von meinen Oberbürgermeisterambitionen gelesen, und ich würde ja in einem Gasunternehmen arbeiten (von wegen „Unternehmen"), er selbst sei in der Gasmessgerätebranche tätig. Sein Chef, Herr Rombach, würde mich gern nach Karlsruhe einladen. Ein Westkontakt! Sofort ging ich zu meinem Chef, der begeistert war. Die Westreise vom Kombinat genehmigt zu bekommen, war nicht zu erwarten. Wir fuhren ohne Genehmigung, aber auch ohne Westgeld. Lutz H. stellte uns das Führungsfahrzeug der VNG zur Verfügung, einen 1500er Lada, 15 Jahre alt und mit Fahrer. Die Reise wurde auf den 23./24. Januar 1990 festgelegt, aus dem Verfügungsfonds des Betriebsdirektors sollten wir 30 DM pro Person erhalten.

In der zweiten Januarwoche wurde ich an einem Freitag zum Kadergespräch beim Betriebsdirektor und der Kaderdirektorin geladen. „Du hast doch die Vorschläge da an das Kombinat ausgearbeitet", hieß es. „Wir schlagen vor, dass du ab sofort eine Arbeitsgruppe zur Umstrukturierung der VNG übernimmst." Ich bekam Bedenkzeit über das Wochenende. Meine Frau sagte mir eindringlich: „Lass dich nicht missbrauchen oder auf ein Abstellgleis schieben. Wenn du Ja sagst, dann nur unter der Bedingung, dass du wirklich Möglichkeiten der Durchsetzung an die Hand bekommst." Das war der entscheidende Rat, der uns noch lange vor schweren Fehlern bewahren sollte. Ich setzte mich hin und schrieb das Protokoll vom folgenden Montag: „Kollege Holst leitet Strukturarbeitsgruppe, sucht sich dazu die notwendigen Mitarbeiter und wird zum stellvertretenden Betriebsdirektor ohne Geschäftsbereich berufen."

Die Beratung darüber dauerte keine zehn Minuten, dann hatte ich die Zustimmung mit Unterschrift. Die Leitung im Betrieb warf mir die Verantwortung wie eine heiße Kartoffel hin; das Kombinat wähnte mich nun wohl eingebunden, eingefangen. Dann taten wir etwas, das uns später überleben half: Wir hefteten das Protokoll an die Informationstafeln in den Baracken der Leipziger Standorte und schickten es per Fernschreiben an alle Außenstandorte von Bad Doberan bis Sayda im Erzgebirge. Eine Welle der Bereitschaft brach los, bei zügigen Veränderungen mitzumachen. Wir wollten das Heft in die Hand nehmen, selbst dort etwas ändern, wo wir am besten Bescheid wussten, uns von niemandem etwas vormachen lassen, nicht mehr auf Ansagen von oben warten. Da lag die Macht auf der Straße – lasst sie uns aufheben.

So entstand ein Gremium, ohne das es fortan keine Entscheidungen mehr gab – es war praktisch unser betrieblicher „Runder Tisch". Die Betriebsleitung unterwarf sich ihm ohne Murren, aus gutem Grund. Es wusste ja niemand, wie es weitergeht, wer von wem für was alles verantwortlich gemacht werden würde. Nicht nur in der VNG, überall gab es Versammlungen mit öffentlichen Vorwürfen gegen Machtmissbrauch der Leitungskader – das war ebenso berechtigt wie die Frage nach der Stasi im betrieblichen Umfeld, lenkte aber auch ab und verschlang Zeit. Der Betriebsdirektor fuhr nach wie vor in die Zentrale – und dort funktionierte noch das „System Genosse". Wir sahen uns die Tagesordnung des Generaldirektors an und formulierten zu jedem Punkt eine rote Linie, die der Betriebsdirektor nicht überschreiten durfte. Er hielt sich daran, seine Angst vor uns war jetzt größer als die vor der Kombinatsleitung.

Nun stand die für mich so entscheidende Woche an, in der ich meine erste Dienstreise in den Westen antreten und wohl gar noch zum Oberbürgermeister gewählt werden sollte. Am Montag erhielt ich einen Anruf von Friedrich Magirius, Pfarrer der Nikolaikirche und Leiter des Runden Tisches in Leipzig. Wir kannten uns noch nicht persönlich. Er bat mich höflich, als OBM-Kandidat zu einer außerordentlichen Sitzung des Runden Tisches zu kommen. Ich überlegte keine Sekunde und erklärte ihm, dass ich nicht würde kommen können. Jetzt, nach einem halben Leben, so sagte ich, hätten wir erstmals die Möglichkeit, mit westdeutschen Unternehmern zu sprechen, das wollte ich nicht aufgeben. Ich sei am Donnerstag zurück und stünde dann für die Stadt und das Amt zur Verfügung, natürlich auch für den Runden Tisch.

Inzwischen hörte ich überall, wo ich hinkam: Wir kennen Sie zwar nicht, aber wir wählen Sie, weil die SED zu wählen für uns nicht in Frage kommt! In der letzten Woche musste ich immer mehr fürchten, dass es ernst wurde. Eigentlich hatte ich bei der Zusammensetzung der Stadtverordnetenversammlung, die die Wahl durchführte, gar keine Chance, weil ja die alten Kräfte aus SED, FDGB, DSF usw. die Mehrheit hatten, und doch schien sich die Waagschale in meine Richtung zu senken.

Am Dienstag, 23. Januar bestiegen wir den Lada und fuhren Richtung Karlsruhe: der Fahrer Gunther Jonas, mein Produktionsdirektor Siegmar Schubert und ich, alle im Anzug. Das Auto war vollgetankt, viel Platz für Gepäck blieb nicht, denn der Kofferraum war zusätzlich mit sechs 20-Liter-Kanistern gefüllt. Wir mussten die gesamte Hin- und Rückfahrt ohne Tankstopp auskommen, denn dafür war kein Geld vorhanden. Diese Fahrt, so vollbeladen auch mit Erwartungen, werde ich nie vergessen.

Nach unserer Ankunft besuchten wir zunächst Herrn Rombachs familiengeführte Maschinenfabrik für Gasmessgeräte. Uns fielen die Augen aus den Höhlen, was wir da an Technik, Organisation und Sauberkeit sahen. Dann ging es weiter ins Hotel Ramada. Als wir ausstiegen, standen wir staunend da und wollten gerade unsere Taschen aus dem Auto holen, als wir sahen, dass ein schwarzhäutiger Mann nach ihnen griff. Gunther sprang hinzu und entriss ihm die Taschen – den er für einen Dieb hielt, war der Hotelboy. Später lachten wir darüber, dann schämten wir uns fürchterlich.

Beim Abendessen im gemütlichen Lokal legten wir die Grundlage für eine Freundschaft, die ihre Wirkung bis heute entfaltet. Wir verstanden uns gut, berichteten von den politischen Umbrüchen, schwärmten vom Mauerfall und fragten uns gemeinsam, wie es wohl weiterginge. Einheit? Wäre herrlich, aber wie sollte das zu erreichen sein? Dann kamen wir auf Möglichkeiten wirtschaftlicher Zusammenarbeit. Rombach sagte: „Sie werden Gas, Strom, Wärme in der DDR genauer messen und abrechnen müssen als bisher. Die Energiepreise werden steigen, das wird die Menschen zum Sparen anregen. Da sollten wir ansetzen. Wir können bei Ihnen eine Fabrik für Gasmessgeräte bauen. Sie bringen Standort und Personal ein, wir Technologie, Finanzierung und Vermarktung." Das ist übrigens eine so simple wie klare Formel, die uns im Osten viel erspart hätte, wäre sie überall beherzigt worden. Wir waren Feuer und Flamme, Standorte wussten wir genug, hoch motiviertes Personal saß in allen Startlöchern.

Da stockte Siegmar und legte seine Stirn in Falten: „Aber woher bekommen wir das Material?" Rombach verstand nicht: „Welches Material?" – „Na für die Messgeräte, Bleche, Kabel, Kupfer, Zink, Blei und so." – „Das bestellen wir und haben es dann." – „Wir brauchen dazu ,Bilanzen', die kriegen wir nie!" Da saßen Vertreter zweier Systeme am Tisch, die gemeinsam etwas bewegen wollten, sich aber zunächst nicht verstehen konnten. Der eine rechnete schon im Kopf durch, wie viele Geräte, mit Gewinn verkauft, zu welchem Jahresergebnis führten, der andere dachte nur daran, wie er den Mangel umgehen konnte, um überhaupt zu irgendeinem Ergebnis zu kommen. „Bilanz" war in der DDR-Wirtschaft der Begriff für die Planvorgabe für alles und jedes an Material und Dienstleistung. Nur wer über eine Bilanz verfügte, bekam teilweise, was er brauchte, nie alles – darauf konnten nur Landesverteidigung und Stasi hoffen.

Mit der Zeit wurde die Bilanz als Ausdruck des Mangels selbst zum Tauschobjekt – tausche hunderttausend Mark Tiefbaubilanz (etwa für einen Rohrgraben) gegen fünfzigtausend Mark Dachdeckerbilanz (alle Dächer wurden schrittweise undicht, deshalb der Handel 2:1). So hatten wir unser Arbeitsleben bislang bestritten und waren gefangen in diesen Erfahrungen. Ich begriff allmählich und sagte: „Mensch Siegmar, das bisschen Blech und Kunststoff bringt Herr Rombach aus dem Westen mit. Wir brauchen nur zu bauen und rechtzeitig zu liefern." Siegmar fiel ein Stein vom Herzen, und so entwickelten wir noch am selben Abend Fabriken für Mess- und Regeltechnik, die bis weit nach China hinein alles Gewünschte versorgen konnten.

Noch etwas bleibt mir von diesem Abend in Erinnerung. Immer wenn es um die politischen Veränderungen der letzten Monate ging, konnte man auch an sich selbst eine Entwicklung feststellen, die denen, die uns nicht kannten, verborgen bleiben musste: die schleichende Entwicklung zum Revolutionär. Schubert war ein guter Ingenieur, Organisator und Überlebenskünstler im sozialistischen Plansystem. Dass dieses System ihm kein ordentliches Auto zur Verfügung stellen konnte, rechnete er ihm negativ an, sonst aber war er ordentlich angepasst wie die meisten, SED-Mitglied, wie es in dieser Position normal war. Vor allzu offenen Worten von ihm musste ich mich nie fürchten. Aber nun, an diesem Abend, bei Sahnegeschnetzeltem mit Bratkartoffeln und einem Glas Rotwein, riss ihn die eigene Erzählung über seine in der DDR erlittene Pein regelrecht fort. Flammenden Blicks sprach er flammende Worte – ich sah Gavroche vor mir, wie er 1848 unter dem vernichtenden Feuer preußischer Grenadiere auf den Barrikaden Bleikugeln einsammelt. Das ging denn doch zu weit.

Wir sprachen noch über die bevorstehende Wahl in Leipzig und verabredeten uns für den nächsten Tag. Im Hotel erreichte mich ein Anruf meiner Frau. In Leipzig sei der Teufel los, alle suchten nach mir, Ost- und Westjournalisten, Presse, Funk und Fernsehen – irgendwas wäre mit der Wahl am Freitag und meine Meinung sei gefragt. Ich baute gerade Fabriken, aber sei's drum: „Morgen Abend bin ich zurück", sagte ich ihr.

Am nächsten Morgen sorgten wir uns schon beim herrlichen Frühstück um die Abmeldung im Hotel. Da standen wir zu dritt mit je 30 DM in der Tasche, die reichten nicht mal für ein Zimmer. Wir waren unsicher: Sollten wir uns eingeladen fühlen oder mit Ostmark zu bezahlen versuchen? Einfach losfahren und sehen, was passiert? Da kam Herr Rombach und ich nahm mir ein Herz, ihm die Situation zu schildern, bat, uns die Summe vorzuschießen bei späterer Verrechnung nach Fabrikeröffnung. Er verstand erst nicht, dann lachte er und legte mir die Hand auf den Arm. Damit waren wir von dieser Sorge befreit.

Im Dunkeln fuhren wir über die A5 zurück. Mit einem Mal stand der Lada still. Wir rollten auf den Seitenstreifen. Ich war nicht beunruhigt. Wer, wenn nicht meine beiden Mitfahrer sollte dieses Auto wieder in Schwung bringen? So blieb ich sitzen und sah nun zwei Anzüge mit Taschenlampe im Motorraum verschwinden. Einzelteile wurden hervorgezogen, dann der deprimierende Befund: Bruch eines unscheinbaren, aber wichtigen Teils in der Benzinpumpe.

Da scherte aus dem unaufhörlichen Verkehrsstrom ein Lieferwagen aus und hielt vor uns: „Kraft Heizungs- und Sanitärservice" oder so. Ein freundlicher Herr fragte nach unserem Problem, besah mit wachsender Bewunderung die schlipsbewehrten Mechaniker und ihre Kleinteilansammlung. Dann fuhr er mit Fahrer Gunther fort und kehrte mit einem kaltgelöteten Benzinpumpengestänge zurück; die Fahrt konnte weitergehen. Wir trafen uns an der nächsten Autobahnraststätte und aßen gemeinsam etwas. Der Westbürger freute sich über uns Leipziger und was er da gesehen hatte. Dass Menschen ihre Autos noch selbst aus- und zusammenbauen konnten, hatte ihn fasziniert. Im Fernsehen lief derweil die Tagesschau: „Die Oberbürgermeisterwahl in Leipzig am kommenden Freitag steht auf der Kippe. Unklar ist, ob durch den Wahlbetrug im Mai 1989 eine Wahl jetzt überhaupt möglich ist. Die Kandidaten sind Hädrich SED und Holst LDPD/Die freien Demokraten." – „Dort sitzt der Herr Holst", sagte Siegmar und wies auf mich. Der Helfer in der Not staunte nicht schlecht.

Tief in der Nacht waren wir zurück in Leipzig. Nach wenigen Stunden Schlaf brachte ein Termin in der Bezirkszentrale der LDPD weitere Aufklärung: Der in Untersuchungshaft sitzende zurückgetretene Oberbürgermeister Seidel hatte am Wochenende zugegeben, für den Wahlbetrug bei der Kommunalwahl verantwortlich zu sein. Aus dieser Wahl war die Stadtverordnetenversammlung hervorgegangen, die am 26. Januar den neuen Bürgermeister wählen wollte. Nun war die Frage zu klären, ob die Mitglieder eines aus einem Betrug hervorgegangenen Gremiums dazu legitimiert seien. Deshalb hatte mich Magirius Anfang der Woche angerufen. Der Runde Tisch hatte heftig und ohne Ergebnis gestritten, in allen Fraktionen tobte der Meinungsaustausch. Ich erklärte, weiterhin zur Wahl zur Verfügung zu stehen.

Am vorgesehenen Wahltag tagte die Volksvertretung. Da saß ich in dunklem Anzug, im Kopf meine Wahlrede, in der Jackentasche die dazugehörigen Notizen, und lauschte. Redner aller Fraktionen beleuchteten noch einmal die Frage, ob das Gremium legitimiert sei oder nicht, eine wirklich sehr schwierige dialektische Frage. Die Sitzung wurde vollständig im Stadtfunk und im Radio übertragen. Ich wusste, dass in der VNG und in der Schule meiner Frau alle mithörten. In der ersten Pause zogen sich alle Fraktionen in ihre Räume zurück, Emissäre gingen zwischen ihnen hin und her, um den aktuellen Stand der Meinungsbildung zu ermitteln, dann ging es weiter mit endlosen Reden für und wider. Ich stand geduldig bereit, mich eventuell wählen zu lassen.

Da tippte mir jemand auf die Schulter. Ob ich Herr Holst wäre? Da draußen warteten ein Mann und eine Frau, sie wollten mich dringend sprechen. Ich eilte hin und sah zwei aufgeregte Mitarbeiter der VNG. Meine Anwesenheit in Böhlitz-Ehrenberg sei sofort notwendig, sagten sie, ohne Aufschub, sonst sei alles vorbei! – „Aber ihr wisst doch, ich will gerade Oberbürgermeister werden." – „Ja, wissen wir, aber das wird doch nichts und bei uns geht alles den Bach runter! – „Was ist denn los?" Der Generaldirektor, der mich bei der Wahl wusste, war mit Verstärkung beim Betriebsdirektor erschienen, hatte unseren Runden Tisch dazu geholt und nun allen weisungsgebend mitgeteilt, wie die Zukunft der VNG im Kombinat auszusehen habe, nämlich so, dass von unseren Forderungen nach Eigenständigkeit etc. nichts übrig blieb. Was war zu tun? Ich sagte, sie sollten mir ein Auto mit Fahrer vor die Rathaustür stellen und den Generaldirektor irgendwie hinhalten, in spätestens eineinhalb Stunden sei ich bei ihnen.

Im Sitzungssaal wurde gerade die nächste Pause angekündigt. In dieser Pause – die Stimmung neigte sich in Richtung „nicht wählen" – entschied ich mich: „Liebe Parteifreunde, ich fahre jetzt zurück in meinen Betrieb. Bis heute 24 Uhr stehe ich für die Wahl zur Verfügung, sollten die Stadtverordneten doch noch wollen. Zeichnet sich das ab, rufen Sie mich an." Der Protest hielt sich in Grenzen, man spürte meine Entschlossenheit und sah wohl auch, was sich da abzeichnete.

So betrat ich in der VNG das Zimmer des Betriebsdirektors, in dem der Generaldirektor seine ganze sinkende Macht entfaltet hatte. Im schwarzen Anzug nahm ich Platz, selbstbewusst wie vielleicht noch nie zuvor, und bat um Zusammenfassung durch unsere Seite. Meine

Kollegen waren nicht schlechter als ich, nur gerade schlechter positioniert. Sie hatten sich zentimeterweise im geschickt ausgelegten Netz des Generaldirektors verfangen, es fehlte der Ausweg, der rettende Schnitt. Ein Kollege, Manfred Scheibe, fasste so zusammen, dass der Hinterhalt deutlich wurde: Wir sollten „eigenständig" alles in ein neues Kombinatsgebilde einbringen und ansonsten frei agieren können. Das bedeutete wohl eher vogelfrei. Ich beharrte erneut darauf, dass wir unser eigenes Geschäftsmodell entwickeln und dann auf der Grundlage von Verträgen mit dem Kombinat in Wirtschaftsbeziehung treten. Der Generaldirektor lehnte entrüstet ab und ließ uns allein. Wir jubelten, obwohl noch nichts gewonnen war.

Gegen 17:00 Uhr hörten wir im Radio von der Entscheidung, keine Wahl durchzuführen. So blieb meine schöne Rede, für die ich die gesamte 800-jährige Geschichte der einst reichsten deutschen Großstadt bemüht hatte, ungehalten. So blieb mein Platz in der Wirtschaft, und die Stadt der Friedlichen Revolution wurde noch bis Mai 1990 von der SED/PDS führend verwaltet, wie keine andere Großstadt.

Geblieben ist aus dieser Zeit mein ausgeprägtes Interesse an Politik und denen, die sie machen – deren Arbeit ich bewundere, aber zugleich stets kritisch begleite. Die VNG hat seit 1990 Verbindungen zu denen geknüpft, die die Rahmenbedingungen setzen. Was das wirtschaftliche Handeln in Sachsen prägt, folgt in hohem Maß aus politischen Entscheidungen, die in Berlin und Brüssel getroffen werden, deshalb müssen wir unsere Fühler in all diese Richtungen ausstrecken, Stimmungen auffangen, kommunizieren. Damit Wirtschaft und Politik einander besser verstehen.

West/Ost-Selbsthilfe

In der VNG war die strukturelle Feindschaft zum Kombinat nun end-gültig ausgerufen. Die Regierung Modrow mit Wirtschaftsministerin Luft wollte und konnte uns nicht helfen, und so legten wir allein los. In zehn Tagen stand unser Geschäftsmodell: Die VNG wird juristisch selbständig, sie kauft und verkauft zunächst aus Braunkohle herge-stelltes Stadtgas und nimmt in den Blick, ihren Kunden möglichst bald das erheblich umweltverträglichere Erdgas liefern zu können. Das er-wirtschaftete Geld muss für die Entwicklung der Infrastruktur ausrei-chen und uns zu einem gewinnbringenden Betrieb machen.

Wir waren begeistert von uns selbst. Wenn wir gewusst hätten, was uns erst noch bevorstand! Das Kombinat war immer weniger in der Lage, uns die für die Gasversorgung notwendigen Mittel zur Ver-fügung zu stellen. Die Monteure hatten uralte Autos, die schon nach zehn Tagen die Sprit-Bilanz für den ganzen Monat aufgebraucht hat-ten; Ersatzteile für Verdichter, Turbinen und Anlagen gingen aus. Wir hatten uns und sonst nichts, keine Hilfe von irgendeiner Seite, und wir wussten, dass die Kontakte mit dem Westen nach wie vor über das Kombinat liefen, wo man ohne uns und um die VNG herum neue Strukturen zu schaffen versuchte.

Dennoch gelang es Anfang Februar 1990, den Gaseinkauf vom Kombinat zu uns zu holen, dazu war ein Ukas notwendig, ein Be-schluss. Wir brachten zwei Stellvertreter des Generaldirektors dazu, unseren Vorschlägen schriftlich zuzustimmen, und wir setzten diesen Beschluss sofort um. Die Fachleute kamen gerne zu uns, und so mach-ten wir es auch mit der zentralen Steuerung des Gasnetzes und holten sie aus den Händen eines desolaten, sich auflösenden Ministeriums in die VNG. Die Idee einer neuen, marktwirtschaftlichen Gasversor-gung überzeugte die Menschen auch außerhalb der VNG. Wir boten Zukunft und Begeisterung, ohne das Gelingen versprechen zu können. Herz und Kreislaufsystem hatten wir selbst, bildlich gesprochen, und bekamen nun Gehirn und Nervensystem dazu.

Ich war gerade in Berlin und warb um die Mitarbeiter aus dem „Nervensystem", als ich einen Anruf erhielt. Herr Kranz von der Ruhr-gas in Essen sei in Berlin und hätte von seinem Vorstand Auftrag, mit

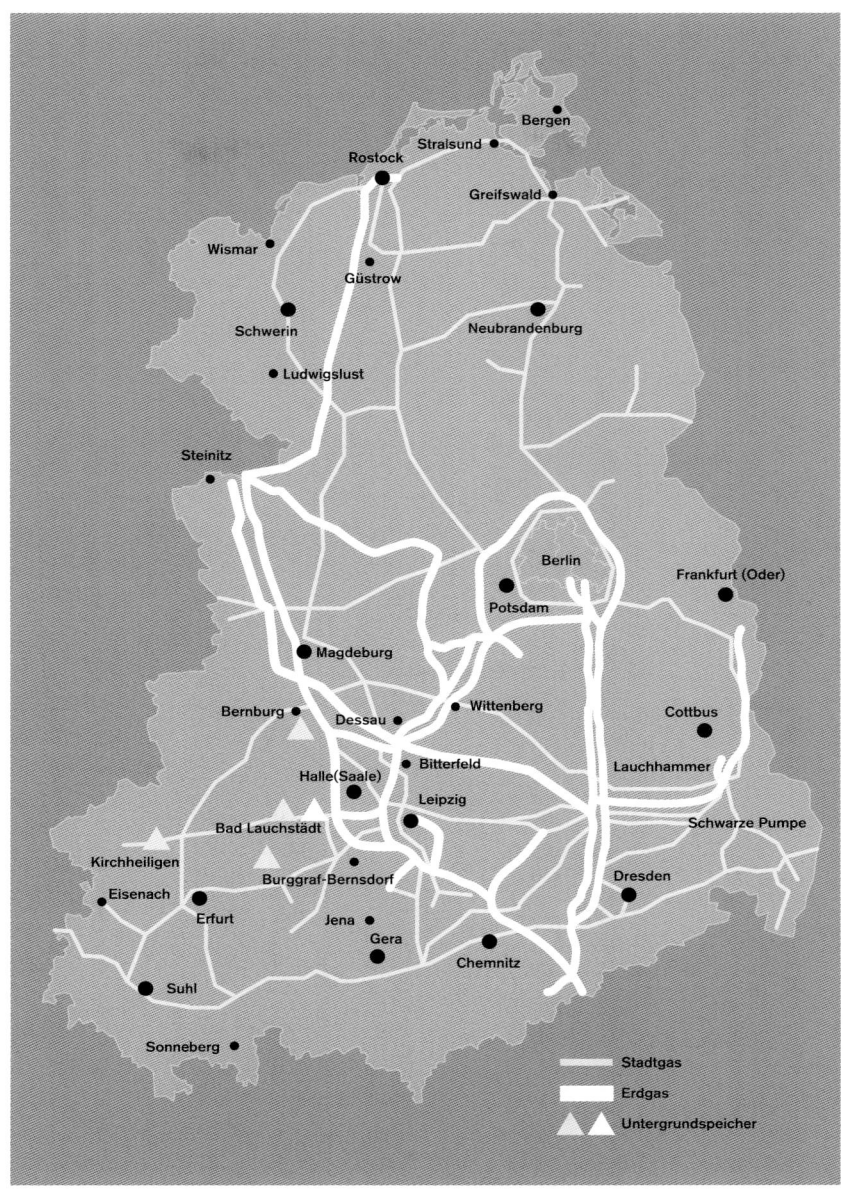

Die Hochdruckgasnetzkarte der DDR

67

mir zu sprechen. Ich wusste noch nicht, was ein Vorstand war, doch wir trafen uns sofort am Checkpoint Charlie. Der Mann wirkte freundlich, zurückhaltend, kompetent – und mit ihm nahm unser Glück seinen Lauf. Er lud uns nach Essen ein, wir vereinbarten ein Treffen am 3. März 1990.

Friedrich Späth, der dann elf Jahre lang unser Aufsichtsratsvorsitzender sein sollte, hat mir erzählt, was damals passiert war. Er war unterwegs, als er an sein Autotelefon der ersten Stunde ging: „Rombach hier, ich möchte Ihnen was erzählen." Man muss wissen, dass Friedrich Späth der Gasvertriebspapst der Bundesrepublik war, ohne die Ruhrgas und ohne ihn ging damals am Markt gar nichts. Da rief nun also der ihm nur flüchtig und auch noch als Konkurrent im Gasmessbereich bekannte Herr Rombach aus Karlsruhe an und sagte: „Herr Späth, da im Osten sprechen Sie mit den falschen Leuten."

So was wagte ihm einer zu sagen. Späth wollte entrüstet auflegen, fragte aber doch: „Wie meinen Sie das?" Da erzählte ihm Rombach, was wir bei unserem Besuch Ende Januar im Überschwang alles von uns gegeben hatten. Späths Interesse war geweckt. Und nun fuhr ich mit dem Betriebsdirektor und mit Fahrer Gunther Jonas in seinem blauen Lada erneut in den Westen, nach Essen. Von Herrn Späth und den Direktoren Kranz und Pfingsten wurden wir freundlich ausgefragt und gaben begeistert Auskunft. Sie boten uns an, in die Verhandlungen mit dem Gaskombinat über die Bildung eines Joint Ventures zum Aufbau einer Erdgasversorgung in Thüringen einbezogen zu werden. „Ja prima", sagten wir, „aber erstens: Was ist ein Joint Venture?" Ich hatte den Begriff noch nie gehört. „Und zweitens: warum „einbezogen", warum nicht überhaupt nur mit uns?" Betretendes Zögern, ich wusste ja nicht, wie weit die Beratungen mit unserem Kombinat bereits vorangetrieben worden waren (mein Betriebsdirektor hatte sehr wohl mehr gewusst) und dass ich die Herren der Ruhrgas unwillentlich in Gewissenskonflikte stürzte.

Wir erzählten ihnen, wie es in der VNG aussah. Die Herren waren vom Fach und konnten sich vom Zustand unserer Anlage ein ganz gutes Bild machen. Das Gespräch kam auch auf unsere bedauernswerte Fahrzeugflotte. Man fragte ungläubig nach, wir legten richtig los. Da fragte Späth: „Wie viele könnten Sie denn gebrauchen?" – „Wovon?" –

„Na, Autos! Herr Kranz und Herr Pfingsten, bereiten Sie mal zunächst zehn VW Jetta, Pritschenwagen u.ä. vor und stimmen Sie mit den Herren die Modalitäten ab." Zehn! Zunächst! Die Direktoren notierten, wir saßen sprachlos da und glaubten nicht richtig verstanden zu haben. Dass uns diese Soforthilfe erst einmal erstarren ließ, versteht nur, wer die Situation rund um die Dienst- und Privatwagen in der DDR miterlebt hat. In zehn Tagen sollten unsere Fahrer sie in Essen abholen. In unserer Phantasie malten wir uns schon aus, wie wir als triumphierende Gladiatoren in Jettas glorreich in Leipzig einziehen.

Dann mussten mein Chef und ich auf die Toilette, Herr Kranz kam nach und bot an, wir könnten statt mit unserem Lada mit seinem Mercedes zurückfahren. Uns wurde ganz schwindelig bei diesem Gedanken, aber mein Chef sah sich bereits von der Belegschaft gesteinigt, sollte er im dicken Mercedes vorfahren, und so lehnten wir schweren Herzens ab. Auf der Rückfahrt erzählten wir dies unserem Fahrer. Der schrie auf und fuhr vor Erregung beinahe in den Straßengraben. Was wir für Idioten wären, heulte er fast, so ein Angebot käme nie wieder im Leben. Sein Kummer ließ erst nach, als wir ihm von der Überführung der zehn Westwagen erzählten.

Anfang März war Frühjahrsmesse in Leipzig, und zu ihr kam die Welt. Die Welt – das war vor allem der Westen. Schon als Studenten hatten wir uns dort das Prospektmaterial westlicher Firmen als „Lehrbücher vom Weltniveau" geholt. Der DDR-Besucher bekam erstaunliche Dinge in den Messehallen zu sehen. Wer eine Wohnung in Leipzig hatte, zog in die Abstellkammer, aufs Land oder in den Kleingarten und überließ Wohn- und Schlafzimmer den Gästen, bevorzugt natürlich aus Richtung West, denn sie bezahlten mit harter Währung. Zur Messezeit konnten auch Nichtgeschäftsleute ohne Visum für einen Kurzbesuch nach Leipzig kommen. Viele Westbürger haben diese Möglichkeit ergriffen und dabei etwas herbeigeführt, das dem SED-Regime mit der Zeit übel zusetzen musste – freien, unkontrollierten Meinungsaustausch. Das hat in Leipzig ganz sicher mit zur Revolution hingeführt. Wir saßen bei Bekannten, die Verwandte aus Mainz hatten, und redeten uns die Köpfe heiß.

1990 hatten auch wir die Parole Schrebergarten gewählt, lagen ohne Heizung und fließend Wasser auf Feldbetten. Unsere Wohnung

Ein Geschenk der VNG an die Ruhrgas AG: ein Trabant. Am Steuer Klaus Liesen. Essen, 29.10.1990

hatten wir komplett an West vermietet, eine Woche brachte 120 DM ein. Dieses Geld reichte für drei Monate Jacobs-Kaffee, Nivea-Creme und zwei Matchbox-Autos im Intershop.

Es war Messesonnabend und empfindlich kalt. Wir lagen noch unter der warmen Decke, da schlug es gegen unsere Fenster, und Gunther Jonas schrie: „Kommt schnell raus, ich muss euch was zeigen." Ich eilte vor die Tür. Gunther stand aufgeregt wie ein Junge bei seiner Einschulung da, nur ohne Schultüte, und riss mich zum Ausgang der Gartensparte. Dann sah ich die „Schultüte", die er mitgebracht hatte: Dort stand ein VW Jetta, und um den tanzte Gunther herum wie Rumpelstilzchen, streichelte seine Kofferklappe und Motorhaube. Er strahlte und es sprudelte in feinstem Sächsisch nur so aus ihm heraus. Zehn dunkel gekleidete Fahrer waren in den Interzonenzug gestiegen und gen Essen gerollt. Dann hatte sich der Konvoi ostwärts in Bewegung gesetzt – etwas ängstlich wegen des fremden Geländes, des unbekannten Gefährts und der Frage, was wohl an der Grenze passiert, denn das Ganze war ja immer noch ein Westimport. Sie wurden einfach durchgewinkt, die DDR hatte sich vom Hochsicherheitstrakt zum vorübergehend rechtsfreien Raum gewandelt.

Diese erste spontane Hilfe hatte eine unglaubliche Wirkung auf uns. Wir hatten erfahren, dass da einer etwas ankündigt und sofort in die Tat umsetzt. Es ging vorwärts, so lautete die psychologisch kaum zu unterschätzende Botschaft an die Mitarbeiter. Zwei Autos gaben wir an die Verwaltung, acht zu den Monteuren. Und das positive Image der Ruhrgas bei uns in Leipzig war langfristig gesichert.

Mit Autos kannte ich mich nicht aus, sie waren für mich einfach Mittel zum Zweck. Bald hatte mein Jetta seine Belastungsgrenze erreicht. Der innerdeutsche Flugverkehr war unterentwickelt und alles musste mit dem Wagen erledigt werden, ich arbeitete und schlief mehr in ihm als im Büro oder zu Hause. So beredete mich Gunther, es müsse ein größeres, sicheres Auto her. Ein Mercedes kam für mich nach wie vor nicht in Frage, aus demselben Grund wie seinerzeit in Essen. Gunther schlug einen Audi vor. In Ordnung, dachte ich, kein Stern vorne dran, gutes Auto, aber kein Statussymbol. „Wir sollten einen V8 nehmen", sagte Gunther noch. „Ist mir recht, schreib's auf, ich schicke es an den Aufsichtsratsvorsitzenden." Späth erzählte mir später, dass dieser Vorschlag auf seinen Tisch gelangt war; V8 hatte ihm sofort mehr gesagt als mir und er hatte sich gefragt, ob das denn sein müsse. Er wollte mich aber nicht enttäuschen und stimmte zu. Als das edle Gefährt dann vor der Tür stand, bekam ich einen heiligen Schreck. Natürlich habe ich mich schnell an den neuen Fahrkomfort gewöhnt, der bei achtzig- bis hunderttausend Kilometern pro Jahr aber auch hilfreich war. Von da an habe ich mich in Fragen meiner Ausstattung immer sorgfältig um Angemessenheit gekümmert. An mangelndem Gespür für das, was ein Umfeld, was eine Gesellschaft akzeptiert oder für überzogen hält, scheitern auch heute reihenweise Menschen in den ihnen verliehenen Positionen.

Der ersten Fahrt ins Ruhrgebiet folgte eine weitere Einladung zum Mittagessen mit den Herren Späth und Bergmann, Vorstand für Gaseinkauf und in „Gaseuropa" wohlbekannt. Die beiden nahmen mich sicherlich gut unter die Lupe. Ich war ohne Argwohn, es bestand ja auch kein Grund dafür. Eines unserer Themen war der Erdgaseinkauf: Unser Erdgas kam aus Russland, das sollte und musste es auch weiterhin, wir wollten aber zusätzlich auch welches aus dem Westen beziehen. Da waren vor allem die Niederlande mit dem großen Förderfeld Groningen, von dort war der Siegeszug von Erdgas in Westeuropa ausgegangen, sowie Norwegen mit seinem großen Erdgasfeld Troll in der Nordsee, dessen Planungen zur Erschließung damals gerade anliefen.

Da lud Bergmann mich ein, ihn wenige Tage später auf Dienstfahrt nach Norwegen zur Statoil zu begleiten – ein Traum, aber es war Freitag, und am Montag wollten wir nach Norwegen fahren: Wie sollte das gehen mit Visum, Flugtickets, Devisenantrag? Bergmann sagte: „Wir fliegen um 8:00 Uhr von Düsseldorf los und sind nachmittags zurück." Die Reise wurde für mich ein Lehrstück in Effizienz. Zu DDR-Zeiten hatte eine Dienstreise von Leipzig nach Prag eine Vorlaufzeit von etwa einem Vierteljahr benötigt. Jetzt ging das so: Nachtfahrt von Leipzig nach Düsseldorf, 9:00 Uhr dort, mit den Herren der Ruhrgas Einstieg in ein kleines Dienstflugzeug, kurzer Blick auf die Ausweise, Vorstellung der Mitflieger, freundliche Blicke auf Herrn Holst aus Leipzig, wer immer das war. Im Steigflug ging es in die Wolken, ich wagte kaum zu atmen, die anderen schlugen ihre Aktenkoffer auf und fingen an zu blättern und zu lesen, Berichte, die Presse vom Montag (woher hatten sie die schon so früh?). Ich hatte in meiner Tasche nur eine Karte unseres DDR-Rohrleitungsnetzes.

Ein Privatflugzeug für fünf Personen – irre, dazu Frühstück auf Klapptischen, unten dann das Meer, später Spielzeugnorwegen, Schneereste, Berge, Klüfte, viel Grün. Wir landeten in Stavanger, Norwegens Öl- und Gashauptstadt, niemand kontrollierte uns, ein Auto stand schon bereit. Die Beratung dauerte zwei Stunden, alle sprachen Englisch, auch die Deutschen untereinander. Dann ging es zurück, rein ins Flugzeug, raus die Koffer, einer schrieb schon den Aktenvermerk zum Gespräch, die anderen formulierten aus dem Verhandelten die Aufträge für die Kollegen daheim, ich schlief erschöpft ein. In Düsseldorf rasten alle gleich weiter in die Firma nach Essen, ich fiel in mein bereitstehendes Auto – eine Welt an einem Tag.

Das Gespräch mit den Norwegern war, wie ich fand, gut verlaufen. Herr Bergmann stellte mich und unser Thema vor, dann gab er mir das Wort. Mir stockte für einige Sekunden der Atem. Was sollte ich jetzt tun? Deutsch sprechen und Bergmann um Übersetzung bitten oder es mit meinem unverständlichen Pidgin-Englisch versuchen? Ich entschied mich für letzteres. Einer der Norweger erzählte mir später,

Vertragsabschluss über Erdgaslieferungen zwischen dem norwegischen Gasverhandlungskomitee GFI und der VNG: Peter Mellbye (Statoil) und Klaus-Ewald Holst (VNG) mit dem Leipziger Oberbürgermeister Hinrich Lehmann-Grube. Leipziger Rathaus, 16.12.1993

sie hätten meine Sätze tatsächlich nicht verstanden, aber mein Wollen und meine Begeisterung gespürt und dann doch begriffen, worum es ging, als ich da über meine DDR-Gasnetzkarte gebeugt mit Händen und Füßen Gas aus allen Himmelsrichtungen nach Rostock, Berlin, Magdeburg, Erfurt, Leipzig und Dresden fließen ließ und eine Energierevolution beschwor. Helft uns und macht ein Geschäft dabei, sichert euch einen Markt, so lautete meine Botschaft – das verstanden sie.

Nach dieser Reise begann sich die VNG schnell als eigenständig agierendes Unternehmen zu entwickeln. Wir wären damals wahrscheinlich froh gewesen und hätten sofort angenommen, wenn uns die Ruhrgas den Kauf norwegischen Erdgases über sie angeboten hätte. Doch die Entscheidungsträger setzten gleich auf einen neuen Gasimporteur als Partner in einem neuen Deutschland, wenn auch nicht ohne Zweifel und heftige Diskussion – eine weitsichtige Lösung, die gut für uns war, gut für Ostdeutschland und für ganz Deutschland. In der Politik hat sich in dieser für Weichenstellungen so wichtigen Phase niemand um solche Dinge gekümmert.

Nein, ganz stimmt das nicht, einige Kräfte in der DDR-Regierung taten es, auf ihre Weise, und zwar vor dem 18. März 1990, dem Tag, an dem die DDR erstmals eine durch freie Wahlen legitimierte Regierung erhielt. Mir wurde dies viel später klar, und bestätigt wurde es mir erst Jahre danach von norwegischer Seite. Als wir uns in Stavanger berieten, lautete eine mehrfach gestellte Frage der Statoil-Kollegen: „Wem gehören denn die Rohrleitungen auf Ihrer Karte?" Da die VNG investiert und gebaut hatte, die Leitungen Volkseigentum waren, wir Volkseigener Betrieb, war meine Antwort stets: „Uns, der VNG." Was ich nicht wusste, war, dass ihnen die DDR-Ministerialbeamten „Dem Staat" geantwortet und hinzugefügt hatten: „Nicht der VNG." Die Kollegen aus Norwegen standen nun bang vor der Frage, wem sie Gas verkaufen sollten, dem im Untergang befindlichen Staat DDR oder einem des Englischen nicht mächtigen Sachsen aus Mecklenburg.

Wir verhandelten drei lange Jahre, unterschrieben am 16. Dezember 1993 im Rathaus von Leipzig einen Gasliefervertrag von zwanzig Jahren Laufzeit, am 1. Oktober 1996 floss das erste Gas aus Norwegen nach Ostdeutschland.

Ich lese gerade, dass die Stadt Leipzig einen Umweltpreis für hohe CO2-Reduzierungen nach 1990 erhalten hat. Darüber freue ich mich, aber das haben nicht Sonne und Wind erreicht, das hat die Energierevolution im Osten erreicht. Erdgas zur Ablösung der Braunkohle- und Holzöfen hat einen überragenden Anteil daran gehabt und blieb bis auf den Kraftstoffeinsatz ohne Subventionen. In unserer weltweiten Vorreiterrolle bei der CO2-Reduzierung zehren wir noch heute von dieser Entwicklung. Wind, Sonne und die anderen erneuerbaren Energien müssen sich erst noch beweisen, vor allem in betriebswirtschaftlicher Hinsicht.

Das Gas aus dem Westen, in diesem Fall aus dem Norden, war für uns der energiepolitische Mauerfall. Wir waren nun diversifiziert. – Sich aus verschiedenen Quellen unabhängig voneinander beliefern lassen zu können, ist die Grundlage jedes Wettbewerbs und entzieht jedem Versuch der Erpressung oder des Abhängigmachens den Boden.

Bei einem der frühen Gespräche mit Friedrich Späth hatte er mir im Hinblick auf eine Wirtschafts- und Währungsunion einen Kurzlehrgang in Marktwirtschaft erteilt: „Wenn die D-Mark zu Ihnen kommt, Herr Holst", sagte er, „wundern Sie sich nicht, Sie werden immer auf freundliche Menschen stoßen. Geben Sie acht, das lächelnde Gegenüber hat zwei Fragen in Bezug auf Sie. Die erste lautet: Wie viel Geld hat der in seiner Tasche? Und die zweite: Wie kann ich es aus seiner Tasche in meine gelangen lassen? Das müssen Sie sich in dem für Sie neuen System immer vor Augen halten."

Den Rat habe ich befolgt, er hat mich vor manchem Fehler und mancher Enttäuschung bewahrt.

Die Energierevolution in Thüringen

Die Ruhrgas hielt ihr Wort nicht nur bei der Autolieferung. Gleich nach meiner Norwegen-Reise wurden wir in die Gespräche zur Gründung einer gemeinsamen Gasgesellschaft in der DDR eingebunden und wir übernahmen schnell die Verhandlungsführung auf DDR-Seite. Wohlgemerkt, wir verstanden kaum etwas von dem, was da gesprochen wurde und hatten kein Ministerium um Erlaubnis gefragt; wir gingen nur voller Begeisterung an die Sache heran – eigentlich die beste Voraussetzung, um über den Tisch gezogen zu werden. Jedoch sind wir in zwanzig Jahren nicht ein einziges Mal enttäuscht worden!

Der Grundgedanke unserer Zusammenarbeit war, dass die Ruhrgas und die VNG eine Gesellschaft in der DDR gründen, bei der jeder 50 Prozent der Anteile hält und alle Entscheidungen gemeinsam getroffen werden. Wir sollten unsere Gasleitungen in diese Gesellschaft einbringen und die Ruhrgas das entsprechende Westgeld einlegen. Aber was ist eine Gasleitung wert? Der Wert von DDR-Infrastruktur, das war ein großes Thema, das nach Mauerfall und Wiedervereinigung die gesamte Wirtschaft beschäftigen sollte. Die Frage, wie viel D-Mark die Ruhrgas einbringen musste, wurde fair beantwortet und wir lernten gemeinsam dazu.

Die neue Gesellschaft hatte die Aufgabe, in einem ersten Gebiet, in Thüringen, moderne Infrastruktur für eine flächendeckende, effiziente Erdgasversorgung aufzubauen. Sie musste investieren, um das schädliche Stadtgas, das durch Braunkohlevergasung erzeugt wurde und Schwefel und Staub produzierte, durch das umweltschonende Erdgas zu ersetzen. Heizen mit Erdgas – damit begann eine Revolution auf dem Wärmemarkt.

Einmal hatten wir Journalisten nach Leipzig eingeladen. Sie übernachteten im 27. Stock des höchsten Hotels der Stadt, das versprach einen wunderbaren Ausblick. Nach dem Frühstück zeigten und erklärten wir ihnen Leipzig zunächst einmal von oben. Es war im April 1991, in der Heizperiode, und es war nichts mit einem herrlichen Rundblick. Die Stadt lag unter einer dichten Dunst-, Staub- und Dreckglocke verborgen. Aufgrund der Braunkohle- und Trabant-Abgase konnte man sie zwar riechen, aber nicht sehen. Es war gar keine Absicht gewesen, unsere Gäste so zu schockieren, aber unser Anliegen, für eine Energierevolution Erdgas auch aus Norwegen zu importieren, hätten wir nicht besser vorbringen können.

Mit der Ruhrgas trafen wir uns zu wöchentlichen Verhandlungen in Westberlin, sie kamen atemberaubend schnell voran. Es war ganz einfach; die Ruhrgas brachte Papiere und Unterlagen mit, erläuterte sie kurz und wir nahmen sie zur Prüfung mit nach Leipzig. Beim nächsten Treffen brachten wir sie – um Fragen und Änderungswünsche ergänzt – wieder mit. Unsere Diplom-Juristen, -Ökonomen und -Ingenieure lernten die Marktwirtschaft an diesem Projekt im Schnelldurchgang. Wir hatten weder Zweifel noch grundsätzliche Fragen, nur rasch sollte es gehen. Viele Betriebe andernorts hatten weniger Glück, weil sie auf unredliche Partner trafen.

Nur ein Umstand machte uns insgeheim Sorgen: Wo und wann immer wir uns trafen, der „Westpartner" bezahlte Unterkunft und Verpflegung. Das ging überwiegend gar nicht anders, wir hatten die D-Mark noch nicht, und sie taten es gern, es machte sie ja nicht arm, sie ließen es uns auch nie spüren. Und trotzdem – ich fühlte mich nicht wohl dabei. Bei einer unserer Verhandlungen im März 1990 in Brüssel machte ich zum Abschluss folgenden Vorschlag: Die Ruhrgas leiht der VNG einen D-Mark-Betrag, mit dem wir unsere Dienstreisen selbst bezahlen. Kommt die D-Mark dann auch zu uns (das war zu diesem Zeitpunkt ja noch nicht entschieden), zahlen wir ihn zurück, und wenn nicht: Pech gehabt, aber daran würde unser Partner wohl nicht zugrunde gehen. Und gegen die ein oder andere Einladung zum Abendessen hätten wir auch in Zukunft nichts einzuwenden. – Ich hatte dies mit meinen Leuten nicht abgesprochen, so schauten alle erst überrascht, die Herren von der Ruhrgas begriffen jedoch sofort und sagten zu.

Dr. Michael Pfingsten, der zuständige Verkaufsdirektor, klärte mit uns die Einzelheiten. Er übergab uns beim nächsten Treffen in Berlin einen Vertrag von einer Seite Länge, in dem mein Vorschlag in einige Paragraphen gefasst worden war, nur der Betrag war offen gelassen. Wie viel sollte es denn nun sein? Inzwischen wussten wir, was so eine Übernachtung, ein Essen, eine Taxifahrt, ein Mineralwasser im Westen kosteten. Also vielleicht zwanzigtausend D-Mark? Es konnten auch vierzig- oder fünfzigtausend sein. Die größte D-Mark-Summe

Der Himmel über Mitteldeutschland: Ein Tag in der Heizperiode in Halle (Saale) 1990

in meinen Händen war bis dahin das Begrüßungsgeld von 100 DM gewesen – nun ging es aus meiner Sicht um ein Vermögen. Was war angemessen und was nur gierig? „Setzen Sie doch mehr ein, als Sie verbrauchen werden", sagte Herr Pfingsten, „und dann legen Sie eine gewisse Summe gewinnbringend an." Da schrieb ich 100 000 in die Lücke. Hunderttausend – mir wurde schwindlig. In der Mittagspause fuhren wir zur Deutschen Bank am Adenauerplatz. Hier bekam ich meine erste wirkliche Lektion in Marktwirtschaft.

Wir betraten die riesige Vorhalle und gingen an den Banktresen, Herr Pfingsten ergriff das Wort: „Herr Holst möchte bei Ihnen ein Konto über Hunderttausend eröffnen."

Der Bankangestellte bekam große Augen: „Ja bitte gern, wir freuen uns sehr, überhaupt kein Problem. Bitte nur eben Ihre Daten, dann haben wir das sehr rasch erledigt."

„Herr Holst ist aus Leipzig, aber das ist sicher kein Problem für Sie."

„Ähm, kein Problem?", sagte der Bankangestellte und stürzte weg, als hätten wir uns als Bankräuber zu erkennen gegeben. Wir standen

Der Himmel über Mitteldeutschland: Ein Tag in der Heizperiode in Halle (Saale) 1998

da und zogen erste Blicke auf uns. In der großen Halle sahen wir weit hinten einen erregten Disput, dann kam der Mann zurück. Sein anfänglicher Elan war gedämpfter Reserviertheit gewichen.

„Ähm, also ja, Herr ... wie war noch Ihr Name?“

„Holst, Herr Holst!“

„Herr Holst, da brauchte ich Ihre Personalien, und soll es ein Privat- oder ein Firmenkonto sein?“

„Ein Firmenkonto.“

„Mit Einzel- oder Doppelunterschrift?“

„Einzelverfügbarkeit.“

(Das alles sagte Herr Pfingsten, und ich dachte die ganze Zeit nur Oh Gott, was mache ich hier!)

„Dann brauche ich einen Auszug zum Unternehmen aus dem Handelsregister.“

„Jetzt habe ich aber genug!“, schrie Herr Pfingsten, sodass der Bankmann und ich zugleich erschrocken in die Knie gingen. Alle anderen Gespräche in der Bank verstummten.

„Ich will sofort, aber sofort einen entscheidungsbefugten Mitarbeiter hier haben!", setzte er nach.

Ich wagte meinen Blick langsam wieder von der Schuhspitze in die Waagerechte zu heben. Gebrüll wegen mir in der Deutschen Bank, am liebsten hätte ich den Einhunderttausend-D-Mark-Vertrag sofort zurückgegeben, bloß kein weiteres Aufsehen.

Nun schoss ein schlanker Anzugträger mit zurückgekämmtem Haar an die Front. Herr Pfingsten ließ ihm keine Zeit und gab keine Gnade: „Ich komme von der Ruhrgas in Essen, Herr Dr. Holst vom VEB Verbundnetz Gas in Böhlitz-Ehrenberg."

Mit dem Doktortitel, dem Standort und dem Volkseigenen Betrieb erhöhte er die Schwierigkeitsstufe für den Herrn Assessor. Als solcher hatte er sich vorgestellt und uns seine Visitenkarte überreicht.

„Also, für Herrn Dr. Holst wird jetzt sofort in Ihrer Bank ein Konto eröffnet, auf das ich innerhalb der nächsten zehn Minuten einhunderttausend D-Mark" – er machte ein Kunstpause – „wie gesagt, einhunderttausend D-Mark überweisen werde. Und überhaupt haben wir gar keine Zeit. Beeilen Sie sich, wir stecken mitten in wichtigen Verhandlungen und müssen weiter!"

Nun ging alles ganz schnell, Personalausweis, Betriebsausweis, dann hieß es: „Unterschrift bitte hier!" Ich erwachte aus meiner Schockstarre, es war ja meine Unterschrift, die benötigt wurde. Herr Pfingsten ging derweil das Geld überweisen, kam noch einmal zurück und verkündete: „Herr Dr. Holst braucht zunächst fünfzigtausend zur ständigen Verfügung, die anderen fünfzigtausend legt er für ein Jahr fest an. Machen Sie ihm ein ordentliches Zinsangebot!" Dann ließ er uns allein.

Der Assessor atmete jetzt sichtlich entspannter, er hatte nur noch mich vor sich, das versprach eine einfachere Kommunikation. „Also", hob er an, „ich biete Ihnen für das Festgeldkonto fünfeinhalb Prozent Zinsen. Sind Sie damit einverstanden?" Ich war sehr einverstanden und stimmte schnell zu, ehe er es sich anders überlegte. Fünfeinhalb Prozent auf Westgeld statt zwei bis drei Prozent wie gewohnt. Ich fühlte mich auf gutem Weg, ein gerissener Kaufmann zu werden, unterschrieb, da kehrte auch schon Herr Pfingsten von seiner Überweisung zurück. Wir wollten uns zufrieden voneinander trennen und strebten schon dem Ausgang zu, als mich Herr Pfingsten fragte, wie viel Prozent ich für das Festgeld bekommen hätte. Die stolze Antwort des Ost-Kaufmanns: „Fünfeinhalb!"

„Waaas, wie viel?", brüllte er schon wieder los. Der Assessor machte auf dem Absatz kehrt und eilte herbei, helles Entsetzen unter dem gegelten Haar.

„Was erlauben Sie sich Herrn Dr. Holst hier anzutragen? So ein lächerliches Angebot! Wir sind im Hotel Interconti, dorthin erwarte ich bis 15:00 Uhr einen ordentlichen Vorschlag! Sonst bereiten Sie für alle Fälle die Auszahlung der Hunderttausend in kleinen Scheinen vor, und ich werde das Konto gegenüber bei der Commerzbank eröffnen. Ich meinte natürlich, Herr Dr. Holst ...", sprach er und zog mich, der ich den schönen Deal schon den Bach hinunterrauschen sah, aus der Bank.

„Aber Herr Pfingsten", sagte ich, „das da drinnen war mir peinlich und so schlecht war das Angebot doch gar nicht – und überhaupt ..."

„Ruhig Blut", antwortete Herr Pfingsten völlig entspannt. „Die schwarzgekleideten Herren ziehen unser Geld, bieten Ihnen fünf Prozent und holen sich von den anderen neun bis zehn Prozent. Da wollen wir doch mal sehen, was noch möglich ist."

Ich war nicht überzeugt und noch immer geschockt, dass ich in einer Bank nicht Schlange stehen musste und dass quasi in meinem Auftrag jemand angebrüllt wurde. Wir fuhren zurück ins Hotel, besprachen uns weiter, gegen 15:00 Uhr verschwand Pfingsten kurz und legte mir anschließend einen Zettel mit einem Angebot über 7,45 Prozent Zinsen hin.

Die Geschichte war damit aber noch nicht zu Ende. Zurück in Leipzig, klingelte einige Tage später das Telefon: „Kohnert-Stavenhagen, Deutsche Bank Berlin, spreche ich mit Dr. Holst?" Mit angenehmer Stimme brachte der Herr eine Entschuldigung für in seiner Bank erlittene Unbill vor. Er würde gern vorbeikommen. Nach Böhlitz-Ehrenberg? Egal, wo immer ich ihn empfangen würde. Ich sagte ihm, dass das wirklich nicht nötig sei, es war ja nun alles in Ordnung, ich hatte eine gute Verzinsung. Es nützte nichts, er wollte mit einem Kollegen vorbeikommen.

Tags drauf – die Fahrt von Berlin nach Leipzig war in diesen Tagen schon kein Abenteuertrip mehr – erschienen die Herren in Böhlitz-Ehrenberg, einem Industriegelände vor den Toren Leipzigs, verrußt, verdreckt, die VNG mittendrin. Unsere gelben Pappbaracken wurden

Joint Venture zwischen VNG und Ruhrgas: Feierliche Vertragsunterzeichnung im Serpentinsaal des Hotel Fürstenhof.
Vorn v. l. n. r.: Holst, Späth, Hänsel, Liesen, Richter, Bergmann. Leipzig, 10. 4. 1990

im Sommer unerträglich heiß und beheizten im Winter die Umwelt (später ließen wir ein Sicherheitskonzept gegen Einbruch und Diebstahl erstellen mit dem Fazit: Wo man mit einem Tritt durch jede Wand und jede Tür kommt, sei jedwede Zusatzmaßnahme Geldverschwendung). Hier also fuhr die Deutsche Bank im Mercedes S-Klasse vor, in Gestalt zweier graumelierter, makellos gekleideter Herren. Ich empfing sie mit offenen Armen. Es gab weder bei mir noch bei meinen Mitarbeitern irgendwelche Abneigungen gegen wen auch immer, der aus dem Westen zu uns kam. Wir brauchten sie, wir sahen nur eines in ihnen: nahende Hilfe.

Es stellte sich heraus, dass Herr Kohnert-Stavenhagen aus meiner mecklenburgischen Heimat, der Fritz-Reuter-Stadt Stavenhagen kam. Im Verlauf unseres Gesprächs kam die Frage auf, womit man den einen oder anderen Mangel bei der VNG beheben könne, als kleine Wiedergutmachung. Uns fehlte schmerzlich Vervielfältigungstechnik, alles wurde mit maximal möglicher Durchschlagszahl geschrieben. Das war also mein praktischer Wunsch. Die Herren schauten verblüfft und erleichtert, vielleicht hatten sie einen zinslosen Kredit oder Ähnliches befürchtet. Wir verabredeten die Übergabe bei der nächsten Berlinfahrt. Der Vervielfältiger wurde ins Hotel Interconti gebracht – wieder eine typische Forderung von Pfingsten – und durch Gunther Jonas in unserem blauen Lada nach Leipzig überführt. Kaum war er aufgestellt, begann sich die Arbeit der Sekretariate schlagartig effizienter zu gestalten.

Die Geschichte von der Kontoeröffnung wurde dann wohl während einer Präsidiumssitzung der Deutschen Bank in New York erzählt, als Beispiel dafür, wie es beim Wiederaufbau Ost nicht laufen sollte. Sie soll drei Mitarbeitern den Job gekostet haben. Ich erfuhr das erst viel später und empfand es als völlig überzogene Reaktion. Man hätte darüber sprechen und gemeinsam eine Lehre daraus ziehen sollen.

Unsere erste große Kreditzusage bekamen wir gleichwohl von der Commerzbank. Ich erhielt vom damaligen Generalbevollmächtigten für die DDR eine Einladung in die Zentrale nach Frankfurt am Main. Der freundlich-launige Herr Müller empfing mich in einer der oberen Etagen und bereitete mich auf das Gespräch mit seinem Vorstand Axel von Ruedorffer vor: „Reden Sie frei von der Leber weg, sagen Sie, was Sie wollen und brauchen." Ja, dachte ich, was denn sonst? Dann kam der Bankvorstand, ich hatte dieselbe Gasnetzkarte wie in Norwegen dabei, und ich überschwemmte die Herren mit Informationen über Leitungen, Untergrundgasspeicher, Verdichterstationen und andere notwendige Infrastrukturübel für den Osten. Man war sich sehr schnell einig, dass hier wohl einige Milliarden D-Mark nötig wären. Am Ende des Frage-und-Antwort-Spiels gab es eine Zusage über einen Kredit von 100 Millionen D-Mark zu den üblichen Konditionen – per Handschlag. Diesen Kredit trugen wir aber nur als Monstranz vor uns her, damit sich andere Geldhäuser gegenseitig bei den „üblichen Konditionen" unterboten, was wir dankend annahmen.

Am 10. April 1990 gründeten wir im Serpentinsaal im Hotel Fürstenhof in Leipzig das deutsch-deutsche Joint Venture Erdgasversorgungsgesellschaft Sachsen/Thüringen. Vertragspartner waren die Ruhrgas AG aus Essen und der VEB VNG aus Böhlitz-Ehrenberg. Das Gaskombinat war mit dabei, spielte aber keine entscheidende Rolle mehr. Es gibt ein Gruppenbild im Stil eines Hochzeitsfotos, von dem viel abzulesen ist. Wenn man sich Sprechblasen oder besser Denkblasen dazu denkt, geht den Herren des Gaskombinats durch den Kopf: Mist, aber machen wir gute Miene zum bösen Spiel. – Die Herren der

Ruhrgas fragen sich: Ist das auch richtig, was wir hier machen? – Und wir von der VNG jubeln innerlich: Hurra, es geht los! Nur mein Chef schaut nachdenklich und denkt: Was wohl aus mir werden wird? Wir hatten erst seit wenigen Wochen die erste und letzte frei gewählte Regierung der DDR, die wusste von nichts in unserer Sache. Doch noch im letzten Moment, einen Tag vor Vertragsunterzeichnung, hatten wir uns per Fernschreiben die Zustimmung der am 1. März gegründeten Treuhandgesellschaft besorgt, die das Volkseigentum wahren und im Interesse der Allgemeinheit verwalten sollte.

Am nächsten Tag begann die neue Gesellschaft, ihre erste große Investition vorzubereiten: eine Erdgasleitung, die Sachsen und Thüringen bei Vitzeroda mit Hessen, also der Bundesrepublik, verband und so besonders Thüringen innerhalb von zwei Jahren eine völlig neue Struktur der Energie- und Wärmeversorgung brachte: Strom und Wärme aus umweltfreundlichem Erdgas. Nach einem Jahr lag eine 300 Kilometer lange Leitung in der Erde und Erdgas floss hindurch. Planung, Bau und Inbetriebnahme bewältigten wir in nur zehn Monaten (das würde heute zehn Jahre dauern). Die Schlote, der Rauch und der Dunst verschwanden aus Thüringen und Sachsen. Und mit der Zunahme neuer Autos und ihren geringeren Abgasen wurden die Städte für uns und unsere Kinder wieder lebenswerter.

Zuvor hatten wir unsere erste Pressekonferenz zu meistern; wir lernten, was Gesellschafter einer GmbH machen, was Geschäftsführer tun, wie ein Aufsichtsrat funktionieren soll, dass ein Beirat nützlich ist und andere Dinge, die uns bis dahin mysteriös vorkamen. Zum Beispiel die Vorbereitung einer Pressekonferenz. Da sollte von uns jemand zur Vorbereitung nach Essen kommen. Wir fragten uns, warum denn eine Vorbereitung nötig sei, schickten dennoch eine Mitarbeiterin, für die das auch völlig neu war. Sie kehrte zurück mit einem dicken Packen Fragen und Antworten, die ich lernen sollte. Woher wollten die in Essen denn wissen, dachte ich, was die Journalisten der freien Welt uns fragen würden? Sie wussten es, weil sie es durch Presseinformationen selbst steuerten. Wir brauchten aber nichts zu lernen, denn wir waren überzeugt von dem, was wir taten, und das sagten wir auch.

In den kommenden zwanzig Jahren hat mir diese Haltung sehr geholfen: Sagen, wofür man steht. Für mich war die Energierevolution, die wir in diesen Tagen einleiteten, eine logische Fortsetzung der Revolution von 1989, die mit den Ereignissen in Leipzig am 9. und 16. Oktober ihren Anfang nahm. Es gab auch skeptische Stimmen unter unseren Mitarbeitern: Wir geben unser Eigentum in eine andere Gesellschaft – was tun wir da bloß? Warum bauen wir diese Leitung nicht allein und machen das Geschäft allein? Alles wichtige Fragen, die beantwortet werden mussten. Wir hielten in diesen ersten Wochen und Monaten alle vierzehn Tage eine Betriebsversammlung ab, wir haben diskutiert und überzeugt und mitmachen lassen.

Dabei erlagen wir auch mancher Versuchung. So saßen eines Tages Berater in meinem Büro, die unsere Kosten um schwindelerregend hohe Beträge zu senken versprachen. Der Akzent lag jedoch, wie sich herausstellen sollte, auf Schwindel. Wir ließen sie machen, sie schwärmten aus und legten während der Analyse weite Teile des Betriebs lahm. Endlos mussten Mitarbeiter erzählen, was sie so taten, und der Vorstand wurde dazu verdonnert, sich die Ergebnisse alle vierzehn Tage auf bunten Bildern anzuschauen, beeindruckt zu nicken und die nächste Abrechnung der Berater freizugeben. Irgendwann, nach zwei Millionen D-Mark Kosten und der Empfehlung, nun aber schnell ein vernetzt-integriertes Informationssystem für dreihundert Millionen D-Mark aufzubauen, um Weltmarktführer bei der Instandhaltung von Drahtzäunen zu werden, wachten wir auf und machten Schluss.

Man ließ uns Fehler machen, sie selbst erkennen und revidieren, der Vorstand blieb im Amt. Der Aufsichtsrat hätte sich auch anders entscheiden können. Wirklich hilfreich zum Selbsttun geführt haben uns Jahre später Roland Berger und seine Leute.

Am 1. Juli 1990 wurde die D-Mark in der DDR eingeführt, ein ungeheuer emotionaler Tag für uns. Wir konnten nun unsere Rechnungen in harter Währung bezahlen. Es war richtig, dass sie kam; falsch war, wie sie kam. Im privaten Bereich hätten wir sie zu gleich welchem Kurs genommen – schließlich griffen wir selbst bei einem Kurs von sieben Ost-Mark zu einer West-Mark noch freudig zu. In der Wirtschaft mussten andere Lösungen her. So war jedem Wissenden (zu denen wir im Osten nicht gehörten) klar, dass man eine hoffnungslos veraltete DDR-Wirtschaft in den sofortigen Wettbewerb mit der technologischen Weltspitze in der Bundesrepublik entließ. Man nahm damit billigend in Kauf, das 90 Prozent aller Betriebe zusammenbrachen.

Selbst weltmarktfähige Produkte wie Kali (ich verweise auf den Fall Bischofferode) wurden falsch behandelt. Leiden in Hoffnung, ein schrittweises Vorangehen hätte uns allen viel mehr geholfen.

Von unserem „Ruhrgas-Konto" bei der Deutschen Bank Berlin hatten wir uns Tagegelder für Reisen in den Westen ausgezahlt. Davon legte ich für den Tag der D-Mark-Einführung 300 DM zurück. Ich verteilte sie auf drei Umschläge und legte sie um Mitternacht auf einen runden Glastisch. Kerzen und Sekt standen auf dem Tisch, dann schlug die Uhr Zwölf und wir fühlten uns alle wie am Geburtstag. Unser Sohn Axel öffnete sehr schnell seinen Umschlag, fingerte die beiden „Fuffis" hervor und strahlte. Er fühlte sich reich und überlegte sofort, welche Herrlichkeiten er sich nun leisten konnte. Ich wies ihn darauf hin, dass wir von dem Geld auch die Straßenbahn und das Haareschneiden bezahlen müssten. Ich glaube, wir haben ihn damals zum Schwarzfahren und einer Langhaarfrisur angeregt.

Dann begann in unserer Straße ein Feuerwerk wie sonst nur zu Silvester. Die Türen und Fenster wurden geöffnet, es war eine einzige Freude, ein Taumel. Ein Traum war in Erfüllung gegangen. Deutschland war wieder eins, wenigstens monetär und legislativ. Wie gern hätte ich Mutter und Großvater an diesem Tag dabei gehabt. Am nächsten Morgen ging die Feier weiter. Wieder gab es Schlangenbildung, einerseits vor den Banken, in denen genügend Geld bereitlag, andererseits vor den Ständen westdeutscher Händler, die die Innenstadt geflutet hatten und den ersten Kaufrausch im Osten befriedigten. Mancher hat später verächtlich darüber gesprochen, wir fanden und sahen glückliche und gelöste Gesichter, Menschen, die das Leben genossen.

Da saß ein gemütlich dreinblickender Türke auf einem Stapel Teppiche, in der Hand ein kleines Bündel D-Mark-Scheine. Die Kunden zogen ihm die Teppiche gleichsam unter dem Hintern weg. Er nannte einen Preis und schon war der Teppich verkauft, mit dem Anschwellen seines Geldbündels sank der Mann immer tiefer. Es faszinierte uns, wir kannten nur die Mangelware, die meist allein in Russenmagazinen zu erstehen war. Kaufte man dort einen Teppich, konnte es passieren, dass zu Hause beim Ausrollen ein gewebtes Leninporträt zutage trat, Umtausch ausgeschlossen. Auch wir kauften nun einen kleinen Läufer für 75 DM, der war natürlich überteuert, aber er hat uns treulich gedient und uns oft an diese Zeit erinnert.

Ost und West werden in Thüringen miteinander verbunden, Vitzeroda 1991

Es gab auch ostdeutsche Händler in den Straßen, die taten mir leid, weil sie keine Chance hatten. Hier konnte man die Entwicklung der kommenden Jahre schon erkennen. Hoch her ging es auch am Montag in den Kaufhallen – die Regale waren voll bis an den Horizont, man war geblendet von der Fülle, überfordert von der Auswahl.

Mich selbst hat es beim Bierkaufen erwischt. Ich stand träumend vor der Überfülle an Biermarken in endlosen Reihen: Nicht mehr nur Sternburg und Radeberger – ein Westbier musste her. Ich kaufte zehn Flaschen mit gefälliger Form und buntem Etikett, irgendein Mönch drauf, machte mich ab nach Hause und öffnete in der Küche schnell eine Flasche. Oh weh, das Bier quoll heraus und war kaum zu stoppen. Ich nahm einen Schluck über dem Ausguss – brr, war das sauer. Bei der nächsten Flasche die gleiche Sauerei. Ich hielt sie gegen das Licht und sah nur Flocken und eine trübe Brühe. Noch ein Versuch, gleiches Ergebnis. Was für ein Elend. Mit dem Corpus Delicti ging ich zu meiner Frau: „Hier schau, Westbier und dann so was!" Die hatte natürlich kein Verständnis für meine Situation – Alkohol am helllichten Tag und dann noch das schöne Westgeld verschwendet. Es war, wie ich irgendwann lernte, Weizenbier. Das kannte ich nicht und ich trinke es noch heute nicht gern. Aber sonst lieben wir die Bayern und ihre Produkte. Unser Joint Venture mit der Ruhrgas gibt es heute noch, die Geschäftsleitung sitzt in Erfurt. Die Ruhrgas ist Geschichte und der VEB VNG auch. Die VNG AG hat ihren Sitz in Leipzig. Unsere Schulden auf dem Konto vom März 1990 haben wir bereits im Juli zur Hälfte getilgt, die andere Hälfte brachte noch bis Dezember gute Zinsen. Mit Dr. Michael Pfingsten gehe ich seit zwanzig Jahren einmal im Jahr ordentlich essen. Mal zahlt der eine, das nächste Jahr der andere.

Wie wird man Aktiengesellschaft?

Nach der Wahl vom 18. März 1990 und dem überraschenden Sieg der CDU – wir sahen noch zwei Wochen zuvor SPD-Mann Ibrahim Böhme als letzten Sachwalter der DDR –, stürzte sich die Politik freudig auf die Abschaffung dieser Republik. Helmut Kohl und Hans-Dietrich Genscher griffen mit Tatkraft nach dem Zipfel vom Mantel der Geschichte. Die deutsche Wiedervereinigung in Aussicht zu stellen, war ein Fest des politischen Handelns. Was mit der Wirtschaft der DDR passieren sollte, darüber wurde in diesem Zusammenhang zu wenig nachgedacht. Oder einfach den westdeutschen Industriellen überlassen, die den Kanzler glauben machten, das alles mit links zum Blühen zu bringen. Dabei ist viel orientierungslos gehandelt und damit zerstört worden.

Wir bei der VNG kannten unser Ziel, und wir hatten Helfer, die es ebenfalls kannten: Wir wollten im Osten ein System wie in Westdeutschland aufbauen, das einen Energiemix gewährleistet, wir wollten Erdgas ins Land holen und dazu Infrastruktur – und in ihrer Folge für Investitionen, Marktarbeit, Umweltschutz sorgen. Wir machten einen Plan, wie das bis 1997 zu schaffen sei. Wir schätzten, dass wir dazu drei Milliarden D-Mark brauchten und insgesamt in den Regionen noch einmal sieben Milliarden.

Die Frage war nun: Wer packt das mit an – der Staat oder die private Wirtschaft? Wir hatten genug von einem unfähigen Staat, uns faszinierte zudem, wie hervorragende Manager an eine solche Aufgabe herangingen. Aber klar war auch, dass die damals vorhandene Struktur in der Energiewirtschaft ungeeignet war. Wir hörten, dass besonders die Treuhand mit dieser Frage befasst war. Der Name Gundermann, Generalbevollmächtigter, tauchte auf. Hans-Peter Gundermann hat bis zu seiner ungerechtfertigten Entlassung Großartiges beim Strukturumbau geleistet.

Wir hießen offiziell „Volkseigener Betrieb Verbundnetz Gas, Böhlitz-Ehrenberg" – wie außerordentlich kurz und prägnant! Wir waren noch immer „Volkes eigen". Schon im März/April 1990, nach unseren Treffen mit der Ruhrgas, dachte ich, dass wir doch wohl auf Dauer kein VEB bleiben konnten. Was gab es da für Möglichkeiten?

Ich rief Frau Woche zu mir, Diplomjuristin, die uns mutig bei den Verhandlungen zum Joint Venture begleitet hatte. Ich fragte sie, was es in Westdeutschland für Betriebsformen gäbe (Unternehmen kam mir noch nicht über die Lippen), was aus „Verbundnetz Gas" werden könne. Sie antwortete, da müsse sie nachschauen; während ihres Studiums Ende der fünfziger Jahre habe sie sogar noch das HGB behandelt („Handelsgesetzbuch", fügte sie nach meinem fragenden Blick hinzu), da werde sie nachsehen.

Sie sah übers Wochenende nach und berichtete: Es gäbe verschiedene Möglichkeiten, aber wenn man unseren möglichen Absatz und Umsatz in Westmark hochrechne, komme für die VNG wohl entweder eine GmbH – Gesellschaft mit beschränkter Haftung oder eine AG – Aktiengesellschaft in Frage. Mir sagte beides wenig und so bat ich sie, mir den Unterschied zu erklären. „In der GmbH", so begann ihre Auskunft, „gibt es Gesellschafter, die berufen Geschäftsführer und denen sagen sie, was sie machen sollen und kontrollieren das." – „Na und die AG?", fragte ich ungeduldig. „Die Aktiengesellschaft", fuhr sie fort, „hat Aktionäre, die bestimmen einen Vorstand, oft aus mehreren Personen, und bilden einen Aufsichtsrat, dort trifft man sich mehrmals im Jahr und der Vorstand berichtet, was er so alles gemacht hat seit der letzten Zusammenkunft."

„Dann werden wir AG", so mein Entschluss, und ich erteilte Frau Woche den Auftrag, mir dazu Material zusammenzustellen. Bei unserem nächsten Treffen mit den Herren der Ruhrgas teilten wir unsere Vorstellungen mit, bemerkten ihr kurzes Zusammenzucken nicht und arbeiteten dann auf dieses Ziel hin. Man hatte wohl unseren Drang nach möglichst schneller und weitgehender Unabhängigkeit gespürt und akzeptiert, es entsprach ihrem eigenen Denken und Handeln.

Dies geschah im März 1990. Die frühe Privatisierung war der entscheidende Schritt zum Überleben und der Entwicklung der VNG. Ohne einen Partner wie die Ruhrgas war das allerdings unmöglich. Was haben die Herren für Geduld mit uns gehabt! Zahlreiche Fragen waren in kürzester Zeit zu beantworten: Wie „geht" Privatisierung und wie gelingt es uns, der Umklammerung des Kombinatssystems zu entkommen? Wie viele Mitarbeiter mit welcher Qualifikation brauchen wir in Zukunft? Was können wir ihnen bezahlen und was müssen wir ihnen bezahlen, um sie zu halten? Die VNG verlor im ersten Halb-

Privatisierung der VNG im August 1990. V. l. n. r.: Krause, de Maizière, Liesen, Gohlke, Lübben, Geisel

jahr wichtige Mitarbeiter für die Zukunft. Sie verdienten in Leipzig 1300 Mark Ost und konnten in Westberlin oder anderswo das Doppelte bis Dreifache an Gehalt West erreichen. Wem wollte man verdenken, dass er dort hinging?

Wir machten uns mit Freude an die Klärung all dieser Probleme, dabei schützte uns Unwissenheit vor Schlaflosigkeit. Der 1. Juli 1990 brachte nicht nur die D-Mark, sondern per Gesetz auch die Umwandlung aller VEB in Kapitalgesellschaften. Viele Betriebe wurden so mit einem Mal etwas, von dem sie gar nicht wussten, was es bedeutet. Da hatten wir einen Vorteil. Wir hatten alle Unterlagen mit Hilfe der Ruhrgas zusammengetragen, um noch vor dem 1. Juli die VNG als Aktiengesellschaft i. G., in Gründung, notariell anmelden zu können. Der Akt fand am Freitag, 29. Juni 1990, also am letzten Arbeitstag vor Einführung der D-Mark in Berlin statt. Das war unser Umstieg in die Selbständigkeit und die Privatisierung, auch wenn sich bis zuletzt Leute in den Ministerien und im Gaskombinat dagegen stemmten. Wir hatten aber auch große Unterstützung; Energie-Staatssekretär Pautz und Unterabteilungsleiter Hildebrand haben uns entscheidend geholfen, die Ruhrgas hatte sich auch hier stark eingesetzt.

Vorausgegangen war eine Konferenz der Energiewirtschaft in Bogensee bei Berlin, einer einstigen Kaderschmiede sowohl der Nazi- wie der DDR-Zeit. Dort hatte sich die VNG offiziell aus dem Gaskombinat verabschiedet. Dann war ich ins Ministerium eingeladen worden. Man fragte mich, ob ich den ersten Vorstand der VNG i. G. führen wolle. Ich war überrascht, aber einverstanden. Auf meine Nachfrage, was mit unserem Betriebsdirektor passiere, hieß es, dass er im Vorstand vertreten bleibe. Gut, dann also los.

Nun kam der 29. Juni. Zur Anmeldung der VNG AG i. G. hatten wir auch eine Liste mit den Namen der Gründungsvorstände vorbereitet (mit sechs Personen viel zu viele, aber das wussten wir noch nicht). Wir schritten zur Unterschrift, ich setzte an, da sah ich über meinem Namen den meines Betriebsdirektors als Vorstandsvorsitzenden. Ich stutzte, reklamierte und erreichte mit Unterstützung von Pautz und Hildebrand die notwendige Änderung. Man hatte wohl letztmals versucht, mich zu verhindern; vergeblich.

Was war so wichtig daran, einen Tag vorher zu vollziehen, was dann ohnehin Gesetz wurde? Es war einfach das, was jeden Fortschritt, jeden Wettbewerb, was über Gewinnen oder Verlieren entscheidet: die Zeit. Schneller sein als der andere, das ist das ganze Geheimnis. Die Idee, das Produkt, die Dienstleistung müssen natürlich in Ordnung sein, darüber hinaus ist immer die Zeit der entscheidende Faktor. Wir waren schon AG i. G., als andere sich erst schlau zu machen begannen, was sie tun sollten; das bedeutete Vorsprung.

Wir konnten einem Investor, einem Aktionär etwas über den Wert unseres Betriebs sagen, der nun auf dem Weg zum Unternehmen war, auch wenn wir da erst unsere Erfahrungen sammeln mussten. Wir rechneten die Werte ausgehend von unseren getätigten Investitionen hoch; die Ruhrgas dagegen bewertete den Technologiestand, die Ausrüstungsqualität und kam zu wesentlich niedrigeren Werten, sie sahen natürlich auch dabei schon einen künftigen Kaufpreis. Mir schien der Ablauf sehr einfach. Da gab es einen Interessenten, potent und qualifiziert, wir hatten einen Wert, also Kaufpreis und dachten: Nun mal schnell her damit, raus aus Staatshand, schließlich kommt damit auch Geld in die Staatskasse. Das war naiv gedacht. Davor standen erst einmal das Wettbewerbsrecht, das Kartellamt, die Fusionskontrolle – von

Ungleich verteilt: Die 100 größten Unternehmen Deutschlands haben ihre Zentralen vor allem im Westen und Süden. Banken und Versicherungen tauchen in dieser Folge der Serie nicht auf. Würde man sie berücksichtigen, würde Frankfurt auf der Karte als ein viel wichtigerer Wirtschaftsstandort dargestellt. Die größten Konzerne stammen aus sehr unterschiedlichen Branchen. Die Grafik am Fuß der Doppelseite zeigt, wie bedeutend die Autoindustrie ist. Eigentlich ist auch der Maschinenbau eine sehr wichtige Branche. Doch wird dieser Wirtschaftszweig eher von Mittelständlern als von Konzernen geprägt. Daher gibt es wenige Maschinenbauer in der Liste der Top 100.

Sichtbare Folgen der deutschen Teilung für die Verteilung der größten Firmensitze. Einsam im Osten: die VNG in Leipzig
(aus der „Süddeutschen Zeitung" vom Juni 2012).

93

Augenzwinkernder Spaß mit glücklich erlangtem „Westniveau": Ehepaar Holst mit „Bild" und Banane,
Vorstandskollegen Hülsenbeck und Hänsel Salzburg, August 1990

all dem hatten wir noch gar nichts gehört. In Revolutionszeiten schien
uns das auch nicht weiter hinderlich zu sein.

Einmal, im Mai 1990, saß ich in Norwegen angelnd an einem Fluss
und schmiss immer wiederkehrend erfolglos eine „Fliege" Richtung
Lachs, da kam Herr Späth von der Ruhrgas des Weges, und ich fragte
ihn, wann sie denn die VNG endlich kaufen. Er schaute mich an: „Wir
würden ja gern, und wir hoffen, vielleicht 35 Prozent der zukünftigen
Aktien zu bekommen, aber ob das klappt?" – „Ja, warum sollte es denn
nicht? Wir wollen, Sie wollen, der Staat muss wollen!" Da klärte mich
Späth dahingehend auf, dass das die Herrschaften vom Bundeskartell-
amt ganz anders sehen würden.

Marktmacht, Marktbeherrschung, Wettbewerbsbehinderung –
allesamt Faktoren, deren ausgewogenes Funktionieren für ein System
wie die Bundesrepublik lebensnotwendig ist. Aber für diesen nun ein-
getretenen Glücksfall der Geschichte erwiesen sie sich oft als kontra-
produktiv. Woran hat eigentlich viele Jahre, ja Jahrzehnte das Ministerium für innerdeutsche Beziehungen gearbeitet?

Das alles machte mir damals keine allzu großen Sorgen, dann eben 35 Prozent. Und ich dachte tatsächlich auch noch, den Verkaufserlös bekäme die VNG und überlegte, was damit zu tun sei. Nach dem 1. Juli überschlugen sich die negativen Ereignisse im Wirtschaftsleben der DDR. Die Treuhand sollte privatisieren, war darauf aber nicht entsprechend vorbereitet. Die Investoren standen Schlange, sie kauften aber nicht, weil sich der Preis entweder nicht begründen ließ oder aus Sicht der potenziellen Käufer zu hoch war. Nur wenige hatten sich wohl bereits so in die Materie hineingekniet wie die Ruhrgas. Deshalb ging es für VNG nun ganz schnell. Die Ruhrgas ging zur Treuhand und zu Ministerpräsident Lothar de Maizière und machte den Vorschlag, auf der Basis, dass die VNG AG i. G. eine Milliarde D-Mark wert ist, 35 Prozent Anteile zu kaufen. Das könne die DDR-Regierung als Signal für gelungene Privatisierung und den Aufbruch in die Marktwirtschaft öffentlichkeitswirksam darstellen. Sie brachten auch noch die BEB Hannover, ein Esso/Shell-Tochterunternehmen mit, das 10 Prozent kaufen wollte. Mit denen hatten wir bereits im Mai 1990 unseren ersten Erdgasliefervertrag mit dem Westen abgeschlossen.

Der Vertrag wurde aufgesetzt, unterschrieben werden sollte er am 17. August in Berlin. Wir waren begeistert, endlich. Der große Raum war voller Kameras und Leuten mit gezückten Notizblöcken, vorn standen einige Tische mit Namensschildern: „de Maizière", „Krause", „Gohlke" (Chef der Treuhand), „Liesen", „Späth", „Lübben" (Chef der BEB), „Geisel". In meiner Naivität hielt ich Ausschau nach „Holst VNG i. G." Ich fand kein Schild mit meinem Namen, aber weil ich dachte, dass es doch immerhin um die VNG geht, musste ich handeln, nahm einen Stuhl und setzte mich an die Ecke der langen Tischtafel. Schon wurde ich angesprochen, sollte verjagt werden, hier sei kein Platz für mich, was wollen Sie hier? Ich erklärte, ich sei heute für die DDR immerhin 350 Millionen D-Mark wert und bliebe daher sitzen. Man ließ mich, niemand scherte sich mehr um mich, aber ich saß da, wo ich in diesem Moment unserer ersten Teilprivatisierung hingehörte.

Es war eine gute Erfahrung, die mir auch später Mut machte, so zu handeln, wie es mir für die VNG richtig schien. Ich hatte an diesem Tag Reiner Maria Gohlke kennengelernt. Der erste Präsident der Deutschen Bundesbahn war seit dem 16. Juli 1990 Präsident der Treuhandanstalt. Wenige Tage nach unserer Privatisierung sah ich in der

Glückwünsche vom Betriebsrat: Zeyß, Behm und Leisebein (verdeckt) gratulieren zu meinem 50. Geburtstag.

Schlohbachhaus Böhlitz-Ehrenberg, Mai 1993

Zeitung, dass er zurückgetreten war. Ich dachte mir so zum Spaß, dass daran hoffentlich nicht die VNG schuld gewesen war, als ich las, dass er eine Abfindung in Höhe von vier Millionen D-Mark erhielt. Ich erschrak. Der erste Schock, der mein marktwirtschaftliches Hochgefühl traf – vier Millionen für knapp vier Wochen Arbeit. Später begriff ich, dass man manchmal viel Geld spart, wenn man sich rechtzeitig von Fehlentwicklungen oder ungeeigneten Mitarbeitern verabschiedet, auch wenn das zunächst eine teure Angelegenheit ist.

Nun hatten wir drei Aktionäre, den Noch-Staat DDR mit seiner Treuhandanstalt, die Ruhrgas AG aus Essen und die BEB GmbH aus Hannover – wir konnten weitermachen. Zwei Tage nach der deutschen Wiedervereinigung fand am 5. Oktober 1990 die konstituierende Aufsichtsratssitzung statt. Späth/Ruhrgas übernahm den Vorsitz, ich bekam einen Fünfjahresvertrag als Vorstandsvorsitzender.

Das war wohl ein Novum im neuen Ostdeutschland bzw. in der Region, die nun Neue Bundesländer genannt wurde. Dies merkte ich bei einem Zusammentreffen, das Anfang 1991 Detlev Karsten Rohwedder, der neue Präsident der Treuhand, mit einigen hundert Geschäftsführern der neuen Kapitalgesellschaften abhielt. Er machte allen Mut, sprach fundiert und überzeugend von seinen Zielen und Vorhaben. Aber die, die da vor ihm saßen, hatten überwiegend nur einen Einjahresvertrag und waren mit ihren Gedanken vielleicht eher bei der Frage, was nach dessen Ablauf aus ihnen werden sollte.

Wenn ich heute zurückdenke, was ich damals von der Führung einer Aktiengesellschaft in der Marktwirtschaft wusste, hätte ich mir selbst keinen Fünfjahresvertrag gegeben. Mit dieser persönlichen Sicherheit jedenfalls, über die nur wenige verfügten, haben meine Kollegen und ich uns voller Freude und Elan an die Aufgaben gemacht.

Der Beirat der VNG 2005 in Chemnitz: Kunden, Aktionäre, Betriebsrat, Vorstand

Von Oktober 1990 bis Mitte 1991 hatte die Treuhand unzählige Anfragen interessierter Investoren, denen wir uns und unsere Ziele vorstellten. Der Einstieg der Ruhrgas war das Startsignal gewesen, nun wollten Gas- und Energieversorger aus ganz Europa bei der VNG einsteigen. Die Treuhand wurde von Birgit Breuel geleitet, nachdem Rohwedder im April 1991 ermordet worden war – der Fall wurde unerklärlicherweise bis heute nicht aufgeklärt. Für uns war dort, wie erwähnt, der Generalbevollmächtigte Hans-Peter Gundermann zuständig. Wir lernten Europa und seine Energieversorger kennen (und vieles zu den Themen Versprechen und Halten, Zuverlässigkeit, Langfristigkeit und Abzocke).

Die noch zu habenden 55 Prozent VNG-Anteile des Staates wurden aufgeteilt und verkauft. Die VNG war das damals wohl internationalste Unternehmen in Deutschland. Die neuen Aktionäre kamen aus Russland, Frankreich, Großbritannien, Norwegen und Deutschland. Es kam zu einem so beispiellosen wie beispielhaften Vertrag zwischen den Aktionären. Er regelte über das Aktiengesetz hinausgehend die Zusammenarbeit und vor allem die Bedingungen für den Fall des

97

Verkaufs von Anteilen zu einem späteren Zeitpunkt. Dieser war an die Zustimmung der Aktionäre gebunden und deren Zustimmung wiederum an den Beitrag eines neuen Investors bei der Entwicklung der VNG. Damit war Spekulation mit unserem Unternehmen weitgehend ausgeschlossen und eine Grundlage geschaffen, die sich später in der Praxis bewähren sollte.

Eine weitere wichtige Entscheidung aus dieser Zeit hat die Entwicklung der VNG positiv beeinflusst. Ein „Club" aus zwölf ostdeutschen Städten wurde Aktionär mit einer Sperrminorität. Dies bedeutet, dass elementare Entscheidungen wie zum Beispiel eine Verlagerung des Firmensitzes fort aus Leipzig von ihnen verhindert werden kann. Die Idee kam wiederum aus Essen, die Treuhand machte mit. Die Besonderheit war, dass es sich hier nicht wie bei der Gründung von Stadtwerken um eine Übertragung von Eigentum handelte; der Erwerb erfolgte vielmehr durch Zahlung der Städte an die Treuhand. Das Geld lieh die Bayerische Landesbank, nach zehn Jahren wurde zurückgezahlt. Klaus Rauscher, später Vorstandsvorsitzender von Vattenfall Deutschland, hat die Sache mit eingefädelt.

Heute sind noch immer Rostock, Neubrandenburg, Wittenberg, Hoyerswerda, Erfurt, Nordhausen, Chemnitz, Leipzig, Dresden und Annaberg-Buchholz dabei. Die VNG erreichte damit eine tiefe Verwurzelung in der Region und legte den Grundstein für eine der wenigen Erfolgsgeschichten eines mittelgroßen Industrieunternehmens mit politischer Wirkung im Osten. Hier lag und liegt nach wie vor die Firmenzentrale, hier fallen die Entscheidungen über Strategie, über Tochterunternehmen, über Forschung und Entwicklung, alle Entscheidungen über die und für die Mitarbeiter.

Am 24. September 1991 fand die Unterzeichnung der Kaufverträge in der Treuhandanstalt statt. Großer Bahnhof, alle Aktionäre, alte und neue und die Spitze der Anstalt waren da. Diesmal war auch die VNG eingeladen und ich hatte sogar einen exponierten Platz.

Eine kleine Episode vermittelte mir neue Einblicke in zwischenmenschliches Verhalten, wie es in der Welt des Westens wohl auch möglich war. Die Arbeit mit unserer Privatisierung hatte Gundermann geleistet, und neben Frau Breuel war er mit als Unterzeichner vorgesehen. Beim Akt jedoch trat der zuständige Vorstand Schucht dazu – den hatte ich vorher nie gesehen und mit uns war er auch nicht befasst –,

Der 1. ordentliche Vorstand nach vollständiger Privatisierung, im September 1991. V. l. n. r. Otto Hülsenbeck, Wolfgang Eschment, Klaus-Ewald Holst und Gerhardt Wolff

nahm Gundermann den Füllfederhalter weg und unterschrieb an seiner Stelle. Gundermann zitterte vor Wut. Dann brachten Ober die Tabletts mit dem Sekt zum Anstoßen herein. Einer stand hinter mir, da geriet ein Glas ins Wanken, riss die übrigen mit und der Inhalt aller Gläser ergoss sich über mich. Ich trug einen hellen Anzug und wurde klatschnass, die Investoren johlten. „So werden in Deutschland eben Schiffe und Aktiengesellschaften getauft", sagte ich. Beim anschließenden Smalltalk sprach Schucht mich an: „Sie sind also der Holst. Seien Sie froh, dass ich Sie bei Ihren Eigenmächtigkeiten neulich nicht entlassen habe." Er sagte es ganz freundlich und ich antwortete auch ganz freundlich: „Nur gut, dass Sie nicht mein Aufsichtsratsvorsitzender sind."

Was war der Hintergrund dieser freundlichen Aussprache? Die VNG lag inzwischen in einem existenziellen Streit über Verträge und Preise mit der russischen Gazprom, derweil das russische Unternehmen an besagtem 24. September Aktionär bei uns werden sollte. Wie der Streit ausging, war für unsere Entwicklung entscheidend. So entschlossen wir uns zu einer Presseerklärung, die die Sachlage beschrieb, wobei wir uns der Problematik dieses Vorgehens durchaus bewusst waren. Ich setzte mich mit Gundermann in Verbindung, er teilte unsere Auffassung, bekam unsere Erklärung vorab zu lesen. Als sie Schucht dann in der „Welt" las, tobte er, aber nicht wegen der Sachlage, dass die Gaspreise für ostdeutsche Verhältnisse desaströs hoch waren – er fürchtete, dass er sich auf der Pressekonferenz nicht mehr im Glanz der VNG-Privatisierung sonnen konnte, sondern dort Fragen aufkämen, die nur Gundermann oder ich fachkundig hätten beantworten können. Er sagte die Pressekonferenz ab, und einige Wochen später hat er Gundermann entlassen. Mich ebenfalls vor die Tür zu setzen, dazu fehlte ihm die Macht.

Sehr gute menschliche Erfahrungen machte ich dagegen mit den Kolleginnen und Kollegen vom Betriebsrat. Inzwischen hatten wir gelernt, was die Vertretung der Arbeitnehmerschaft ist und welch wichtige Rolle sie im Gefüge eines Unternehmens spielt. Den Betriebsrat aufzubauen, war im ersten Halbjahr 1990 maßgeblich die Leistung von Herbert Zeyß und seinen Kollegen in der VNG. So wurden dann auch die ersten Arbeitnehmervertreter in den ersten Aufsichtsrat der VNG entsandt.

In den zwanzig Jahren, in denen ich Vorstandsvorsitzender war, wirkten die Frauen und Männer, die das Unternehmen in all seinen Facetten kannten, mit aller Kraft daran mit, dass sichere, gut bezahlte Arbeitsplätze entstanden und erhalten blieben. Wir lieferten uns manch harte Auseinandersetzung, aber wir waren nie Gegner, sondern stets Mitstreitende unseres gemeinsamen Projekts: dem Vorankommen der VNG. Gewerkschaften spielten da keine Rolle im Betrieb, es waren Menschen wie Behm, Richter, Ledong und Leisebein. Auch hier hat der Betriebsrat der Ruhrgas geholfen, erst Herr Steffen, später trat die streitbare Frau Graz hinzu. Sie merkte oft spaßig an, ich solle mit meinem „Edelossigerede" aufhören; es hat mich wohl eher befeuert.

Die langen Röcke meiner Frau

Seit dem Ende der DDR und der deutschen Wiedervereinigung ist kaum ein Thema bis heute so präsent wie das „Erbe" der Staatssicherheit. Eine Aufarbeitung ihres unseligen Wirkens war und ist weiterhin notwendig, das gilt auch für die VNG, hatte doch der Betrieb aufgrund seiner Struktur und seiner Aufgaben sicherlich unter besonderer Beobachtung des Staates und seiner Sicherheitsorgane gestanden.

Wir kannten ihre Vertreter in ihren offiziellen Funktionen: Bei einigen schweren Havarien mit Toten, Verletzten und Sachschäden in den technischen Anlagen der VNG waren sie in die Untersuchungen mit eingebunden. Manche technische Ausrüstung war, besonders wenn es sich um Westimporte handelte, ohne die Unterstützung dieses Amtes nicht zu beschaffen. Aber jenseits dieser durchaus sinnvollen Zusammenarbeit stand die Staatssicherheit vor allem für ein perfides Überwachungssystem. In den heftigen Diskussionen während der Zeit der revolutionären Umwälzungen bei uns im Betrieb wurde danach gefragt, wer wen bespitzelt, ausgehorcht und denunziert hatte, wem geschadet worden und wem Unrecht geschehen war. Mir war klar, dass diese Fragen aufzuarbeiten und zu beantworten waren, einmal, um Unrecht zu mildern, und zum anderen, damit es unter den Mitarbeitern nicht endlos weiter schwelte, sondern sie sich auf ihren Einsatz für das wirtschaftliche Überleben konzentrieren konnten.

Wir wollten wissen, wer was getan hatte, und gingen ganz direkt vor: Jeder Mitarbeiter bekam einen Fragebogen mit der formulierten Bitte, anzugeben, ob er Informeller Mitarbeiter der Staatssicherheit gewesen sei. Die Bögen wurden ausgewertet, der Vorstand bekam einen Bericht: Von rund 1600 Mitarbeitern hatten ein gutes Dutzend ihre Mitarbeit zugegeben. Was sollten wir daraus folgen lassen? In unserem Vorstand saßen ab Mitte 1991 zwei Kollegen aus dem Osten und zwei aus dem Westen. Wir bereicherten uns gegenseitig mit unserem Wissen und unseren Lebenserfahrungen aus unterschiedlichen Systemen. Die erste Reaktion der beiden Westler war, sie könnten nichts dazu beitragen, wir Ost-Leute sollten das unter uns klären. Das kam für mich nicht in Frage und wir gelangten nach ausführlicher Diskussion dahin, dies als ein gemeinsam zu lösendes Problem anzugehen.

Und es war ja auch wirklich, was wir damals noch nicht wussten, ein gesamtdeutsches Problem.

Wir bildeten mit dem Betriebsrat eine Kommission, die jeden Fall und dessen konkrete Umstände und Auswirkungen untersuchen musste, sie sollte Betroffene befragen und Vorschläge unterbreiten. Hört sich einfach an, war es aber nicht. Es gab zunächst den Standpunkt, dass alle, die eine Mitarbeit zugegeben hatten, die VNG verlassen mussten. Unabhängig davon, dass dies arbeitsrechtlich nicht durchsetzbar gewesen wäre, argumentierte ich anders. Was hat wohl in den Menschen stattgefunden, bevor sie „Ja, ich war dabei!" ankreuzten? Sie mussten sehr wohl ahnen, dass diese Antwort für sie schlimme Konsequenzen haben konnte, und sie hatten sich trotzdem für die Preisgabe der bitteren Wahrheit entschieden. Für den, der in dieser existenziellen Lage dazu stand, konnte das doch ein Neuanfang sein, jedenfalls zeigte er die Bereitschaft.

Es war, so fand ich, wichtig für den Aufbau der Demokratie im Osten, offen zu sprechen und Hilfe anzubieten, auch wenn es leichter schien, den Übeltäter einfach davonzujagen.

Ich konnte alle Seiten überzeugen und so begannen wir zu handeln. Niemand wurde öffentlich an den Pranger gestellt, mit allen haben wir uns ausführlich unterhalten, einigen boten wir neue Arbeitsplätze an. Die Mitarbeiter haben diesen Vorgang mit viel Verständnis begleitet. Aber Ruhe kehrte noch nicht ein, denn was war mit Fällen von Lüge und Vertuschung, von denen zu hören war?

Eines Tages rief mich ein früherer Kollege an. Er schilderte mir seinen Fall, von dem ich, obwohl wir uns gut kannten und im selben Bereich gearbeitet hatten, so noch nicht gehört hatte. Er war einige Jahre zuvor aus persönlichen Gründen von Leipzig nach Sayda im Erzgebirge gezogen. Dort betrieb die VNG eine Verdichterstation für Erdgas aus der Sowjetunion. Das Gas floss über die Tschechoslowakei und wurde in Sayda übernommen, verdichtet und weitergeleitet. Es war eine technisch sehr aufwendige Anlage, von tschechischen Betrieben gebaut und gewartet, und natürlich hochwichtig für die Versorgungssicherheit von Teilen der DDR-Industrie mit Erdgas. Entsprechend groß war unsere Aufmerksamkeit für die Station, aber auch die der staatlichen Kontrollorgane, die Staatssicherheit eingeschlossen, zumal es dort bereits zu einer fürchterlichen Explosion gekommen war.

Am Balaton, 1987

Hier versah der parteilose Kollege Mäffert, ein sehr fähiger Ingenieur, seine Arbeit als Schichtleiter. Nun kam es zu dem Abschuss einer südkoreanischen Passagiermaschine, der weltweit Schlagzeilen machte. Eine Boeing 747 der Korean Airlines hatte am 1. September 1983 den sowjetischen Luftraum verletzt und dabei eine russische Militärbasis auf Kamtschatka passiert. Nach rund einer Stunde Observation wurde sie abgeschossen, alle 269 Personen an Bord kamen zu Tode. Das Ereignis, das zunächst zu vertuschen versucht wurde, löste heftige Reaktionen der politischen Systeme aus. Im Osten wurde die Tat teilweise abgetan nach dem Motto: Falsche Flugroute, selber schuld!

Mäffert hatte an diesem Tag Nachtschicht. In der Frühstückspause äußerte er sich sehr drastisch darüber, was er von dieser Beschönigung hielt. Am Morgen darauf erhielt unser Betriebsdirektor die Aufforderung, sich umgehend bei der zuständigen Stasibehörde des Kreises einzufinden, was er in Begleitung seines zuständigen Leiters für Arbeits- und Produktionssicherheit tat. Hier wurden sie in den Vorgang eingeweiht und aufgefordert, den Kollegen Mäffert sofort von seinen Aufgaben zu entbinden, eine Weiterbeschäftigung in der VNG sei un-

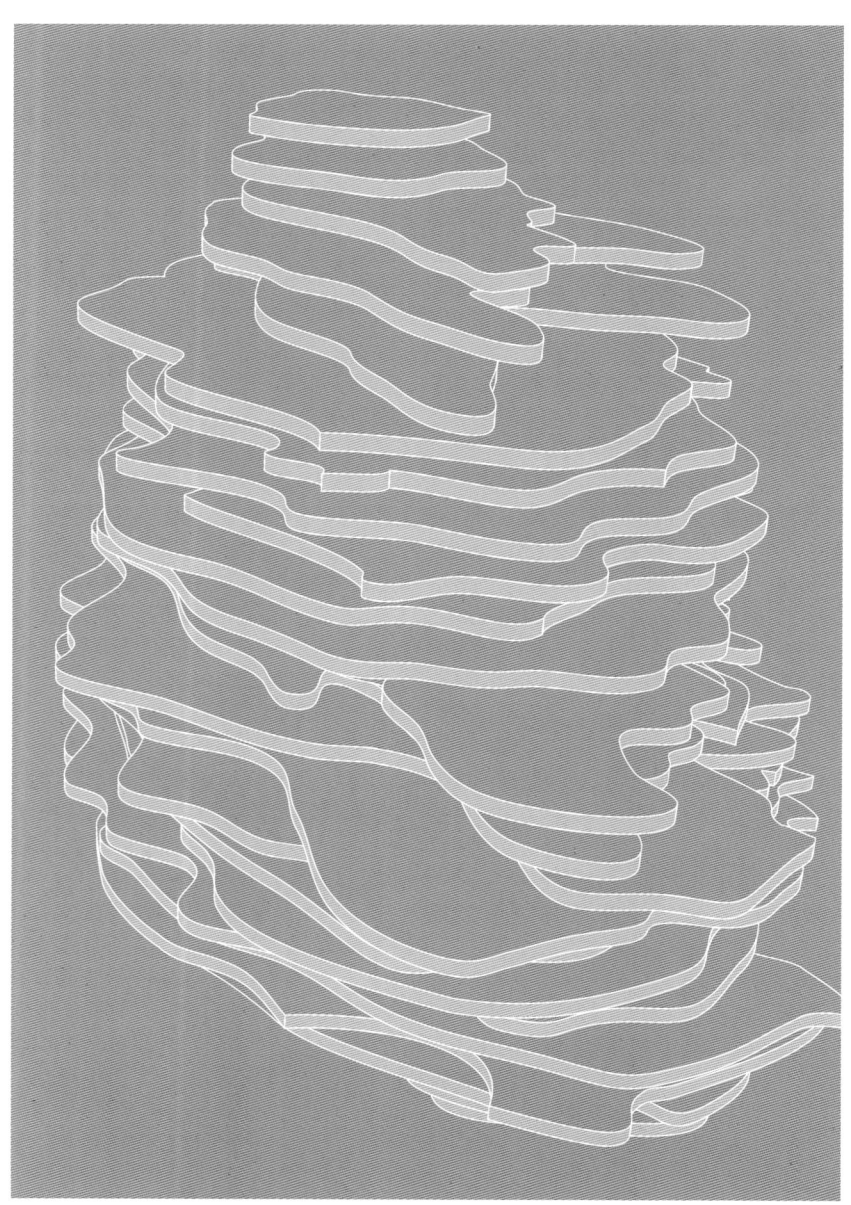

Vermessungsmodell eines Untergrundgasspeichers (Kaverne)

möglich. Das war unüblich, da bei solchen Fällen meist eine Weiterbeschäftigung an anderer Stelle im Betrieb vorgezogen wurde. Der Betriebsleiter beugte sich dennoch der Forderung; Mäffert wurde in Abstimmung mit den Kreisstellen in einem weniger sensiblen Betrieb untergebracht. Zu den Verdiensteinbußen kam die Stigmatisierung des Rausgeworfenen, denn in der kleinen Stadt wussten alle Bescheid, während der Fall in seinem alten Betrieb unbekannt blieb. Nun, Jahre später, erhielt ich seinen Anruf.

Ich lud Mäffert nach Leipzig ein. Zum Gespräch erschienen auch der Betriebsrat und die beiden Männer, denen Mäffert zum Opfer gefallen war, der Betriebsdirektor und der ehemalige Leiter APS (Arbeits- und Produktionssicherheit). Zwei beklemmende, aber auch befreiende Stunden lang sprachen wir miteinander. Es fielen harte, aber kaum beleidigende Worte. Mäffert stellte klare Fragen und verlangte erhellende Antworten. Beide Direktoren schilderten den Ablauf wie beschrieben und stellten sich ohne Ausflüchte ihrer Verantwortung. Sie gaben auch zu, sich damals nicht für die Weiterbeschäftigung des Kollegen eingesetzt zu haben. Sie zeigten ehrliche Reue und entschuldigten sich aufrichtig. Nach dem Gespräch wirkte Mäffert entspannt und zufrieden, die VNG stellte ihn wieder ein. Zu seiner Rehabilitierung machten wir den Fall öffentlich.

Damit kam es aber zu einer zweiten Welle der Aufarbeitung dieses unseligen Teils der DDR-Geschichte. Bei Einsicht in die sogenannten Stasi-Unterlagen hatte Mäffert erst die Decknamen und dann die Klarnamen derer gefunden, die ihn denunziert hatten. Nun kannten wir sie auch und waren erschrocken, denn es waren keine der Sekretärinnen und Pförtner, die sich im Fragebogen zu ihrer IM-Tätigkeit bekannt hatten, sondern Mitarbeiter in leitenden Funktionen. Wir holten die Fragebögen erneut hervor und stellten fest, dass die Entdeckten eine Zusammenarbeit mit der Stasi damals verneint hatten. Unsere Kommission erkannte auf Lüge und Vertrauensverlust und gab die Empfehlung, sich von den Mitarbeitern zu trennen. So ist es dann geschehen, auch noch an einigen anderen Stellen.

Nach dem Ende der DDR haben sich viele Menschen ihre Stasi-Akten angesehen, so auch ich. Ich musste warten, bis sie hinreichend gesichtet, gesammelt und zugeordnet waren, nach eineinhalb Jahren bekam ich Zugang zu ihnen. Da saß ich nun in der „Runden Ecke", dem einstigen Gebäude der gefürchteten Leipziger Stasi-Bezirksverwaltung und hatte mein Paket vor mir auf dem Tisch liegen. Es war trotz oder vielleicht gerade wegen der Problematik eine gelöste Stimmung im Raum. Einige mussten gelegentlich lachen über die Banalität der Beobachtungen, die sie in diesen detaillierten Berichten über ihre Observation lasen.

Bei mir fanden sich zwei Arten von Berichten, aus dem Betrieb und aus dem Wohnumfeld. Zwei Decknamen aus dem betrieblichen Umfeld waren bemerkenswert. Einer meiner IMs nannte sich „Ewald" nach meinem Zweitvornamen, der andere „Kaverne" nach meinem Arbeitsgebiet, das sich mit der Gasspeicherung in Kavernen, unterirdischen Hohlräumen in Salzschichten, befasste. Was ich da las, war mir logischerweise überwiegend bekannt, es gab jedoch auch Informationen, die einfach erfunden waren.

Die Kaliindustrie der DDR stellte unter der Erde Kavernen her. Dazu wurde Flusswasser in ein Bohrloch gedrückt, das löste in der Tiefe Salz auf und die so entstehende Salzlösung gelangte an die Oberfläche. Mit der Zeit entstand unter Tage ein Hohlraum, in dem später das Gas gespeichert wurde, um es zum Beispiel im Winter bei Mehrbedarf zur Versorgung einzusetzen. In der Kaverne verblieb immer etwas Wasser aus der Herstellung, es gelangte später als Dampf in das Gas und störte den Speicherprozess. Deshalb erforschte das Brennstoffinstitut Freiberg Möglichkeiten, in der Kaverne Gas und Wasser getrennt zu halten. Im Westen Deutschlands baute man einfach eine Gastrocknungsanlage. Das hätten wir auch machen können, aber da uns die Westdevisen für den Anlagenimport fehlten, versuchten wir das Problem mit eigenen Mitteln zu lösen. Wir ließen ein sogenanntes Abdeckmedium, eine Wasserdampfsperre zwischen Salzsole und Gas entwickeln.

Soweit das technologische Problem. Die Umsetzung der Idee gelang, alle waren stolz und die Erfinder reichten die Lösung zur Patentanmeldung ein. Wir unterstützten das, doch das Kombinat lehnte mit der Begründung ab, man könne das Verfahren dann nicht mehr geheim halten, der Westen würde zwangsläufig mitbekommen, was wir da entwickelt hatten. Also gab es kein Patent. Das regte uns auf und erschien uns widersinnig, denn die Nutzung im Ausland hätte dem Staat Devisen bringen können.

Ich promovierte zu dieser Zeit über mein Arbeitsgebiet Kaverne, das brachte mich in die Lage, einen Überblick über die internationalen Entwicklungen zu haben. Und mit den Beständen an westlicher Fachliteratur in der Deutschen Bücherei hatten wir in Leipzig auch Glück. Da saß ich nun und las begierig die „Erdöl- und Erdgaszeitschrift" (Hamburg), „Gas und Wasserfach" und viele andere Zeitschriften. Etwa ein Jahr nach unserer unterbundenen Patentanmeldung lese ich in einem dieser Fachblätter eine Notiz darüber, dass die US-Firma Texaco Patent anmeldet für ... – und in der Beschreibung erkannte ich genau das, was wir gemacht und erfolgreich eingesetzt hatten. Ich hätte platzen können. Ich zog eine Kopie des Artikels und legte sie in mein Arbeitsbuch.

Bei einer wohl routinemäßigen Untersuchung hat man diese Kopie irgendwann gefunden. Von da an bestand ein operativer Vorgang mit dem Verdacht, dass „der Holst" das Verfahren an den Klassenfeind in Texas verraten habe, der die sozialistische Errungenschaft zum Patent anmeldete. IM „Ewald" hat dann wohl täglich nach der Arbeit meinen Schreibtisch durchwühlt und nach Beweisen gesucht. Ich habe nie etwas davon bemerkt. Seinen Berichten, die ich nun vor mir hatte, ist der zunehmende Frust darüber abzulesen, dass er keine konkreten Hinweise fand. Nach dreieinhalb Jahren gab IM „Ewald" auf. Aus seiner Tätigkeit ist mir zu DDR-Zeiten nie ein Problem erwachsen, obwohl man so manche meiner Aussagen auf Konferenzen etc. als unbotmäßige Kritik hätte ansehen können. Jetzt aber, nach Akteneinsicht, wurde mir im Nachhinein angst zumute. Ich stellte mir vor, „Ewald" hätte aus Mangel an echten Beweisen irgendetwas konstruiert und aktenkundig gemacht. Das hätte mir im schlimmsten Fall eine Anklage wegen Landesverrats einbringen können, mit allen sich daraus ergebenden Folgen.

Dann las ich die Berichte über mein häusliches Umfeld. „Er" arbeitet da und da, „sie" ist Lehrerin, freundlich und zurückhaltend, lässt aber die Familie die ganze niedere Hausarbeit machen, ist immer schick gekleidet und trägt in der Wohnung lange Röcke, die sie aus Amerika bekommt. Jemandem erschien die Feststellung lohnend, dass die Treppe von mir gewischt und der Einkaufskorb von mir herangeschleppt wurde, auch die Wäsche hängte oft ich auf dem Trockenplatz auf, eine normale Arbeitsteilung in einer Familie, in der Sohn und Frau am Sonnabend noch in der Schule sind.

Das meiste stimmte, auch das mit den langen Röcken, die standen meiner Frau wirklich gut. Sie waren sogar aus dem Westen, von der „Cousine" aus Paderborn. Aber nie, nie hatten wir welche aus Amerika bekommen. Also wie war das zu erklären? Wir erzählten die Geschichte unserem Sohn. Der stutzte erst und lachte dann, weil er die Lösung des Rätsels wusste. Wie das bei Kinderrunden so ist, wurde auch mal über die Eltern gesprochen. „Deine Mutter ist immer so schick" und ähnliches Lob bekam er da über seine Mutter zu hören, und er wurde gefragt, wo sie denn die ganzen Klamotten her hätte. Axel antwortete lässig: „Die hat sie aus Amerika-Paketen." Der Sohn unserer Nachbarn erzählte das seinen Eltern, die Eltern waren dann wohl über uns ausgehorcht worden, und so hatten die „amerikanischen" Röcke meiner Frau Eingang in unsere Akten gefunden.

Im Unternehmen hatten wir etwa bis 1994/95 mit der Stasi-Thematik zu tun, danach kehrte Ruhe ein, weil wir uns intern um die notwendige Aufarbeitung gekümmert hatten.

Ein Fall, der dabei bekannt wurde, hat mir wirklich Mut gemacht. Einen meiner früheren Mitarbeiter aus der Nachrichtentechnik hatte die „Firma" monatelang anzuwerben versucht. Mit allen Mitteln wollte man ihn zur verdeckten Mitarbeit bewegen, jedoch umsonst. Über Wochen hatten sie sogar vor dem Haus und im Flur Horcher positioniert, die ihm ganz offen zeigten, dass er überwacht wurde. Kunz blieb bei seinem Nein, bis sie von ihm abließen. Er behielt seinen Arbeitsplatz und sprach niemals über die Sache. Nun konnte er es, als schönes Beispiel für erwiesenen Mut in der Diktatur. Er war bis 2012 Geschäftsführer in einer Tochtergesellschaft der VNG.

Inzwischen stammen die langen Röcke meiner Frau vielleicht auch mal aus Amerika, und ich gehe immer noch gerne einkaufen. Und was ich wann wo mache, kann wiederum gründlich aufgezeichnet werden, nur diesmal durchs Handy, den Navi oder das Kassensystem.

Wie weiter mit Russland?

Zu Beginn des Jahres 1992 hatten wir in Moskau einen Termin mit Arkadi Wolski, dem Präsidenten des frisch gegründeten Russischen Industriellen- und Unternehmerverbandes. Wir suchten Unterstützung in Russland, Wolski war ein einstiger Kader aus der Zeit der Sowjetunion und sehr erfahren als Vermittler auf höchsten Ebenen.

Die VNG war ohne eigene Schuld, aber auch offenen Auges in eine Auseinandersetzung mit der russischen Gazprom geraten. Schon als Minister für die Gasindustrie unter Michail Gorbatschow hatte Viktor Tschernomyrdin aus seinem Hoheitsbereich einen gewaltigen Betrieb, ein Weltunternehmen zu formen begonnen. Anders als sonst in der zerfallenen Sowjetunion, in der einstige Staatsbetriebe verkauft und teils zu Imperien von Oligarchen wurden, blieb die Gaswirtschaft vereint und staatlich. Die Gazprom, ein Riese der Gasindustrie, war für den Staat lebensnotwendig. Für den Verkauf von Erdgas war der Teilbereich Gasexport verantwortlich. Hier saßen die Experten, die schon an dem legendären Röhren-Erdgas-Deal von Ruhrgas, Mannesmann und Deutscher Bank mit der Sowjetunion Ende der sechziger Jahre beteiligt gewesen waren, ebenso an den Bankgeschäften zwischen den Staaten des RGW (Rat für gegenseitige Wirtschaftshilfe) und der Sowjetunion, die zu einem gigantischen Geschäft Erdgas gegen Aufbau von Infrastruktur (Druschba-Trassen, Orenburg-Verträge) geführt hatten. Sie waren Fachleute mit hohem Wissen auch über die Marktwirtschaft in Westeuropa.

Im Westen hatte sich nach dem Mauerfall für die Geschäfte der Gazprom zunächst nichts geändert, doch im Osten, besonders in Ostdeutschland, waren ihr die politischen Partner abhandengekommen. Sie hatte verbindliche Langzeitverträge mit der DDR über die Lieferung von Erdgas und den Bau von Anlagen, nur die DDR gab es nicht mehr. Auch die Kunstwährung „Transferrubel", in der alle diese Geschäfte abgerechnet wurden, war abgeschafft. Rechtsnachfolger war das wiedervereinigte Deutschland, aber in den Ministerien im Osten wurden viele Mitarbeiter – wohl aus gutem Grund – entlassen. Durch Gründung der VNG AG war das Gaskombinat an dieser Stelle überflüssig geworden, doch bei all unserem unternehmerischen Drang fehlten uns wichtige Kenntnisse. Und dann waren da auch noch genug Altkader, die vor allem für sich selbst und ihre Zukunft kämpften. Als wäre dies alles nicht verwirrend genug, entwickelte sich Mitte 1990 aus dem eigentlich normalen Wettbewerb zwischen der BASF-Tochter Wintershall in Kassel und der Ruhrgas in Essen ein unnormaler Handelskrieg, getragen von Animositäten sehr persönlicher Art.

Die Russen hatten es nun in Deutschland statt mit ihrem vertrauten und bewährten Partner, der Ruhrgas, mit der Wintershall und der ihnen völlig unvertrauten VNG zu tun. Das sorgte für Verwirrung bis in die höchsten Ebenen hinauf. Zuvor hatten sie schon, obwohl sie es durch massiven Druck auf Politik und Treuhand versuchten, keinen wirklichen Einfluss in der privatisierten VNG bekommen können. Hieran hat die VNG gezielt mitgewirkt. Wir wollten keine Beteiligung der Russen und weg von ihrem Einfluss. Nach Jahrzehnten der Unfreiheit und der vollständigen Steuerung durch den sowjetischen „Bruderstaat" wollten wir nun ein Teil des freien Westens sein.

Das war aus unserer Sicht wohl verständlich, so verständlich wie die Perspektive der Russen, die ja immerhin die politische Einheit der Deutschen zuließen und sich im Osten nicht gleich auch noch aus der Wirtschaft hinausdrängen lassen wollten. Sie wollten Joint Ventures mit Westunternehmen, und mit der Wintershall schlossen sie sie ab. So entstanden in Konkurrenz zur Ruhrgas und zur VNG ein deutschrussisches Handelshaus (Wintershall-Erdgas-Handelshaus) und die Wingas.

Wir waren noch im Juni 1990 mit Staatssekretär Pautz vom Wirtschaftsministerium nach Moskau ins Gasministerium gereist, um die wichtige Frage der Gaslieferungen zu klären. Pautz war gut vorbereitet, er stellte uns als die vor, die künftig auf deutscher Seite ihre Partner für die Langfristlieferverträge von Erdgas in das Gebiet der ehemaligen DDR seien. Man hörte uns freundlich an und beschied uns dann, diese Fragen erst nach dem 3. Oktober in Bonn klären zu wollen. Wir bekamen einen Schreck, denn die Zeit lief uns davon und arbeitete gegen uns – nach dem Ende der DDR würden eine neue Rechtssituation und ganz neue Zuständigkeiten herrschen.

Ihr Erdgas lieferten die Russen derweil zuverlässig wie immer. Die Verträge dazu lagen noch bei der Treuhand, auch die mit der Erdgascommerz, einem Tochterbetrieb der DDR-Gasindustrie (der zum

Holst - Immer volles Risiko, Armenien, 1974

Kohle-Export-Imperium Alexander Schalck-Golodkowskis gehörte),
gegründet von besagten Altkadern allein, um die Verträge mit der Sowjetunion bzw. der Gazprom abzuwickeln. Klar war, wenn diese Verträge an einen Investor verkauft würden, wäre es mit der VNG AG i. G.
schon in der Gründungsphase vorbei.

Anfang Dezember 1990 beorderte mich Gundermann, der Generalbevollmächtigte der Treuhandanstalt für die Energiewirtschaft, zu
sich nach Berlin. Er stellte mich Herrn V. vor, Rechtsprofessor aus dem
Ruhrgebiet und Berater der Treuhand. Mit ihm würde ich jetzt nach
Westberlin fahren, es sei Gefahr im Verzug. Schon saß ich mit Herrn
V. im Auto und fragte ihn vorsichtig, wohin wir denn führen und was
zu tun wäre.

V. sagte: „Wir suchen einen Notar in Westberlin auf, hier finden wir
so schnell keinen. Wir sind schon angemeldet. Ich bin von der Treuhand bevollmächtigt, eine Gesellschafterversammlung abzuhalten, in
der Herr J. als Geschäftsführer abberufen wird und Sie als neuer Geschäftsführer berufen werden."

„Geschäftsführer wovon?"

„Na von ‚Kohle-Export-Import'!"

Gasförderfeld der Gazprom in Sibirien. Langfristiger zuverlässiger Lieferant der VNG

So lernte ich, dass dort die russischen Erdgaslieferverträge lagen. Ich begriff nichts von dem ganzen Prozedere und schaute still ins verregnete Berlin hinaus. Vor meinem inneren Auge sah ich einen großen Raum voll mit Gesellschaftern, alles würdige Kapitalisten, die gleich die ernste Situation lange diskutierten, ehe sie zur Tat schritten. Beim Notar waren drei Personen anwesend, der Notar Quack, Prof. V. und ich. V. zeigte Quack seine Vollmacht, ich ihm meinen Ausweis, und schon war ich neben meinem Amt als Vorstandsvorsitzender der VNG AG auch Geschäftsführer eines früheren Teils der „KoKo", der „Kommerziellen Koordinierung", die in der DDR der Beschaffung von Devisen gedient hatte. Von einem Gehalt war nicht die Rede.

Wir fuhren zurück in den Osten in die Wallstraße, da hatte mein neues „Unternehmen" seinen Sitz. In einem prächtigen Büro stand uns Herr J. gegenüber, einst wichtiger Generaldirektor im Außenhandel der DDR. Ich hatte ihn schon einmal getroffen, als vier Generaldirektoren versucht hatten, den VEB VNG unter sich aufzuteilen und mit westdeutschen Firmen Joint Ventures zu bilden. Das war Anfang 1990, damals hatten wir uns dem Zugriff entziehen können. Inzwischen hatte Staatssekretär Pautz Herrn J. schon zweimal von seinem Posten entbunden, das war jedoch arbeitsrechtlich angreifbar, und so war er jedes Mal zurückgekehrt. Es war inzwischen etwa 18:00 Uhr, Herr V.

Gassteueranlage

erklärte Herrn J. die Situation, stellte mich als seinen Nachfolger vor und präsentierte die Dokumente, die diesmal unangreifbar waren. Nun ging es ganz schnell: J. übergab alle Schlüssel, nahm seine Privatsachen und verschwand. V. sah auf die Uhr, gab mir die Hand – Auftrag erledigt – und verschwand auch. Da saß ich nun. Ich rief die Sekretärin. Sie kam, ein wenig ängstlich, und ich bat sie, in einer halben Stunde alle Abteilungsleiter in mein Zimmer zu bestellen nebst Kaffee für alle. Ich sammelte mich.

Sie kamen, setzten sich, starrten auf mich, ich auf sie, Unsicherheit durchzog die Luft. Da – ich konnte es kaum fassen – fiel mein Blick auf meinen früheren Kaderdirektor aus dem VEB Verbundnetz, der uns etwa Mitte der achtziger Jahre verlassen und im Auftrag des Gaskombinats den Steinkohlebergbau in Mosambik am Laufen gehalten hatte. Danach war er nicht wieder bei uns erschienen. Unsere Blicke trafen sich, seiner war ein wenig furchtsam, schien mir, ich nickte ihm zu. In Sekunden ging mir folgende Geschichte durch den Kopf:

Im Grundlagenvertrag vom Dezember 1971 hatten beide deutsche Staaten Regelungen für ein wenig mehr Miteinander beschlossen. Den Bewohnern der DDR hatte das unter anderem die Möglichkeit eingebracht, zu Besuch in den Westen zu fahren, wenn auch nur sehr begrenzt, und Besuch aus dem Westen zu empfangen. Im Betrieb

113

Unterzeichnung des Erdgasliefervertrags mit der BEB. Rostock, 27. 6. 1990

bekamen wir eines Tages ein Formular ausgehändigt, auf dem wir alle Westverwandten vermerken sollten, Namen, Adresse, Geburtsdaten, Arbeitsstelle usw. Vor allem die Art der Kontakte wurde erfragt, ob sie über Briefe, Pakete, Telefon verliefen. Man nannte also Onkel, Tanten und Cousinen, echte und erfundene. Die Liste wurde im Einzelgespräch abgenommen, da waren Lücken in den Angaben nicht so schlimm. Nach einem Jahr bekam man das gleiche Formular noch einmal mit der Aufforderung, es erneut auszufüllen. Die vom vorigen Jahr durfte ich nicht einsehen, ich sollte aufschreiben, was ich noch im Kopf hatte. Das Ganze diente also der Prüfung auf Übereinstimmung. Aber natürlich hatte ich noch meine eigenen Unterlagen vom Vorjahr.

Eines Tages sollte es auf Dienstreise nach Prag gehen, Treffpunkt 6:00 Uhr am Hotel Deutschland. Ich war in froher Erwartung rechtzeitig dort und traf auf meinen Chef Dr. Günther Richter, Abteilungsleiter Technische Entwicklungen in der VNG und ‚Erfinder' des überregionalen Ferngasverbundnetzes mit Verdichterstationen und Untergrundgasspeichern, ein genialer Ingenieur. Er war trüber Stimmung und schimpfte wie ein Rohrspatz: „Diese Dummköpfe, die Idioten. Und die wollen eine neue Gesellschaft aufbauen – lächerlich!" Wenn er auf-

Erdgasliefervertrag zwischen Mobil und VNG, Hamburg 1991

geregt war, geriet er leicht ins Stottern und war dann noch schlechter zu verstehen. Er schaute mich an, ich begriff nichts und war mir auch keines Anschlags gegen den Sozialismus bewusst. Was war los?

Mein Chef war am Abend zuvor vom Kaderdirektor angerufen worden: Ich dürfe nicht mit nach Prag, da ich nicht mehr als Reisekader in das sozialistische Ausland bestätigt worden war. Eine Begründung wurde nicht gegeben, aber mein furchtloser Chef bekam sie durch Nachhaken doch noch heraus: Grund für meine Suspendierung war meine Liste der Westverwandtschaft – ein Blödsinn, zumal ich als Privatperson weiterhin jederzeit nach Prag fahren durfte. Jetzt ging ich nach Hause, meine Wut hielt sich in Grenzen.

Einige Wochen später traf ich den Kaderdirektor W. auf dem Gang in der damaligen VNG-Zentrale in Berlin. Er grüßte höflich und ich bat um einige Minuten Gehör. „Sehr gerne", antwortete er und bat mich in sein Zimmer. „Was kann ich denn für dich tun?", fragte er.

„Ich habe eine freudige Nachricht für dich", war meine Antwort.

„Oh ja, schön, nämlich?"

„Mein Onkel aus Bad Hersfeld in der Rhön ist gestorben!"

„Das ist ja schlimm, mein Beileid!"

Unterzeichnung des Erdgasliefervertrags mit der WIEH, Leipzig, 31. 1. 1994

„Nein", sagte ich, „das sehe ich als freudiges Ereignis, denn nun kannst du wieder einen Verwandten von meiner Westliste streichen – natürliches Aussterben – und ich kann das nächste Mal wieder mit nach Prag."

Er fuhr in die Höhe und verwahrte sich gegen diese böswillige Unterstellung. Ich fragte ihn, warum ich denn nicht mit nach Prag hatte fahren dürfen. Er konnte nicht überzeugend antworten, die Diskussion war unfruchtbar und endete in Sarkasmus. Wir hatten seitdem kein Wort mehr miteinander gewechselt.

Jetzt, viele Jahre später, trafen sich unsere Blicke wieder. Ich fühlte, dass wir beide an diese Geschichte dachten, und jetzt sah er wohl demütig den Konsequenzen entgegen. In diesem Moment war für mich jedoch ganz klar, was ich zu tun hatte: Ich behandelte ihn normal wie jeden Mitarbeiter. „Machen Sie Vorschläge, wie man aus den vorhandenen Geschäften tragfähige Zukunftskonzepte schneidern könnte", sagte ich.

Es ging um die berechtigten Interessen der VNG. Transport- und Lieferverträge mit der Tschechoslowakei (Transport) und Russland (Lieferung) lagen bei der VNG, aber der Streit, wer in Deutschland

Adressat für das russische Erdgas war und vor allem, welcher Preis dafür zu zahlen war, ging unvermindert weiter. Die Gazprom fühlte sich nach dem Untergang der DDR frei, die Treuhand benannte jedoch die VNG als ihren Vertragspartner. Das erkannte Gazprom nicht an und schickte sein Joint Venture mit der Wintershall ins Rennen. Das Wirtschaftsministerium musste den Konflikt lösen.

Dann kamen die Winter 90/91 und 91/92. Das Gas lief noch, die Preisforderungen der Gazprom an den Osten überstiegen jene im Westen der Republik erheblich. Für die dahinsiechende ostdeutsche Wirtschaft war das unbezahlbar, es drohte der Todesstoß auch für die VNG. Dann wurde sogar ein Lieferstopp angedroht. Es folgte der Gang zum Kartellamt. Das erkannte jedoch nicht die Not der VNG, sondern eine Gelegenheit, der Ruhrgas kartellrechtlich die Leviten zu lesen. Das Wirtschaftsministerium konnte nicht viel erreichen, zumal politisch ganz andere, übergeordnete Fragen das deutsch-russische Verhältnis beschäftigten, zum Beispiel der Abzug der einstigen Roten Armee aus den Neuen Ländern.

Wie da zum Teil gedacht wurde, konnte ich 1992 in Halle an der Saale erleben. Auf einer Umweltmesse dort hatte die VNG einen Stand. Der Eröffnungsrundgang fand mit Hans-Dietrich Genscher statt, der kurz zuvor aus seinem Amt als Außenminister geschieden war. Ihm erläuterte ich anhand von Schautafeln unsere Ziele beim Erdgaseinsatz in Ostdeutschland und die Probleme mit Russland – dass wir für das Gas ca. 15 Prozent mehr zu bezahlen hatten als der Westen. Ich bat ihn um Hilfe. Nach kurzem Nachdenken antwortete er: „Herr Holst, wenn wir den Russen für ihr Gas ein wenig mehr zahlen, dann tun wir auch etwas Gutes dahingehend, deren Weg in die Demokratie etwas zu unterstützen, verstehen Sie?"

Genscher war und ist eine Lichtgestalt für die Deutschen in Ost und West, besonders im Prozess der Wiedervereinigung hat er Dinge geleistet, die ich ihm bis heute hoch anrechne. Aber nach dieser Antwort habe ich ihn wohl nur verblüfft angestarrt. Dass wir, die schwächsten Glieder im Osten Deutschlands, und auch noch in dieser Lage dafür in die Verantwortung genommen werden sollten, konnte ich nicht verstehen. Aber so wurde gedacht, der Tross zog weiter.

Und das war kein Einzelfall. Ich bin durch die Politikerstuben des parlamentarischen Viertels gezogen und habe mein Leid vorgetragen.

Otto Graf Lambsdorff begriff und half sofort, wo er konnte. Paul Krüger aus Neubrandenburg hörte zu und öffnete manche Tür, aber insgesamt ließ sich damals nicht verhindern, dass 15 Jahre lang das Erdgas im Osten teurer war als im Westen.

Im Februar 1992 fanden am Rande russisch-deutscher Regierungskonsultationen auf dem Petersberg in Bonn entscheidende Beratungen statt. Von der Gazprom kam Viktor Tschernomyrdin, von der Ruhrgas Liesen, Bergmann im Auftrag der Bundesregierung, und ich saß staunend mit am Tisch. Bei all dem Gerangel kannte ich immer nur zwei Zahlen, die von der VNG geforderte Summe und den Abstand zum Preisniveau West. Tschernomyrdin war beinhart, die Ruhrgas gab ihr Bestes, und immer wenn eine Preisbewegung stattgefunden hatte, wurde ich gefragt. Wir saßen da in Leipzig in unseren Pappbaracken und auf rostigen Rohrleitungen und sollten für das gleiche Produkt mehr zahlen als die Westkollegen – ich sagte: Nein.

Nach einem langen Tag des Anbietens und Ablehnens wurde ich in einer Pause zum Zwiegespräch mit einem hochrangigen Beamten aus dem Wirtschafts- oder Außenministerium gerufen. Er sagte deutlich: „Herr Holst, jetzt ist es genug. Wir müssen noch heute zu einer grundsätzlichen Einigung kommen. Die Russen haben das letzte Angebot als wirklich letztes deklariert. Sie haben bis 19:30 Uhr Zeit, Ja zu sagen. Bei einem Nein verlieren Sie jede weitere Unterstützung der Bundesregierung." Dann ging er, es war gegen 19:00 Uhr.

Ich hege überhaupt keinen Groll gegen die damals Handelnden, ich war auf den Gaspreis fixiert und konnte die ganze Komplexität der Situation vielleicht nicht überblicken. Da stand ich nun an diesem bedeutungsvollen Ort, an dem zu sein eigentlich ein Glück war, und doch fühlte ich mich niedergeschlagen und allein gelassen. Um 19:30 Uhr habe ich Ja gesagt.

Noch in der Nacht fuhr ich mit dem Auto nach Prag und unterschrieb die von meinen Mitarbeitern mit dem Außenhandel der Tschechoslowakei neu verhandelten und nun marktwirtschaftlich basierten Transportverträge für Gas aus Russland. Das Gas hatten wir noch nicht, und wir wussten nach der Zusammenkunft in Bonn, dass es zu teuer werden würde. Aber wir brauchten die Transportrechte zum Überleben. Aufgrund dieser Unterschrift erfolgte später im Aufsichtsrat wieder ein Antrag zu meiner Entlassung, dem nicht gefolgt wurde. Der

Mit Journalisten in Sibirien, 2006

Detailstreit mit dem russisch-deutschen Joint Venture um den Preis ging weiter.

Dies ist die lange, verzweigte Geschichte der Ereignisse bis zu dem Tag Anfang 1992, an dem wir mit Arkadi Wolski in Moskau zusammensaßen. Wir wurden in ein Büro in den Ausmaßen eines Fußballfeldes geführt und gingen Wolski entgegen, wir begrüßten einander freundlich, aber zurückhaltend, nahmen Platz, es gab Tee und eine abtastende Vorstellungsrunde. Seine Begleitung kannten wir, sie hatte uns den Termin ermöglicht, ein alter sowjetischer Generalkonsul aus dem Bezirk Karl-Marx-Stadt. Meine Mitarbeiter waren Toni Philipp, er hatte in Kiew studiert, und Dieter Bandlow, er hatte in Moskau am Gubkin-Institut studiert – beide sprachen perfekt Russisch. Wolskis Diplomatenmiene wurde gleich freundlicher.

Wolski war, was ich einen Großrussen nenne: überzeugt von der Größe und Bedeutung der Sowjetunion bzw. Russlands, ein bedingungsloser Diener seines Landes, zu Veränderungen nur im Sinne seines Landes bereit, wach und aufmerksam, stolz und gerade darin sehr verletzlich. Er begann das Gespräch mit der Klage darüber, dass keiner seiner Freunde aus der DDR mehr da sei, als Verhandlungspartner waren sie allesamt verschwunden. Die Neuen kenne er nicht, und sie wollten mit ihm, dem alten Kommunisten, auch keinen Kontakt haben. In einer solchen Situation bin ich immer in die Offensive gegangen. Ich breitete die Arme aus und sagte: „Nehmen Sie doch uns zu Freunden, Arkadi. Wir sind die Neuen aus dem Osten, demokratisch, revolutionär. Wir wollen marktwirtschaftlich mit Russland zusammenarbeiten und wissen, wie Sie fühlen. Wir werden uns darauf einstellen. Lassen Sie uns zusammenwirken, ohne unsere Geschichte dabei zu vergessen."

Er schaute verblüfft, lächelte dann, und schon waren wir bei den Gasproblemen. Er war gut informiert, sagte nichts zu, versprach aber als Katalysator an Lösungen mitzuwirken. Zum Ende des Gesprächs beklagte er noch einmal den Zustand der russisch-deutschen Handelsbeziehungen am Beispiel der Landwirtschaft, wo auf Millionen Hektar Maschinen aus DDR-Produktion nutzlos herumstanden, oft einfach nur weil Ersatzteile fehlten. Die Lieferanten in Ostdeutschland gingen ein und die notwendigen West-Devisen konnten die Russen nicht aufbringen, und wenn doch einmal, dann kaufte man lieber gleich neue Maschinen von Caterpillar aus den USA. Hier haben die deutsche Politik und die deutsche Wirtschaft tatsächlich versagt.

Zum Abschluss fragte ich ihn nach dem weiteren politischen Schicksal Gorbatschows. Er war ja ein enger Mitarbeiter gewesen, seine Antwort überraschte uns: Gorbatschow, so sagte er sinngemäß, wird nie wieder eine Rolle im politischen Leben Russlands spielen, und das hat zwei Gründe. Erstens wird ihm die Zerstörung der Sowjetunion zur Last gelegt und zweitens die Aufgabe der DDR. Der erste Vorwurf stimmt zwar nicht, da es Jelzin war, aber es bleibt im Gedächtnis der Menschen an Gorbatschow hängen. Der zweite Punkt ist noch bedeutender: Wir Russen haben seit Jahrhunderten nach Westen geschaut und besonders nach Deutschland. Viele Deutsche sind nach Russland gekommen, Wolgadeutsche und Zaren – so entstand eine ganz besondere Beziehung. Dann, nach dem Großen Vaterländischen Krieg mit über zwanzig Millionen Toten allein auf unserer Seite, bekommen wir über einen Teil dieses Deutschlands das Sagen. Ja, dort wurde nun gemacht, was wir wollten. Wir nutzten das, wir wurden eine Weltmacht – der ganze Ostblock war unser. Und nun das! Die DDR ist weg, die ruhmreiche Rote Armee wird mit Blumen aus Deutschland

Gründung des Deutsch-Russischen Rohstoff-Forums – bestehend aus der Gazprom, dem Bergbauinstitut Sankt Petersburg, der Bergakademie Freiberg und der VNG – im Grünen Gewölbe in Dresden, 10. 10. 2006

verabschiedet und in die russische Steppe geschickt. Da sitzen sie nun, Soldaten, Offiziere und ihre Familien, und niemand weiß, wohin mit ihnen. Das Leiden des Krieges war ganz umsonst – das wird man an Gorbatschow festmachen und es ihm nie vergeben.

Mir wurde klar, was Wolski meinte, ich antwortete ihm: „Und in Deutschland lieben wir ihn genau deshalb. Dafür, dass Russlands Gewaltverzicht die Revolution im Osten ermöglicht und die Einheit Deutschlands gebracht hat. Langfristig werden Russland und die Menschen bei uns von diesem neuen Deutschland als Partner viel mehr haben."

Wir sollten beide recht behalten. Ich denke noch heute oft an Arkadi Wolski, dem ich dieses Buch leider nicht mehr schicken kann.

Die Verhandlungen zwischen der VNG und Gazprom zogen sich zwei weitere Jahre hin. Wir fanden zu keinem Ergebnis, das Gas floss trotzdem. Derweil schlossen wir mit den Norwegern am 16. Dezember 1993 einen langfristigen Erdgasliefervertrag ab. Die VNG schuf Wettbewerb durch Diversifizierung.

Im Januar 1994 waren meine Frau und ich im Skiurlaub in Österreich, Ski fahren, nun ja, wir rutschten eher den Berg hinunter. Wir kamen nachmittags verschwitzt und müde ins Quartier, als das Telefon schrillte. Es war Herr Kranz von der Ruhrgas: „Wir haben morgen einen wichtigen Termin bei Gazprom in Moskau. Sie müssen sofort nach

Verbundnetz

Merkel und Holst auf der Bühne im Gewandhaus, 2008

München, in anderthalb Stunden geht dort der Flug nach Düsseldorf, Übernachtung im Sheraton, morgen um sechs Uhr geht es nach Moskau."

„Ja, und der Urlaub …?"

„Sie müssen sofort los, Herr Holst!"

Ich warf Hemd und Anzug in meinen Koffer und sprang sozusagen im Skianzug in ein Taxi nach München. Die Norwegerkarte hatte gestochen, in Moskau handelten wir einen Kompromiss aus und erzielten den Durchbruch. Wir hatten einen Grund zum Feiern, aber keine Zeit dafür, wir mussten zum Rückflug, ich wollte schließlich so rasch wie möglich wieder bei meiner Frau im Skihotel sein. Nun ja, die Kollegen der Ruhrgas hatten es nicht ganz so eilig, wir alle waren froh und erleichtert, und so hoben wir doch noch den einen oder anderen Wodka. Wir landeten in der Nacht in Düsseldorf, ein Weiterflug nach München war nicht mehr möglich. Im Hotel hörte ich am Telefon meine Frau kläglich wimmern: „Ein Italiener ist mir in die Seite gefahren. Ich habe mir die Rippen geprellt, jeder Atemzug ist eine Qual. Komm so schnell wie möglich."

Frau Merkel im ernsten Gespräch mit Herrn Miller von Gazprom

Wie sollte das gehen? Die Frühmaschine von Düsseldorf nach München war ausgebucht, ich ging zum Taxistand und fragte den ersten Fahrer: „Sind Sie bereit für eine längere Tour?"

„Natürlich."

„Dann los nach München zum Flughafen!"

Erschöpft saß ich im Wagen, mein Kopf sackte nach hinten, es gab keine Kopfstütze. Nach einer Stunde wurde es zugig. Der Fahrer hatte das Fenster heruntergekurbelt. Ich fragte, was los sei. In gebrochenem Deutsch sagte er, dass er nur ein wenig Luft brauche. War er jetzt doch müde? Ich machte kein Auge mehr zu. Es war eine Höllenfahrt. Als wir in München ankamen, vergaß ich, ihn um die Quittung zu bitten. Ein österreichischer Taxifahrer sollte zur Weiterfahrt bereitstehen, aber niemand wusste, wie er zu erreichen war. Ich stieg erneut in ein Taxi und fuhr von München in unseren Urlaubsort. SechsunDDReißig Stunden und wenig Schlaf! Später war ich um 2000 DM Taxigeld ärmer, aber glücklich bei meiner bewegungsunfähigen Frau.

Am 30. Januar 1994 unterschrieben wir einen Gasliefervertrag mit zwanzig Jahren Laufzeit. Die russische Seite hat ihn immer eingehal-

Biedenkopf und Holst, mit Alexander Medwedew im Rathaus, Mai 2008

ten, wirklich immer. Selbst als später Transitländer die Durchleitung erpresserisch verhinderten, fanden sie Wege, den Vertrag zu erfüllen.

Wie sich Russland, seine Menschen, seine Manager, seither geändert haben, wurde mir im September 2009 deutlich. Die VNG feierte in Leipzig 50 Jahre ihres Bestehens. Die Bundeskanzlerin hatte ihr Kommen zugesagt, da erschienen auch Gazprom-Chef Alexei Miller und sein Stellvertreter Medwedew. Für Miller hatten wir im Vorfeld keine Rede eingeplant, nun forderte ich ihn auf, einige Worte zu sprechen. Er ließ sich nicht lange bitten, kletterte auf die Bühne und legte aus dem Stegreif los, sprach über Deutschland, Russland und Schalke 04. Der Manager eines Weltkonzerns aus dem Land, das manche einst als Reich der Finsternis ansahen, sprach frei von der Leber weg, ungeplant und unzensiert, locker, witzig und schlagfertig. Wir müssen mit Russland, wir können mit Russland – es ist für beide Seiten sinnvoll und bereichernd.

P.S. Seit Oktober 2006 besteht ein Deutsch-Russisches-Rohstoff-Forum. Es wurde in Dresden im wiedereröffneten Grünen Gewölbe, der Schatzkammer Augusts des Starken, gegründet. Ministerpräsi-

124

Holst mit Alexander Medwedew, Mai 2008

dent Wladimir Putin und Bundeskanzlerin Angela Merkel waren die Schirmherren. Kernstück der Zusammenarbeit ist der wissenschaftlich-technische Austausch der ältesten Bergbauhochschulen der Welt, der Bergakademie Freiberg und des Bergbauinstituts Sankt Petersburg. Dieses nichtstaatliche Gremium hat seine Tätigkeit schrittweise auf die verschiedensten Wirtschaftszweige erweitert.

Auf dem zweiten Energiegipfel der Bundesregierung hatte mich die Bundeskanzlerin einen Tag zuvor in ordentlichem Anzug gesehen, nun sah sie mich im sächsischen Bergkittel zur Unterschrift kommen. „Wie sehen Sie denn aus?", sagte sie sehr freundlich.

„Ohne diesen Kittel ständen Sie heute nicht hier im Grünen Gewölbe", so meine Antwort.

Nun schaute sie wirklich verblüfft. „Wie das?"

„Die sächsischen Bergleute", sagte ich, „deren Ehrenkleid heute einige von uns tragen, haben über Jahrhunderte den Reichtum der sächsischen Kurfürsten mit Silber und Erzen gemehrt, so dass August der Starke diese Schatzkammer füllen konnte."

Diese Erklärung hat sie gefreut und als Putin nachfragte, worum es gegangen sei, hat sie es ihm weitererzählt.

Da taucht ein Kunde auf

Die VNG war in der Marktwirtschaft angekommen. Unsere Ware war Stadtgas aus heimischer Braunkohle und importiertes Erdgas, unsere Dienstleistung bestand darin, diese Ware zum Kunden zu bringen. Die Nachfrage war im Sommer naturgemäß geringer als im Winter. Wir hatten hervorragende Mitarbeiter, die Rohrleitungen und Verdichterstationen bauten, betrieben und instand hielten, wir besaßen unterirdische Speicheranlagen, in die wir das überschüssige Gas im Sommer einspeisten, um es im Winter herauszuholen. Mit technologisch begrenzten Mitteln hatten wir wirklich gute geologisch-technische Lösungen geschaffen, unter Mithilfe von Spezialbetrieben und wissenschaftlichen Einrichtungen wie der UGS Mittenwalde, Schachtbau Nordhausen und des Kali- und Steinsalzbetriebs Bernburg/Staßfurt sowie der Bergakademie Freiberg und des Instituts für Bergbausicherheit in Leipzig.

Wir kannten uns mit vielem aus. Nur mit einem nicht: mit Kunden.

Die Energiewelt in Deutschland und Europa, in die wir hineinsprangen, war damals in Versorgungsgebiete aufgeteilt. Das machte die Sache einfach: Alle Verbraucher, die auf dem Gebiet der ehemaligen DDR mit Gas versorgt werden wollten, „gehörten" uns. Aber für diese Versorgung mussten wir sie gewinnen und sie davon überzeugen, mit Gas zu heizen und zum Beispiel nicht mit Öl oder Strom. Das war unsere erste Begegnung mit dem Wettbewerb. Mit Hilfe der Ruhrgas machten wir uns daran, in diesem Wettbewerb um den Wärmemarkt mitzuhalten. Schon im Frühjahr 1990 fuhren Straßenbahnen in Leipzig, Halle und Dresden mit der Aufschrift „Erdgas – umweltfreundlich und günstig". Zunächst stand da noch der Zusatz „Ruhrgas liefert", aber die Kollegen aus Essen sahen schnell ein, dass das nicht ging.

Wo man jahrzehntelang Braunkohle oder Briketts in seinen Ofen geschaufelt hatte, war die Sehnsucht nach sauberer Energie groß, und ehe das Heizöl Händler und Abnehmer gefunden hatte, waren wir schon da. Die Preise waren bislang durch ein Preiskarteiblatt festgelegt gewesen, nun lernten wir, dass sie der entscheidende Punkt im Wettbewerb waren. Wir orientierten uns am Westen und dessen sogenannter Heizölbindung. Als das Erdgas Mitte der sechziger Jahre in Westdeutschland seinen Siegeszug antrat, heizten die Menschen überwiegend mit Heizöl. Die Ruhrgas fand den Weg, der dem Erdgas zum Erfolg verhalf und den Lieferanten aus den Niederlanden, der Sowjetunion und später aus Norwegen das sichere Gefühl gab, den richtigen Marktpreis zu erzielen. Diese Lösung schützte Deutschland wiederum vor einem Preisdiktat der Exporteure. Der Erdgaskunde bezahlte dabei immer ein bisschen weniger als der Heizölkunde. Der Öl-/Heizölpreis wurde gleichsam zur Weltenergiewährung. Stieg er an, dann stieg auch der Gaspreis, sank er, wurde auch das Gas billiger. Diesem System folgten wir und schlossen unsere Verträge entsprechend.

Eines Tages erfuhr ich, die Stadt Altenburg werde ab kommenden Winter Erdgas von der Kasseler Wingas erhalten. Wie das? Wir waren verblüfft, entsetzt, perplex. Die Stadt Altenburg rund 50 Kilometer südlich von Leipzig, die alte Skatstadt, hing seit ewigen Zeiten am Stadtgasnetz der VNG. Es kam uns vor wie der Prinzenraub von Altenburg fünfhundert Jahre zuvor. Ritter Kunz von Kauffungen hatte damals zur Durchsetzung von Forderungen sächsische Prinzen geraubt und sich in Altenburg verschanzt, war allerdings gefangengenommen und im sächsischen Freiberg geköpft worden. Dort ist auf dem Marktplatz noch der Stein ins Pflaster eingelassen, auf dem sein Kopf vom übrigen Körper fiel.

Ich ging nach Altenburg und hin zum frevelnden Ritter. Er war jetzt Oberbürgermeister und hieß Ungvari, was auf ungarisches Rittertum hindeutete. Und ich begann ihm zu erzählen und auf die Lage einzuschwören: Gegenseitige Hilfe sei jetzt geboten, wir hätten das richtige Produkt für die Verbesserung der Umwelt, wenn er es beziehe, sei das ein Beitrag zur Marktsicherung, die wiederum sichere Arbeitsplätze hier im Osten, schaffe Kaufkraft, die auch seiner Stadt zugutekomme usw.

Herr Ungvari, der kein Schwert trug, hörte mir aufmerksam zu. Als ich an die Stelle „Wir sind ein ostdeutsches Unternehmen mit ostdeutschen Wurzeln" kam, unterbrach er mich und bat mich ans Fenster mit den Worten: „Da woll'n wir doch mal seh'n, mit was für einem Auto Sie hier angekommen sind." Mir rutschte das Herz in die Hose. Wir blickten aus dem Fenster und er fragte mich nach meinem Auto. Am liebsten hätte ich auf einen Trabant oder Wartburg gedeutet, die da noch zuhauf herumstanden, aber ich blieb ehrlich und wies auf den mir von oben besonders riesig vorkommenden Audi V8.

„Da haben Sie aber Glück gehabt", reagierte er. „Wenn es ein japanischer Wagen gewesen wäre, hätte Ihre schöne Argumentation sofort an Schwung eingebüßt." Wir gingen zurück zu unseren Plätzen.

Er gab mir grundsätzlich recht. „Aber", fuhr er fort, „jetzt erzähle ich Ihnen die Geschichte aus meiner Perspektive." Im Hinblick auf die kommenden Winter und auf den dringenden Wunsch der Bürger hin, auf Holz und Braunkohle verzichten zu können, hatte er den Auftrag erteilt, bei der VNG nach Erdgas für Altenburg zu fragen. Ein Abteilungsleiter hatte dazu die Nummer gewählt, unter der er immer bei irgendeinem Problem mit der Versorgung angerufen hatte, die der technischen Netzabteilung. „Wir hätten gerne Erdgas", sagte er, „wann könnt ihr uns das liefern?" – „Moment mal bitte", der VNG-Kollege schaute in seinen Plan.

Dieser Plan wies aus, wie die Städte und Regionen Schritt für Schritt Erdgas erhalten sollten, eine gewaltige Aufgabe. Bis zum letzten Tag des Wechsels musste die Stadt, der Stadtteil, die Gemeinde, der Betrieb mit Stadtgas versorgt werden und ab dem nächsten Tag dann Erdgas erhalten. Neue Leitungen mussten verlegt, Anschlüsse gebaut und in den meisten Häusern die gesamte Installation und Geräte ausgetauscht werden. Eine Energierevolution in einem Drittel Deutschlands war in vollem Gange, und mit ihr waren damals in der VNG, den Regionalversorgern und Stadtwerken gerade einmal einige Dutzend Ingenieure beschäftigt.

Dem Anrufer aus Altenburg antwortete der Mitarbeiter also „planmäßig": „Na, so 1996/97", und das schien ihm schon ambitioniert. „Geht's vielleicht ein wenig schneller?" – „Nein, tut uns leid, eher geht es nicht." – „Wirklich nicht?" – „Nein, dann müssten andere länger warten."

Dies wurde Herrn Ungvari ausgerichtet. Der ließ nach einem anderen Anbieter suchen und fand ihn mit Wintershall in Kassel, gemeinsam mit deren Tochterunternehmen Wingas ein Joint Venture mit der russischen Gazprom. Das hatte gerade begonnen, in Thüringen Kunden zu suchen, und vereinbarte mit Altenburg die Lieferung von Erdgas schon für den Beginn desselben Winterhalbjahres, wozu noch schnell eine Leitung gebaut werden musste. Wintershall hatte verdeckt gereizt, den Skat bekommen, das Spiel gewonnen.

Uns wurde klar, dass der mitteldeutsche Wirtschafts- und Industrieraum Gefahr lief, der Konkurrenz zuzufallen. Ich nahm unsere versammelte Verkäuferschar in die Pflicht: „Keine Stadt, kein Kunde wird ab sofort ‚nach Plan' behandelt. Und wenn ihr", fuhr ich wutschnaubend fort, „mit euren Zahnbürsten das Rathausklo schrubben müsst, weil der Bürgermeister es verlangt, damit er unser Gas kauft." Unser Plan wurde auf einen flexiblen Handlungsrahmen zurückgestuft, die Priorität auf den Verkauf festgelegt, alles andere als Dienstleistung dafür deklariert. Herr Ungvari hatte uns gezeigt, was ein Kunde ist, ich bin ihm bis heute dafür dankbar. Von da an haben wir keinen Kunden mehr hergegeben, schon gar nicht kampflos.

Ab Mitte 1992 hatten wir dazu einen Profi im Haus, Wolfgang Eschment aus dem Harz, der damals gerade aus den USA zurückkam. Er hatte das „Klo-schrubben-Gen". Und noch etwas war uns deutlich geworden, die überragende, allerdings meist nicht direkt messbare Rolle der Kommunikation und des Marketings: miteinander über die gemeinsamen Ziele zu sprechen, sich intern genau abzustimmen, nach außen geschlossen unter einer Marke aufzutreten. Dabei bedeutet Marke nicht in erster Linie irgendein schickes Logo, sondern vor allem die Gesamtkultur eines Unternehmens und wie sie von außen wahrgenommen wird. Und es geht auch nicht darum, sich als Problemlöser und verlässlicher Partner darzustellen, man muss diese Unternehmenskultur und seine eigene Rolle in ihr verinnerlichen und leben.

Wenn wir im Vorstand über Sinn oder Unsinn einer Marketingmaßnahme stritten und Finanzkollege Wolff als Geldhüter zweifelnd die Stirn kräuselte, erzählte Eschment gern die Coca-Cola-Anekdote: Der Chef von Coca-Cola fliegt im Privatjet. Dreht sich der Pilot zu ihm um und sagt: „Ich hab mal 'ne Frage. Coca-Cola ist doch in aller Herren Länder bekannt, warum geben Sie trotzdem jedes Jahr Hunderte von Millionen Dollar für Werbung und Marketing aus? Das Geld könnte doch sinnvoller eingesetzt werden." – „Da hab ich 'ne Frage an Sie," antwortet der Coca-Cola-Chef: „Sind wir noch im Steigflug oder haben wir schon die Plateauphase erreicht?" Irritiert antwortet der Pilot: „Wir sind schon auf Plateau mit dem Jet." – „So", sagt der Coca-Cola-Chef knapp, „dann stellen Sie doch die Motoren ab, das spart."

In den zwanzig Jahren meiner Vorstandstätigkeit habe ich einige Plateauabstürze gesehen. Die Kunst ist es, die richtige Balance zwischen harten und weichen Faktoren zu finden.

Einige Zeit nach der Altenburg-Erfahrung rief ich vom Auto aus im Unternehmen an. „Verbundnetz Gas, ja bitte." Ich verlangte nach meinem Gesprächspartner und erhielt ihn, doch mir fiel die sehr knappe Anrede der Telefonistin auf. Ich rief noch einmal an, wieder die gleiche karge Begrüßung. Ich sagte meinen Namen und wurde sofort sehr freundlich nach meinem erneuten Begehr gefragt. Ich konnte sehr direkt sein, wenn es darauf ankam; hier wurde ich es: „Ich hätte", sagte ich, „ein Kunde sein können mit dem Wunsch, Gas bei der VNG zu kaufen. Der wäre doch durch Ihre magere Ansprache gar nicht dazu gekommen, seinem Begehren Ausdruck zu geben. Das wäre ihm im Hals stecken geblieben." Die ansonsten sehr verdienstvolle langjährige Mitarbeiterin entschuldigte sich mit Hinweis darauf, dass dies in der Vergangenheit ja auch nicht nötig gewesen wäre. Dies ließ ich im Jahr 1994 nicht mehr gelten und wir sprachen dann später noch weiter darüber, bis sie verstand und Besserung gelobte.

Bei der nächsten Zusammenkunft unserer Führungskräfte sprach ich das Thema Kommunikation und Kundenansprache an. Ich fragte, warum diese mangelhafte Art noch niemandem aufgefallen war, selbst dem Chef der Telefonzentrale nicht. Das hieß wohl, dass man es selbst für normal hielt, mit einem geblafften „Verbundnetz Gas" begrüßt zu werden. Herr Ungvari würde sich das nächste Mal sehr freuen.

Nach achtzehn Jahren hat die VNG übrigens Altenburg als Kunden zurückgewonnen. Manches dauert, manches wirkt lange nach.

Für die VNG waren neben dem Markt für die Versorgung von Haushalten die Industriekunden das wichtigste Segment. Hier ließ sich der komplizierte Prozess des wirtschaftlichen Umbaus der Plan in die Marktwirtschaft besonders gut ablesen. Für uns war leicht auszumachen, wo die Privatisierung erfolgreich umgesetzt worden war, wo nicht so richtig und wo die Treuhandanstalt, also der Staat noch der alleinige Besitzer war. Im ersten Fall hatten wir sofort hart verhandelnde Manager als Gegenüber, die die Marktpreise teilweise besser kannten als wir und uns die Hölle heiß machten. Wenn wir aber einen Vertrag geschlossen hatten, wurde nach Lieferung auch pünktlich gezahlt. Es gab Fälle, da war privatisiert worden, unsere Rechnungen mussten wir aber auf den Fidschi- oder Cayman-Inseln einreichen und diese wurden nicht bezahlt. Das roch nach der Methode Aufkaufen, Aussaugen, Wegwerfen! Gas gab es in solchen Fällen von uns nur noch nach Vorkasse. Die dritte Kategorie war die im Umgang schwierigste. Vor uns saßen da oft Geschäftsführer, die das Erdgas dringend für ihre Produktion brauchten, aber nicht rechtzeitig zahlen konnten, da sie erst die Bestätigung durch die Treuhand einholen mussten, und das dauerte oft länger, als uns lieb sein konnte. Ein Beispiel war das Chemiefaserwerk Premnitz, ein alter Chemiestandort in Brandenburg, der um sein Überleben kämpfte, und die VNG sollte es durch ihr Entgegenkommen richten. In der Treuhand begegneten mir derweil auch Hochmut und Inkompetenz.

Das Dilemma der VNG: Lieferten wir an zu viele Kunden Gas, das nicht bezahlt wurde, waren wir bald pleite. Lieferten wir kein Gas, waren bald erst unsere Kunden pleite und später ohne genügend Kunden auch wir. Jahrelang wandelten wir auf diesem schmalen Grat, ohne abzustürzen. In manchen Aufsichtsratssitzungen mussten wir von 200 Millionen DM an Außenständen berichten. Die Aktionäre runzelten die Stirn. Oft riefen Politiker an und beschworen uns, doch das Gas schnell, billiger, am besten umsonst zu liefern. „Denken Sie doch an die Arbeitsplätze in der Region", so sagte etwa Manfred Stolpe, der verdienstvolle Ministerpräsident von Brandenburg, mit Verweis auf Premnitz. In den meisten Fällen, so in Leuna und Piesteritz, fanden wir gangbare Lösungen, in Premnitz konnten wir langfristig nicht helfen, weil der Markt für die dort hergestellten Produkte verloren war.

Die VNG hat sich in dieser Zeit einen guten Ruf in Politik und Wirtschaft erarbeitet. Unser erster großer Industriekunde in der Marktwirtschaft war das Sodawerk in Bernburg. Es gehörte nach 1990 wieder der Soda-Solvay-Gruppe in Charleroi bei Brüssel, das nach 1945 zwangsenteignet worden war und sein Werk nun von der Treuhandanstalt zurückerhalten hatte. 1863 von den Brüdern Solvay gegründet, hatte Ernest Solvay 1865 sein Patent zur Ammoniak-Soda-Herstellung angemeldet, immer weiter verbessert und ab 1880 eine preiswerte Massenherstellung entwickelt. 1883 errichtete die Firma Solvay ein Werk in Bernburg a.d. Saale. Die Region Staßfurt/Bernburg war die Wiege des deutschen Kali- und Steinsalzbergbaus, noch heute sind in Staßfurt die Schachtabschlüsse der ersten deutschen

Herr Bosse von Solvay, dem ersten großen Industriekunden der VNG

Kalischächte aus den 1850er Jahren zu finden. Ich hatte meine Ingenieurtätigkeit 1968 in diesem Gebiet begonnen. Bei unserem Ziel, Hohlräume im dichten Steinsalz zu schaffen, um Erdgas darin einzulagern, entstand quasi als Abfallprodukt Salzsole, die als Ausgangsprodukt in der Sodaindustrie gebraucht wurde. Die beruflichen Kontakte, die damals mit den Kollegen der Kali- und Steinsalzindustrie entstanden, bestehen zum Teil bis heute.

1991 kam die Geschäftsführung der deutschen Solvay-Tochter aus Hannover und verhandelte mit uns über Salzsoleabsatz und Erdgaslieferung. Dieser Fall gehörte in die Kategorie „Das Gegenüber weiß mehr als wir". Da erschien Herr Bosse, der schon durch Körpergröße, Gewicht und seinen grollenden Bassbariton Angstschweiß auf die Stirn trieb, in seinem Gefolge ein Rudel Terrier. Sie pressten auch noch das letzte Zugeständnis aus uns heraus. Bosse war trotzdem ein Glück für die Region und auch für die VNG. Die Solvay-Muttergesellschaft entschied damals gerade, wo in welchen der vierzig Länder, in denen sie tätig war, sie rund 500 Millionen DM investieren wollte.

In diese Schlacht um die Investitionen warf sich Bosse. Er war in Bernburg geboren, dort hatte er Abitur gemacht, ehe er auf der ganzen Welt für Solvay tätig wurde. Nun schlug sein Herz für seine alte Heimat. Er präsentierte seinem Aufsichtsrat attraktive Zahlen für Rohstoffe und Erdgas, die er uns zuvor abgepresst hatte. Der Aufsichtsrat entsandte den für Deutschland zuständigen Solvay-Vorstand, um die Belastbarkeit des Bosse'schen Zahlenwerks, besonders die des ostdeutschen Partners VNG unter die Lupe zu nehmen. Die harten Fakten waren belastbar, wir standen zu unseren Angeboten. Aber nun kamen die nicht zu beziffernden weichen Faktoren ins Spiel: die vielzitierte Chemie zwischen den Partnern. Ob man einander gut riechen kann und sich längerfristig aneinander binden mag. Und ob die Kulturen zueinander passen.

In den Köpfen der belgischen Vorstände waren wir vielleicht die Leute aus dem Land von Marx und Lenin, und wenn das der Fall sein sollte, musste diese Vorstellung schnellstmöglich wieder raus aus den Köpfen. Wir konnten Solvay-Vorstand L. Chemiewerke, Verdichterstationen, Gasleitungen zeigen, aber wir fragten Bosse nach dessen besonderen Interessen. Er antwortete, Herr L. sei ein großer Freund von Porzellan, besonders von chinesischem. (Fragen Sie Ihre Mitarbeiter immer nach ihren Hobbys und Interessen, es ist so wichtig, das zu wissen, denn oft verschafft es im Wettbewerb den winzig kleinen, aber entscheidenden Vorteil.)

Nun hatte Lutz Miedtank, zuständiger Einkaufsdirektor der VNG, ein ‚kleinbürgerliches' Hobby, er kannte sich bestens mit Meißner Porzellan aus, hatte auch ein Büchlein über das Zwiebelmuster verfasst und uns nach 1990 schon so manche Sponsoren-Mark für die Porzellansammlung im Dresdner Zwinger aus dem Kreuz geleiert. Der war nun unser Mann der Stunde. Die VNG bekam mit ihren Gästen eine Sonderführung durch die Magazine des Porzellanpavillons, der einzigartigen Porzellansammlung im Dresdner Zwinger. Was man oben in den Ausstellungsräumen zu sehen bekommt, steigert sich dort unten ins Unermessliche. Für einen Kenner und Liebhaber wie unseren hohen belgischen Gast war das ein Fest. Wir hatten einen Volltreffer gelandet.

Der Chef der Sammlung, Herr Pietzsch, tat mit seiner unglaublichen Fachkompetenz ein Übriges. So erzählte er uns die Geschichte von den Dragonervasen. August der Starke, der nach eigener Aussage an „maladie de porcelaine", Porzellanbesessenheit, litt, baute zwischen 1710 und 1730 die größte Porzellansammlung Europas auf. Er erwarb das Holländische Palais, um dort seine Sammlung von Porzellan aus China und Japan, aber auch aus eigener Meißner Produktion auszustellen. Schon das erste Inventar von 1721 wies mehr als 23 000 Stücke aus, bis 1735 wuchs die Sammlung auf 35 000 Objekte an. Nach dem Zweiten Weltkrieg wurde sie in die Sowjetunion gebracht und 1958 an Dresden zurückgegeben. Ab 1962 wurden die jetzt rund 20 000 Stücke im wiedererbauten Zwinger untergebracht. Zu ihnen gehören auch die Dragonervasen, rund einen Meter hohe chinesische Deckelvasen mit blauer Unterglasurmalerei. Ihre Geschichte zeigt sehr schön die Unterschiede zwischen Preußen und Sachsen. Derweil nämlich August der Starke seine Porzellansammlung aufbaute, brauchte Friedrich

Haveldükerung bei Strohdehne beim Bau der Erdgastrasse
Steinitz–Bernau, Juli 1993

Wilhelm I. von Preußen Soldaten und Ausrüstung für seine Armee. 1717 kommt es zu einem Tausch: 151 chinesische Deckelvasen gibt der Preußenkönig und erhält dafür vom sächsischen Kurfürsten 600 Dragoner.

Krieg gegen Kunst ... Unsere belgischen Gäste staunten, wir alle waren begeistert. Den Vertrag haben wir fast nebenbei am Abend desselben Tages unterschrieben. Alles war für beide Seiten sinnvoll und gewinnbringend ausverhandelt. Die Freigabe zur Unterschrift jedoch, da bin ich mir sicher, erfolgte letztlich durch den Schluss: Wer sich derart in uns hineinversetzt und dann so etwas organisiert, der ist der richtige Partner für die Zukunft. Unsere Geschäftsbeziehung hält bis heute an.

Bosse blieb ein Partner und Freund der VNG. Ihm widerfuhr die Ehre, zum „Ehrenarschlederträger" der VNG gekürt zu werden. Dieses unschuldige kleine Marketinginstrument geht zurück auf einen alten Bergmannsbrauch. Die Bergleute im Erzbergbau trugen bei ihrer schweren Arbeit unter Tage zum Schutz des Allerwertesten – ein Leder eben, das Arschleder. Ein solches Leder verleiht die VNG jedes Jahr am Bergmannstag, dem Tag der heiligen Barbara, der Schutzheiligen der Bergleute.

Zuvor hat der Kandidat allerlei unsinnige Aufgaben zu erledigen: Er muss mit Peperoni und Senf belegte Schmalzstullen vertilgen, zweihundert Gramm mit Pfeffer gewürzten Wodka herunterkippen, um ihn nach einem Balanceakt mit einem Zweiterglas voll Bier nachzuspülen oder in dreihundert Metern Tiefe eine Wagneroper vom Blatt singen oder ähnlich erbauliche Dinge. Nach erfolgreichem Absolvieren und dem Ja-Wort einer Kommission wird dem Delinquenten das Leder umgegürtet, er muss sich vorbeugen und auf einem Tisch oder Stuhl abstützen, dann treten alle nacheinander, vom Prüfling unerkennbar, an ihn heran, um ihren Namen auf das Leder zu schreiben und ihn mit

Mit dem Zünden der letzten Stadtgasflamme war nach vier Jahren und sechs Monaten die Umstellung auf Erdgas in Ostdeutschland abgeschlossen. Leipzig, 14. 6. 1995

einem kräftigen Schlag mit der flachen Hand sozusagen einzubrennen. Nach dreißig bis vierzig Malen weiß der Arsch, was er sich da eingehandelt hat. Es ist jedes Mal eine große Gaudi und sorgt nahezu kostenlos für lebenslang haltende Verbindungen. Seit 1990 wird der Brauch gepflegt, Pautz und Middelschulte (Ruhrgas) wurden die ersten Träger, die Liste der Geehrten hat sich seither mit Namen angesehener Männer der Branche gefüllt. Frauen haben bis auf die heilige Barbara keinen Zutritt, aber diese derbe Prozedur ist wohl auch nichts für sie.

Neben den Industriekunden waren und sind wichtige Kunden im Wärmemarkt auch die Regionalverteiler und Stadtwerke, die sich mit Hilfe der Treuhand auf kommunaler Ebene bildeten – eine große logistische und wirtschaftspolitische Leistung aller Beteiligten.

Auch wenn ich in meinen Geschichten, aus meiner Sicht und Erinnerung den Blick vor allem auf die VNG richte, so möchte ich an dieser Stelle betonen, dass die erfolgreiche Energierevolution 1990/91 auf dem Gassektor natürlich das Ergebnis einer Leistung der gesamten Branche in ganz Deutschland ist. Thüga aus München, Westfälische Ferngasgesellschaft aus Dortmund, VEW Dortmund, Gasunion aus Frankfurt am Main, Bayerngas aus München, Hamburger Gaswerke, Gasag-Berlin, EWE Oldenburg, zahlreiche Stadtwerke von Kiel über Essen nach Karlsruhe und Nürnberg bis Köln und Düsseldorf, um nur einige zu nennen, engagierten sich in allen Regionen Ostdeutschlands so wie die Ruhrgas bei der VNG in Leipzig – eine große Leistung, die überwiegend in einvernehmlichem Miteinander erfolgte.

Dass auch Fehler geschahen, gerade was unsere Ausbildung zur „Kundenerkennung" betraf, zeigt abschließende Geschichte. Ein Kollege aus dem brandenburgischen Raum klagte mir eines Tages sein Leid: Ein Westkollege, im Marketing eingesetzt, ließ nichts unversucht, die Kunden in der Region ständig mit seiner Inkompetenz vor den Kopf zu stoßen. Ich sprach mit dem zuständigen Aufsichtsratsvorsitzenden aus Nordrhein-Westfalen J. König, der schon viel Gutes für seine alte Heimat getan hatte, und erkundigte mich ganz vorsichtig, ob er Herrn X. kenne und was er von ihm hielte. Seine Antwort war ehrlich und verblüffend: „Natürlich kenn ich ihn, den habe ich ja dorthin gebracht. Er fühlte sich bei uns immer zu Höherem berufen, aber das war er nicht, und so fand sich in der Mark Brandenburg eine Lösung, die uns beiden half: Wir sind ihn in der Zentrale los und er hat einen angemessenen Posten." Bevor mich die Wut packte, fragte ich noch sicherheitshalber: „Was ist denn seine Aufgabe bei euch gewesen?" – „Leiter des Liegenschaftsdienstes", so die Antwort. Da war es mit meiner ohnehin nicht immer leicht zu kontrollierenden Beherrschung dahin. Ein Papierwurm betreute hier unsere Geschäftspartner. Gerade auf dem Gebiet Marketing und Kundenbindung benötigten wir im Osten die meiste Hilfe, unser Nachhol- und Lernbedarf war riesig. Und dann wurde uns ein Kollege vom Liegenschaftsdienst geschickt.

Zur Ehre sei gesagt, dass diese Sache schnell korrigiert wurde, aber ich bin sicher, dass das nicht bei jeder Fehlentscheidung im Osten der Fall war.

Pod jedna korona – Unter einer Krone

Das Wirtschaftsministerium von Mecklenburg-Vorpommern rief bei der VNG an: „Auf den Inseln Rügen und Usedom stehen die Touristikinvestoren Schlange. Dort gibt es Hotels und Pensionen, Alt- und Neubauten en masse, aber man braucht dringend Erdgas zum Heizen. Es ist keines zu bekommen, die örtlichen Versorger, die Stadtwerke können nur Stadtgas aus Braunkohle liefern, das auch noch zu teuer ist, alle verweisen uns auf die VNG. Können Sie mir sagen, wann wir es haben können? Es muss schnell gehen." Wir schauten in unseren berühmten Plan. Der sah vor, im Süden zu beginnen, wo das Erdgas schon durch die Leitungen floss, es sollte sich über Berlin Richtung Norden vorankämpfen und kündigte so für 1997/98 sein gefeiertes Eintreffen an der Ostsee an. Die Mecklenburger und Vorpommern sprangen im Quadrat. – Rügen wurde schließlich von der EWE aus Oldenburg für Erdgas erschlossen, die verstanden etwas von Inselversorgung, wir kümmerten uns um Usedom.

Nach dem Zweiten Weltkrieg war Deutschland das aussätzige Land unter den Ländern Europas. Hitlers Regime ließ die Wehrmacht, SS und Gestapo über den ganzen Kontinent herfallen, sie richtete Grausamkeiten und Zerstörungen an, die sich tief in das Leben und die Erinnerung der Menschen eingruben. Zwischen vielen Staaten hatten ohnehin schon zum Teil jahrhundertelang Konkurrenz und Feindschaft geherrscht, nun stand man vor der gewaltigen Aufgabe, dem ein für alle Mal ein Ende zu bereiten und die Aussöhnung anzugehen. Vielen Ländern gegenüber hatte sich Deutschland schuldig gemacht, doch eine der wichtigsten Fragen war sicher die, wie es unserem Land gelingen sollte, mit Frankreich und mit Polen zu Frieden und Freundschaft zu finden.

1962 setzten Charles de Gaulle und Konrad Adenauer mit einem Gottesdienst in der Kathedrale von Reims ein Zeichen für den Beginn der deutsch-französischen Aussöhnung, später gefolgt von der Unterzeichnung eines Freundschaftsvertrags. Ich habe immer voller Bewunderung auf diese großartige Entwicklung geschaut, auch ein wenig neidisch, weil wir von ihr ausgeschlossen waren. Nach Mauerfall und Wiedervereinigung hatten wir Menschen im Osten Deutschlands

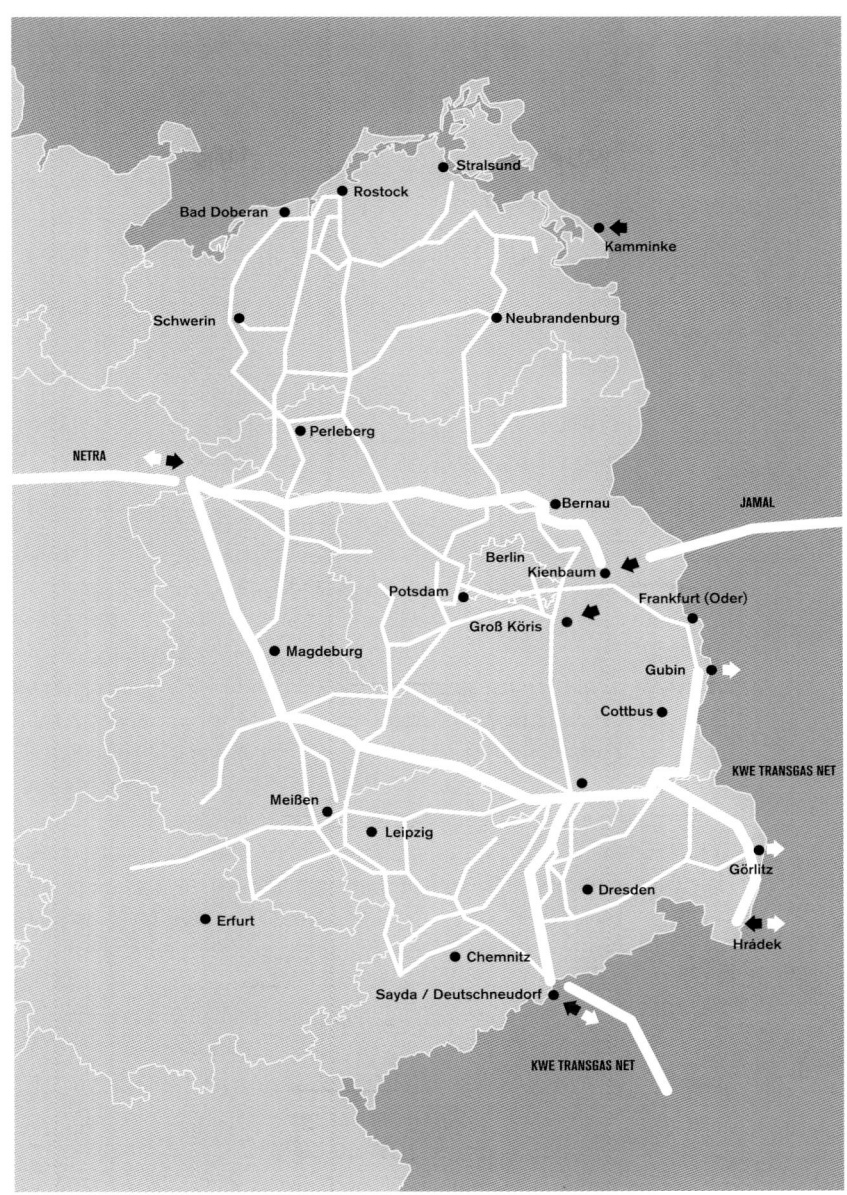

Erdgasverbindungen zwischen Polen, Nordböhmen und Deutschland

Drei Partner: PGNiG, Ruhrgas, VNG – Deutsch-Polnische Zusammenarbeit bei der Erdgaslieferung, Essen 1995

die Chance, selbst bei einem großen Aussöhnungsprojekt, dem mit unserem Nachbarn Polen, mitzuwirken. Das kann, nach Jahrhunderten der Missachtung des polnischen Volkes, nach zahlreichen Kriegen und nach Auschwitz nicht von heute auf morgen und nur durch behutsame Schritte und Gesten geschehen. Dort, wo man selbst steht und Verantwortung trägt, kann man etwas dazu beitragen.

Wir empfanden unseren östlichen Nachbarn Polen, und auch unsere südlichen Nachbarn, die Tschechen und Slowaken, sogleich als Verbündete bei unseren Bemühungen um die grundlegende Neugestaltung der Lebensbedingungen und vergaßen auch nicht, dass es ohne Solidarność, ohne den Streik der Danziger Werftarbeiter und Lech Walesa, auch ohne Papst Johannes Paul II. wohl nicht zu unserer Friedlichen Revolution vom Herbst 1989 gekommen wäre. In Sachen Wirtschaft, Wiederaufbau, Aufbruch in ein neues System hatten wir es viel einfacher als die polnischen Kollegen. Wir waren sofort dem Westen angeschlossen, der EU, einem freiheitlichen Rechtssystem, und die VNG war durch das Engagement der Ruhrgas und ihrer Aktionäre bald handlungsfähig. Der mit uns vergleichbare Partner in Polen blieb ein schwerfälliger Staatsbetrieb, der nach jeder Wahl – und es wurde da-

140

mals oft gewählt in Polen – mit einem neuen Chef und Management rechnen musste. Das machte den Weg in Polen und die Entwicklung einer langfristigen, gedeihlichen Zusammenarbeit nicht einfacher.

Schauen wir zunächst in die Region direkt vor der Grenze zu Polen, nach Usedom. Sie ist rasch mit Erdgas zu beliefern. Dort liegen die Kaiserbäder Ahlbeck, Heringsdorf und Bansin; sie werden so genannt, weil Kaiser Wilhelm II. dort gerne ausspannte. Seinem Beispiel sollten bald viele Menschen folgen, vor allem Berliner, sodass eine beeindruckende Bäderarchitektur entstand. Nach dem Zweiten Weltkrieg gehörte Swinemünde zu Polen, und die Westberliner fielen als Gäste weitgehend weg. An ihrer Stelle kamen nun die Sachsen, die schönen Villen wurden Heime des FDGB, der Stasi und der Politoberen und verfielen wie so viel Bausubstanz in der DDR. Nach 1989 kam wieder Bewegung in die Urlaubsregion, die Investoren rückten an und riefen nach Energie.

Auf der polnischen Seite gab es eine wenig genutzte Erdgaslagerstätte, die zapften wir in Zusammenarbeit mit den polnischen Kollegen an, bauten eine Leitung, die bei Kamminke über die Grenze führt, regelten den Druck herunter, und so war Usedom mit polnischem Erdgas erschlossen. Kamminke ist ein kleines Dörfchen direkt auf der deutschen Seite der Grenze am Fuß des Golm. Der Golm ist die höchste Erhebung der Insel. Früher schaute man aus einem Ausflugsrestaurant weit übers Land. Heute liegen hier viele Kriegsopfer besonders aus den letzten Wochen und Monaten des Zweiten Weltkriegs, zivile Opfer der Bombardierung und Zerstörung Swinemündes am 12. März 1945, Opfer der Kämpfe in Ost- und Westpreußen sowie Pommern und von den Lazarettschiffen. Am Fuß des Bergfriedhofs steht ein Häuschen mit gelben Signalstangen, es ist eine Reglerstation der VNG, über die seit 1992 Erdgas in die Kaiserbäder und in jede gewünschte Gegend der Insel gelangt.

Kamminke war die erste einer ganzen Reihe von „Blutbahnverbindungen" zwischen beiden Unternehmen und Ländern. In der Mitte der langen Grenze kam Guben/Gubin hinzu, die zweigeteilte Textilstadt, und im Süden Lasow. Hier lief das Gas genau in die andere Richtung. Polen wollte in den Regionen Schlesiens, deren Strom und Wärme lange durch Steinkohle produziert worden war, nun auch Erdgas einsetzen, vor allem zur Wohnraumbeheizung, aber es gab keines. Die

VNG baute eine dreißig Kilometer lange Erdgasanschlussleitung an die polnische Grenze – ganz ohne Bundesnetzausbauplan, ganz ohne Energiewendeplan. Da war ein Kunde der Zukunft, also investierten wir. Im Februar/März 1993 wurde so in Zusammenarbeit mit der sächsischen Staatsregierung und der polnischen Politik eine neue Gasautobahn von Sachsen nach Polen in Betrieb genommen. Wir hatten allerdings ein Finanzierungsproblem, weil die Polen das Gas nur schwer in D-Mark bezahlen konnten. Also vereinbarten wir zunächst eine Art Tauschgeschäft.

Unsere Zusammenarbeit im Zeichen von Verlässlichkeit schuf Vertrauen zwischen den Nachbarn. Da erhielt ich eine Einladung vom Generaldirektor der Staatlichen Kunstsammlungen Dresden. Wir trafen uns und er stellte das Vorhaben einer großen Kunstausstellung zum Thema Sachsen und Polen vor: „Pod jedna korona – Unter einer Krone". In Warschau und Dresden sollte sie gezeigt werden. Ihr Anlass war der 300. Jahrestag der sächsisch-polnischen Personalunion: August der Starke, Kurfürst von Sachsen, war ab 1697 als August II. auch König von Polen und Großfürst von Litauen.

Das maßgebliche Wirken Augusts des Starken in Sachsen hat Auswirkungen bis heute und ist besonders sichtbar im nach 1990 wiedererstandenen „Elbflorenz" Dresden. Ihm verdankt die sächsische Wirtschaft mit ihrem Messestandort Leipzig ihre Exportorientierung und mit seiner Gründung der „Königlich-Polnischen und Kurfürstlich-Sächsischen Porzellan-Manufaktur" in Meißen die erste Verbreitung des Porzellans in Europa. Seinen Beinamen „Der Starke" erhielt er aufgrund seiner legendären Körperkräfte.

Über die wechselvolle Zeit seiner Herrschaft und ihre Bedeutung für das deutsch-polnische Verhältnis bis heute sollte es also eine große Ausstellung geben. Als Schirmherren waren der polnische Präsident Aleksander Kwasniewski und Bundespräsident Roman Herzog gewonnen, Kurt Biedenkopf als Initiator, die Außenminister Rosati und Kinkel waren mit dabei, auch Jastrzebski und Wagner, die Oberbürgermeister von Warschau und Dresden, es brauchte nur noch eine Geldspritze. Uns überzeugte das Konzept: Die sächsisch-polnische Zusammenarbeit war früher erfolgreich – und sollte es jetzt wieder werden. Die VNG beteiligte sich an der Finanzierung, wir waren bei der glanzvollen Eröffnung im Warschauer Schloss mit dabei, saßen mit

Empfang im Warschauer Schloss anlässlich der Eröffnung des VNG-Büros in Warschau. V. l. n. r.: Bogumil Król, Gerhardt Wolff, Joachim Wagner, Stefan Geron, Klaus-Ewald Holst

unseren polnischen Kollegen zusammen, hörten die Reden der beiden Präsidenten, konnten mit dem Nachfolger Augusts des Starken, „König" Kurt Biedenkopf sprechen und verabredeten die weitere enge Zusammenarbeit beim Ausbau der Gaswirtschaft in beiden Regionen, beiden Ländern. Auch Polen musste sich mit dem Thema Diversifizierung beschäftigen, um nicht ganz von Gaslieferungen aus Russland abhängig zu sein. Da konnten wir, die wir durch unsere Zusammenarbeit mit Gaslieferanten aus Norwegen Erfahrungen gesammelt hatten, helfen.

Roman Herzog hatte in seiner Rede, die simultan ins Polnische übersetzt wurde, viel über die Geschichte gesprochen und die Zeit der Personalunion als harte Phase für das polnische Volk dargestellt, das viel unter Zwang und Unterdrückung hatte leiden müssen, während man jetzt einer gemeinsamen lichten Zukunft entgegensehe. Mir gefiel, was unser Präsident damit zum Ausdruck bringen wollte. Beim anschließenden gemeinsamen Essen allerdings erzählten mir polnische Kollegen, sie sähen die Zeit unter König August II. längst nicht so negativ wie unser Bundespräsident. Sie hätten dabei den Ausbau der Residenz in Warschau im Sinn, den Aufschwung von Kunst, Wissenschaft und Handel nach 1720, und sie selbst hätten den Rückblick in die Historie viel positiver dargestellt, als Blaupause für unsere gemeinsame Zukunft, in der man sich in der EU eben wieder „pod jedna korona"

143

zusammenfinden würde. Wir waren erst überrascht, dann sehr erfreut über diese polnische Sicht auf die Vergangenheit.

Die Ausstellung wurde ein großer Erfolg für beide Seiten. Wir hatten nur mit ein wenig Geld und unserer Anwesenheit zu ihr beigetragen, aber den Titel der Ausstellung haben wir seither zum Motto auch unserer partnerschaftlichen Geschäftsbeziehungen mit Polen gemacht.

Zwei Jahre später, 1999, eröffneten wir ein VNG-Büro in Warschau. Die Feier fand auf dem Schloss statt, an demselben Ort wie die Eröffnung der Ausstellung. Sehr viele Menschen waren gekommen – gute Arbeit der Kollegen vor Ort, dachte ich. Es gab wohl aber noch einen anderen Grund für das volle Haus. Damals kam Papst Johannes Paul II. zu Besuch in seine Heimat und brachte ganz Polen auf die Straße; für diese Tage galt ein Alkoholausschankverbot. Unser Mann vor Ort jedoch, Bogumil Król, zu Deutsch also Bogumil König, hatte für das Warschauer Schloss eine Ausnahmegenehmigung erwirkt. Das stand zwar nicht in der Einladung, sprach sich aber natürlich herum.

Bogumil Król hat uns in Polen überhaupt sehr geholfen. Das Verhältnis Polen-Deutschland, Polen-Sachsen lag ihm am Herzen, und nach 1990 hatte er als Generalkonsul Polens in Sachsen viel Gelegenheit, in diesem Sinne zu wirken. Er war ein ausgezeichneter Kenner der Kultur und Geschichte beider Länder. Seine Kenntnisse etwa über die deutsche Literatur waren phänomenal. Eines Tages hatte er sich bei mir, der ich als norwegischer Honorarkonsul sein Kollege war, zur Verabschiedung angemeldet. Er sollte als Botschafter Polens nach Angola ins heiße Afrika gehen – eine Ehre für ihn, aber auch eine Strapaze für einen Mann über sechzig. Zum Mittagessen tranken wir eine Flasche Rotwein, das beflügelte meine Gedanken und milderte meine natürliche Hemmung einem gestandenen Diplomaten gegenüber. So fragte ich ihn, ob er sich vorstellen könne, unsere Vertretung in Warschau aufzubauen und zu leiten. Er konnte, und so kam es zu unserem Büro und seiner feierlichen Eröffnung auf dem Warschauer Schloss.

Wenn man in einem fremden Land etwas erreichen will, braucht man jemanden, der in ihm wirklich zu Hause ist, daran hat mich das Beispiel Bogumil Król immer erinnert. Wenn er dann noch Kenntnisse über das andere Land hat, umso besser. Man muss aber auch zuhören können und bereit sein, sich auf das neue Land und seine Leute einzulassen. Wir haben zusammen polnische und deutsche Volkslieder gesungen, er kam nie ohne Blumen zum Flugplatz, wenn eine Frau zu empfangen war, sein Handkuss und seine Komplimente waren unerreicht. Mit Mitte siebzig noch war er kämpferisch und mitreißend wie eh und je. Wir waren uns auch immer einig, was die Einschätzung unseres Verhältnisses zu Russland betraf: Ohne Russland geht es nicht – besonders in der Gaswirtschaft gilt dies ohne Abstriche. Genau hier aber lag die unsere drei Länder verbindende Geschichte oft quer.

Kurz vor unserer Eröffnungsfeier in Warschau lernte ich einen Polen kennen, der an diesem Abend mit seiner Frau unser Gast war, Aleksander Gutsowaty. Er war durch eigenunternehmerische Leistung zum rechten Zeitpunkt reich geworden. In der Umbruchszeit 1990/91 hatte er ein Barter, das heißt ein Warentauschgeschäft mit Weizen gegen Erdgas zwischen Polen und Russland organisiert. Die einen bekamen Gas zum Heizen und für die Industrie, die anderen bei eigener schlechter Ernte Getreide. Bei sehr großen gehandelten Mengen kann dabei schon eine geringe Gewinnmarge reich machen. Gutsowaty trat immer für eine vernünftige wirtschaftliche Zusammenarbeit mit Russland ein und handelte entsprechend, nur machte ihn diese Kombination aus Reichtum und Eintreten für Russland weder in Polen noch in Deutschland allzu beliebt. Seine Idee war, zur Diversifizierung der Gasversorgung Polens eine Leitung von Bernau nördlich von Berlin nach Szczecin/Stettin zu bauen und so Gas aus dem Westen in den schlecht erschlossenen Norden Polens zu bringen. Er konnte die Ruhrgas dafür begeistern, und auch wir sollten mit von der Partie sein, doch die Sache ist leider nie realisiert worden, die subjektiven Widerstände in Polen gegen das „Gutsowaty-Projekt" waren unüberwindbar. Er hat gekämpft; warum es nicht gelang, wissen nur die, die dagegen waren.

Das polnische Wirtschaftsministerium lud einmal zum Gespräch ein, Fragen zur Diversifizierung der Gasbezüge zu diskutieren, auch uns, die VNG. Wir berichteten, was wir gleich nach 1990 dazu unternommen hatten. Viele Fragen und Argumente waren bereits über den Tisch gewandert, als ein politischer Staatssekretär hinzukam, mit dem alles noch einmal von vorn losging. Eingangs verkündete er erst einmal, Erdgas aus Russland sei schlecht, Polen brauche anderes. Wir schauten verblüfft, meine Antwort war, dass ich das unseren Kunden so nicht sagen würde, im Übrigen ginge es immer um Methan, und Moleküle hätten keine nationale Abstammung. Wir verständen aber den polnischen Wunsch nach Erdgas aus verschiedenen Richtungen, aus Wettbewerbsgründen und zur Versorgungssicherheit, und würden gerne helfen. Der Staatsdiener blieb bei seiner Aussage zum „schlechten Gas", das sei Politik und davon verstünde ich nichts. (Ich war froh, dass er damit recht hatte).

Natürlich wünscht man sich von einem Staatssekretär eine staatsmännischere Sicht der Dinge in einer so wichtigen Angelegenheit, aber gerade in der Energiewirtschaft in der EU ist der Einfluss der Politik immer größer geworden. Und man muss dieses aus der Geschichte herrührende, teilweise irrationale Verhalten mancher Partner in Polen, wenn es um Russland oder Deutschland geht, eben berücksichtigen oder wenigstens auf Einwände aus dieser Richtung gefasst sein und darf darüber nicht erschrocken aufhören zu handeln. Dies gilt umso stärker, wenn Deutsche und Russen über Dinge reden oder verhandeln, die auch Polen angehen oder tangieren.

Dies betraf später in besonderem Maße die Nord Stream Pipeline, die von Russland durch die Ostsee nach Westeuropa verläuft. Mehrfach hatte es Schwierigkeiten bei der Belieferung Westeuropas mit Erdgas aus Russland gegeben, jedes Mal folgte berechtigte Aufregung. Versorgungssicherheit wird immer dann zum Politikum, wenn sie gefährdet ist, die Aufmerksamkeit muss allerdings viel früher einsetzen und Maßnahmen brauchen oft viele Jahre zu ihrer Umsetzung. Das hat die Gasindustrie besonders auch in Deutschland über Jahrzehnte mit dem Bau unterirdischer Gasspeicher getan, der Staat hat nichts hinzugegeben und musste es auch nicht. Seit er selbst aber immer mehr regulierend in die Abläufe eingreift, wird er es wohl in Zukunft immer öfter tun müssen.

Nun fand ganz Europa den Schuldigen an diesem Problem in der russischen Gazprom, wobei (teils willentlich) nicht zur Kenntnis genommen wurde, dass die Handelswege, sprich Leitungen in den Händen weißrussischer und ukrainischer Raubritter lagen. Die europäische und deutsche Politik, die sich später so sehr in den Fall Julija Timoschenko einbrachte, hielt sich hier vornehm zurück, und die russische Informationspolitik war natürlich auch lausig. Im Übrigen hat nicht ein Kunde in Deutschland auf sein Gas verzichten müssen, wir hatten vorgesorgt. Russland aber entschied für sich, unabhängig von den Wegelagerern zu werden und beschloss, die eigentlich unsinnige

Umgehungsleitung durch die Ostsee zu bauen. Deutsche, französische, niederländische Unternehmen beteiligten sich aus gutem Grund. Das Ganze geschah aber ohne Einbeziehung der Polen und dies erweckte bei unseren Nachbarn sofort wieder Ängste. Zumindest die deutsche Regierung hätte frühzeitig das klärende Gespräch suchen müssen. Letzten Endes hat diese Geschichtsblindheit viel Zeit und Geld zur Überwindung der Widerstände gekostet.

Gleichwohl wächst das gegenseitige Verständnis. Polen ist ein wichtiges Mitglied der EU und damit unter einer neuen Krone. In seinem Buch „Grenzfälle" aus dem Jahr 2002 beschreibt der Journalist Peter Haffner, wie er von Görlitz/Zittau bis Swinemünde die deutsch-polnische Grenze hinabfuhr und dabei Menschen auf beiden Seiten besuchte. Seine Eindrücke sind ein herrlicher Spiegel, in dem sich Deutsche und Polen erkennen können. Die VNG hat das Buch ins Polnische übersetzen lassen, damit es nicht nur auf deutscher Seite gelesen wird.

Da ich bereits über das alte Sachsen unter August dem Starken geschrieben habe, soll es auch kurz noch um das neue unter Biedenkopf gehen, dem ungekrönten „König Kurt". Auf einer Reise nach Norwegen erzählte mir Harald Ringstorff, damals Ministerpräsident von Mecklenburg-Vorpommern, dass er mit kleinem, unschuldigem Neid nach Sachsen schaue. Besonders imponiere ihm der landsmannschaftliche Stolz der Sachsen, das entstehende Wir-Gefühl, das er dort festmachte und mit dem Namen Biedenkopf verband.

Mitte der neunziger Jahre hörte ich zudem folgende Geschichte: Ein Bürgermeister aus Sachsen-Anhalt fuhr einen Kollegen in Sachsen besuchen und kündigte das an mit den Worten: „Morgen fahre ich in den Westen." Besser kann man die Situation im Freistaat Sachsen und die Leistung der Politik in der Aufbauarbeit der neunziger Jahre nicht beschreiben. Manche sagen, Sachsen hätte es auch einfacher gehabt als andere der Neuen Länder. Das hatte es nicht, es hatte den Zusammenbruch der Trabant-Werke in Zwickau, den Niedergang der Textilindustrie in Plauen und Chemnitz, die Schließung des Maschinenbaus in der Region Chemnitz, den Wegfall von 80 000 Industriearbeitsplätzen in und um Leipzig und von 100 000 Stellen in der Braunkohleregion Ostsachsen und Lausitz zu verkraften – Dramatik pur.

Kurt Biedenkopf bereitete sich auf einen weniger hektischen neuen Lebensabschnitt nach seiner politischen Karriere vor: Bücher schreiben, vielleicht ein wenig Kohl und andere Granden ärgern, seine Frau Ingrid freute sich auch darauf. Da kam die Friedliche Revolution. Zunächst folgte der Gründungsrektor der Universität Bochum einem Ruf an die Karl-Marx-Universität Leipzig, er hielt Vorlesungen in Betriebs- und Volkswirtschaftslehre. Ich habe sie nicht gehört, ja ich wusste nicht einmal, dass sie stattfanden, aber ich kann mir die Wirkung auf die wissbegierigen jungen Studenten vorstellen. Biko, wie ihn jeder in Sachsen heute nennt, wenn er nicht dabei ist, redet so, dass jeder ihn versteht, egal wie schwierig der Gegenstand ist – eine wirkliche Gabe. Die Unisäle waren überfüllt, die Begeisterung riesig, man kann es nachlesen in Biedenkopfs „Deutschem Tagebuch 1989 – 1990".

Aber es kam noch besser. Es machte ihm an der Uni so richtig Spaß – der einzige Titel, auf den er wirklich wert legt, ist sein Professorentitel. Er plante schon längerfristig, als er eines Abends einen Anruf aus der CDU erhielt; sie hätte ihn gern für die Landtagswahl in Sachsen als Spitzenkandidat, wenn er gewinne, werde er Ministerpräsident. Er gewann und wurde Ministerpräsident. Unter seiner Führung gelang es den Sachsen dann am besten unter allen Bürgern der ehemaligen DDR, Anschluss an die Lebensverhältnisse und die wirtschaftliche Entwicklung im Westen zu finden. In Sachsen blühten die Landschaften am ehesten auf, das bezeugen kluge Investitionen in Infrastruktur und Bildung, das war erkennbar an der geringen Verschuldung, und das konnte man sehen, wenn man von der A9 am Schkeuditzer Kreuz über den Flughafen nach Dresden fuhr.

Biko und seine Mannschaft, der knochentrockene Geldzusammenhalter Milbradt, der sinnenfrohe Wirtschaftsminister Schommer, der kluge Wissenschaftsminister Meyer und viele mehr, dazu der Revolutionär und Mathematiker Vaatz in der Staatskanzlei, sie legten los und hatten Hunderte Helfer vor allem aus Bayern, Baden-Württemberg und Rheinland-Pfalz. Den Schlüssel zum Erfolg trug Biko in seinem Kopf mit sich, er musste nur hervorgeholt und in das Schloss der Sachsen gesteckt werden. Er kannte das Land und seine Geschichte als reicher deutscher Kernregion in Industrie und Handel, er und seine Frau stammten von hier.

Die Wiederbesinnung darauf, wie es einmal war, pflanzte er in die Köpfe der Menschen und vermittelte ihnen den Glauben daran, dass sie es gemeinsam erneut schafften.

Nie hat er dabei die oft schwierige Realität aus den Augen verloren oder gar verschwiegen. Als weitsichtiger Politiker hat er dabei stets angemahnt, dass die Neuen Länder die Solidarität der alten Bundesländer nicht überfordern. Als die Weiterführung des Solidaritätspaktes für den Aufbau Ost bis 2019 anstand, hat er öffentlich gesagt, die Länder des Ostens wüssten nun um ihren künftigen Finanzbedarf für den Aufbau und sie sollten nun mit diesen Mitteln und aus eigener Kraft das Nötige und Mögliche leisten.

Wo Biko hinkam, machte er Mut, gab er Selbstvertrauen. Er hatte eine Mission und war Missionar im besten Sinne. So wurde in Sachsen aus Biedenkopf „König Kurt".

Terra felix – Glückliches Land

„Terra felix" wurde das friedländische Herzogtum unter dem kaiserlichen Generalissimus Albrecht von Wallenstein genannt. Er erhielt dieses Herzogtum im Nordosten Böhmens von Kaiser Ferdinand II. für seine Leistungen im Dienst der Habsburger 1622. Es war ein seit dem 13. Jahrhundert gut entwickeltes Lehnswesen um die Burg Friedland. Wallenstein baute das Herzogtum, dessen Wirtschaft und Handel weiter aus, seine Residenz errichtete er allerdings abseits der großen Handelswege in Jičín (deutsch Jitschin). So wurde diese Gegend unter seiner Herrschaft zum glücklichen Land, zur Terra felix! Diese Zeit endete mit seinem Tod 1634 und dem Einmarsch der Schweden.

Am Fluss Smědá liegt die Burg Frýdlant (wie sie heute geschrieben wird), dort lebte das Geschlecht der Biebersteiner, später das der Herren von Redern, ehe sie Wallensteins Burg wurde, auch wenn er nur ab und an in ihr wohnte. Für die VNG wurde sie eine Art weltlicher Wallfahrtsort.

Meine interessantesten Dienstreisen in der Zeit der DDR-VNG waren immer die nach Prag gewesen (auf die ja auch die Stasi ein Auge hatte). Das lag an der geistigen Nähe, der technisch-wissenschaftlichen Vergleichbarkeit unserer Arbeit und der besonderen Atmosphäre der Stadt im Zentrum Europas, selbst im geteilten – und am einzigartigen tschechischen Bier. Ich begreife bis heute nicht, warum die Welt Budweiser-Plörre made in USA in sich hineinkippt, statt Pilsner Urquell oder Staropramen zu genießen. Sei's drum – wir taten es. Von zu Hause nahmen wir harte Wurst und Konserven mit, damit wir die zugeteilten Valuta-Kronen nicht fürs Essen vergeuden mussten, sondern in Bier verwandeln konnten. Noch Anfang 1989 besuchten wir die Kollegen des Betriebs Transgas in Prag.

In all den Jahren diskutierten wir immer wieder auch das Trauma des Jahres 1968. Ich hatte damals ja gerade in der VNG angefangen zu arbeiten. Am Tag des Einmarschs der Warschauer-Pakt-Staaten in die Tschechoslowakei zur Niederschlagung des „Prager Frühlings" waren meine Frau und ich in Berlin bei Freunden. Wir saßen gerade beim Frühstück, da verbreitete der Rundfunk die Nachricht in offiziell-sozialistischer Manier, Maßnahme zum Schutz des gesamten sozialistischen Lagers, Hilfe für tschechische Genossen gegen die Konterrevolution und so weiter. Wir waren entsetzt – die Dubček-Ära, die Anfang des Jahres angebrochen war, hatte uns Mut fassen lassen, dass es auch bei uns anders werden könnte.

Wir sahen im Westfernsehen die russischen Panzer durch die Straßen Prags rollen und hörten dann die Nachricht, auch die Nationale Volksarmee stünde bereit zum Eingreifen (man stelle sich vor, deutsche Soldaten, deutsche Panzer wären wenige Jahre nach dem Ende des Zweiten Weltkriegs wieder in Prag eingefahren; die Genossen in Berlin wurden dann doch noch zurückgepfiffen).

Nach den Aufständen in der DDR vom 17. Juni 1953 und dem Ungarischen Volksaufstand von 1956 erwies sich erneut, dass die politischen Entscheidungen in Moskau getroffen wurden und nirgendwo sonst. Wieder wurde ein Traum von einem anderen Sozialismus unter Panzerketten zermalmt. Darüber hatten wir in Prag oft, wenn auch sehr vorsichtig gesprochen.

Und nun, im Herbst 1989, hatten die Russen uns in Leipzig, in Sachsen, in der ganzen DDR gewähren lassen, ohne mit Waffengewalt einzugreifen. Der Auszug der Massen aus der Botschaft der Bundesrepublik in Prag, Genschers Sternstunde am 3. Oktober, das lag ja schon hinter uns. Auch die nachfolgenden Prügelszenen am Dresdner Hauptbahnhof bei der Durchfahrt der verplombten Züge mit den meist jungen Menschen, denen Honecker zufolge „niemand eine Träne nachweinte", waren bereits Geschichte, als mich wieder einmal eine Dienstreise in die noch nicht freie Tschechoslowakei führte.

Erdgas aus der Sowjetunion war seit dem 1. Mai 1973 über die Tschechoslowakei in Deutschneudorf über die Grenze in die DDR geflossen. Zum Weitertransport war in Sayda im Erzgebirge die früher bereits erwähnte Verdichterstation gebaut worden, die die VNG betrieb. Daher rührten unsere besonders engen Verbindungen in die tschechische Gaswirtschaft.

Die Kollegen dort aber waren deprimiert, sie sahen, dass in Sachsen alles in Bewegung war, es bei ihnen aber aus ihrer Sicht stillstand. Für mich war klar, dass die deutsch-böhmische Grenze im Oktober 1989 keine Brandschutzmauer mehr war, meine Vorhersage lautete deshalb: Noch vierzehn Tage, dann tanzt ihr auf dem Wenzelsplatz, diesmal ohne russische Panzer. Es war ein reines Bauchgefühl, denn

Miroslav Grec von der Transgas (Mitte), in Norwegen zu Gast bei Peter Mellbye (ganz rechts)

ich war weder ein Revolutionär noch hatte ich besondere Einblicke in die internationale Politik.

So saßen wir eines Abends in einer der herrlichen Bierstuben Prags, als wir in einer Ecke die Menschen aufspringen sahen. Sie rede-ten munter aufeinander ein und sangen, erhoben ihr Glas und brach-ten ein Prosit aus auf irgendetwas, was wie Hagel oder Hasel klang, dann tranken sie die Litergläser auf einen Zug aus.

Unsere tschechischen Begleiter schauten sich vorsichtig um, nipp-ten auch verstohlen an ihren Gläsern und drängten zum Aufbruch beziehungsweise zum Wechsel in eine andere Bierstube. Wir fragten nach und bekamen die Auskunft, es ginge um einen Václav Havel, den Kopf der tschechischen Opposition. Und da in jeder Kneipe ein Infor-mant des Geheimdienstes sitze, könne man nun darauf warten, dass ein Kommando erscheine, das die Personalien aller Anwesenden fest-stellen und die Auflösung der „konterrevolutionären Zusammenrot-tung" einleiten würde.

Wir Deutsche hatten vor solchen drohenden Staatsaktionen zu diesem Zeitpunkt überhaupt keine Angst mehr, im Gegenteil, ich hät-te das gerne miterlebt, aber meine tschechischen Kollegen zahlten schnell und zogen uns mit in eine nicht umstürzlerische Kneipe.

Keine drei Wochen später konnte jeder in Prag ohne Gefahr Václav Havel bejubeln. Und nun konnte man ungehindert von Nordböhmen in die Lausitz fahren und umgekehrt und hörte überall die gleichen Revolutionspredigten.

Die Tschechen und die Slowaken, die seit 1918 ein gemeinsames Land bildeten, gingen dann den umgekehrten Weg als wir Deutsche. Sie trennten sich, um später in der Europäischen Union wieder zueinanderzufinden. Wirtschaftlich hatten sie es – wie auch die Polen – viel schwerer als wir Ostdeutschen, es fehlten ihnen die Westverwandten, einmal abgesehen von den vielen Menschen, die 1968 aus dem Land getrieben worden waren und nun in ihre Heimat zurückkehrten, berieten, Unternehmen gründeten oder übernahmen. Ich habe mehrere kennengelernt.

Die Ruhrgas ging in der Tschechoslowakei ihren bewährten Weg: Verbindungen knüpfen, pflegen, nach Minderheitsbeteiligungen schauen, Hilfe zur Selbsthilfe organisieren. Und die VNG teilte, als sie selbst in der Marktwirtschaft angelangt war, ihre neu gewonnenen Erfahrungen mit den tschechischen Partnern.

Ende 1991 eröffneten Ruhrgas und VNG am Fuß der Karlsbrücke ein gemeinsames Büro. Der Büroleiter war so ein mit großem Engagement für seine Heimat zurückgekehrter „West-Tscheche". Ein Jahr später lud die Ruhrgas ihren Beirat aus Industrie und Politik nach Prag ein. Sie bekamen das Palais Waldstein und die Prager Burg gezeigt, alles war toll organisiert, viele waren zum ersten Mal in Prag und begeistert. Ich stieß erst zum Mittagessen zur Runde, es gab schönes böhmisches Essen, Knödel, Schweinebraten und Sauerkraut, die freundliche Bedienung am Buffet sprach deutsch. Ich fragte: „Wo kommen Sie her?" – „Wir kommen aus München, vom Käfer." Das sagte mir etwas, auf dem Weltgaskongress im Juni 1991 in Berlin traf sich jeden Abend alles im Ruhrgashaus bei Käfer, das war urig, bodenständig, gemütlich, perfekt. Aber deutsche Import-Knödel in Prag?

Am Abend war der Ministerpräsident (und spätere Präsident Tschechiens) Václav Klaus zu Gast, der wenig später mit dem Slowaken Vladimír Mečiar die friedliche Trennung der Tschechoslowakei in eine Tschechische und eine Slowakische Republik vollzog. In seiner Rede ging er auf den schwierigen Übergang seines Landes nach dem Zusammenbruch des Sozialismus und den Aufbau demokratischer

Strukturen in der Marktwirtschaft ein. Wie, so fragte er, sollen wir nachhaltig für Demokratieverständnis werben, wenn es den Menschen wirtschaftlich schlechter geht oder zu gehen scheint als vorher? Klaus bat um Hilfe zur Selbsthilfe: „Geben Sie uns die Möglichkeit, unsere Produkte auf Ihren Märkten anzubieten." – Der Mann hat recht, dachte ich, und wir bieten unseren Gästen hier in Prag Knedlik aus München an ...

Später stand ich mit einer Runde von Ruhrgasvorständen beisammen und erzählte von meinen Beobachtungen. Die Herren begriffen sofort und schauten betreten. Wieder daheim in Essen, muss eine klare Anweisung erfolgt sein, denn bei der nächsten Sitzung 1994 in Mailand versorgte uns ein lokaler Cateringservice. Nur dass das Essen diesmal nicht reichte, der Wein in Pappbechern ausgeschenkt wurde und auch bald ausgetrunken war – es war eine Katastrophe. Ich fühlte mich mitschuldig daran.

Die VNG wandte sich also der nordböhmischen Provinz zu mit Ústí nad Labem/Aussig als Zentrum. Auf der Suche nach Lösungen für den Übergang in die Marktwirtschaft beschritt man in Tschechien einen anderen Weg als wir in Ostdeutschland mit der Treuhandanstalt. Man wandelte die Volkseigenen Betriebe in Aktiengesellschaften um und „das Volk" erhielt Anteilsscheine an diesen Unternehmen – die sogenannte Kuponprivatisierung. Die Tschechen schauten nun auf ihre Anteilsscheine und fragten sich, was sie davon hätten und damit machen sollten. Sie konnten warten, bis die Unternehmen aufblühten, an die Börse gingen, die Kurse stiegen und Dividenden gezahlt würden, aber das konnte dauern.

Nun kamen neue Akteure ins Spiel, eigentlich die gleichen, die seinerzeit bei der Treuhand vorstellig geworden waren. Wir von der VNG aus Leipzig wollten hier auch dabei sein, mit all unserer Erfahrung fühlten wir uns prädestiniert, der Klaus'schen Aufforderung nach Hilfe zur Selbsthilfe Folge zu leisten. Wir wussten, worauf es ankam – leider konnten wir im Bieterwettlauf oft nicht mithalten. Was geschah? In vielen Städten und Gemeinden sammelten die Bürgermeister die Anteilsscheine ihrer Einwohner treuhänderisch ein, bündelten sie und verkauften sie an den Meistbietenden. Dabei handelte es sich oft um örtliche Versorger. Wir waren an dem Gasversorger in Nordböhmen interessiert, und so kauften wir Anteile, wo immer wir konnten. Es

Aufsichtsrat und Beirat in Liberec 11.09.2001, Gruppenfoto in der Wallfahrtskirche Maria Heimsuchung in Hejnice

kam zu heftigen Bietergefechten, Deutsche, Franzosen, Briten überboten sich. Wir kamen schrittweise voran, hatten 10, 15, 20, 25 Prozent. Dies war aber nicht der entscheidende Punkt. Für uns war der ständige Kontakt, das Gespräch, die Diskussion mit den tschechischen Kollegen wichtig. Wir haben uns oft getroffen, sie mitgenommen in die Länder Europas, die wir zum Teil selbst erst schrittweise erkundeten. Wir atmeten bereits die Luft der unternehmerischen Freiheit, die noch nicht durch die tschechischen Staatsbetriebe wehte, und gaben den Kollegen in Ústí Tipps, wie man sich vorbereitete auf die Zeit der privatwirtschaftlichen Aktiengesellschaft. Wie man eine Gasleitung frostfrei in die Erde legt, brauchten wir ihnen nicht zu erklären, das geschah in Böhmen seit einhundertfünfzig Jahren, aber nun konnten wir Antworten geben auf die Fragen, die uns am Anfang selbst beschäftigt hatten: Wie geht das mit Marketing, Finanzierung, Rechnungswesen, Rechtsfragen? Letzteres besonders im Hinblick auf Europa, denn es war ja abzusehen, dass Tschechien einmal seinen Platz in der EU finden würde. Wir verstanden einander.

Dann kam kurz vor dem Eintritt Tschechiens in die EU 2004 die Privatisierung der Energiewirtschaft. Die Stromproduktion blieb

Staatsbetrieb; Transgas, also das tschechische Pendant zur VNG, und die Mehrheit der Regionalversorger wurden an den Meistbietenden veräußert. Das war in Ordnung aus Sicht der Tschechen, aber unter EU-Wettbewerbsrecht ein undenkbares Vorgehen. Obwohl das Beitrittsverfahren längst eröffnet war, interessierte dies in Brüssel niemanden.

So kam es zum Komplettverkauf der Transgas an die deutsche RWE. Sie hat in Tschechien insgesamt keinen schlechten Job gemacht, doch wir hätten gerne intensiver mitgemacht, es wäre einer noch schnelleren Entwicklung auch sicher dienlich gewesen. Unser Einfluss über die gekauften Aktien war gegeben, aber begrenzt, wir haben sie nach einigen Jahren mit Gewinn verkauft.

Unsere Kontakte blieben schon wegen der geografischen Verbundenheit bestehen, und die gemeinsame Arbeit hatte auch einen Erfolg. Die nordböhmische Gesellschaft hatte in ihrem Organisationsgrad und in ihren Kenntnissen um europäische Zusammenhänge einen solchen Kompetenzvorsprung in Tschechien, dass sie zur Führungsgesell-

Küche, Frýdlant

schaft innerhalb des RWE-Konzerns avancierte. Darüber haben wir uns gefreut.

2001 fuhr die VNG mit Aufsichtsrat und Beirat nach Liberec, Frýdlant und Hejnice. Die böhmischen Kollegen hatten alles vorbereitet, wir reisten aus verschiedenen Richtungen an, es war Dienstag, der 11. September. Da erreichten uns Informationen aus New York von den Anschlägen auf das World Trade Center, sie waren zunächst wirr, widersprüchlich und dann niederschmetternd. Wir hielten inne, waren erschüttert, doch die Arbeit einzustellen, hätte nichts genutzt. So lernten wir die Burg Frýdlant kennen – und lieben. Es ist ein Kleinod, das von engagierten Menschen erhalten und betrieben wird. Unser Lieblingsort wurde die Küche, mit Kupfergeschirr an den Wänden, Holztischen und Stühlen und einem riesigen gusseisernen Ofen in der Ecke. Dort gab es Gulasch mit böhmischen Knödeln, die nirgends besser schmeckten als hier.

Wir übernachteten im Kloster Hejnice. Dort verstand es Pater Raban mit unglaublichem Geschick, bei der EU Geld für den Klosterumbau und die Kirchenerneuerung locker zu machen, obwohl Brüssel noch gar nicht zuständig war. Wir haben bis früh am Morgen mit ihm auf seinen Erfolg angestoßen. Wenn es fortan einen würdigen Anlass gab, kehrten wir immer nach Hejnice und in die Küche der Burg Frýdlant zurück. Wenn man die beeindruckenden Ausstellungsstücke in der Burg, die unter anderem den Dreißigjährigen Krieg dokumentieren, aufmerksam betrachtet, findet man unter einer Rüstung ein Schild mit der Aufschrift: „Die Restaurierung gelang mit Mitteln der VNG AG aus Leipzig." Wir sind froh, dies gekonnt zu haben. Mit Kollegen wie Roman Budinski und Milan Zaur ist Freundschaft entstanden, die bis heute anhält. Ich trinke oft aus Gläsern böhmischer Glasbläser, die ich geschenkt bekommen habe.

Natürlich hielten wir auch den Kontakt zu den Kollegen der Transgas. Miroslav Grec war der Chef dort. Unsere gemeinsamen Verträge sicherten uns langfristig die Transportrouten für russisches Gas von der ukrainisch-slowakischen Grenze bis nach Deutschland. Nach der Trennung von Tschechen und Slowaken hatten wir auf einmal zwei Vertragspartner, sodass wir auch in Bratislava zu tun bekamen. Bei der Neuordnung unserer Verträge und der Preise hatten wir ähnliche Probleme wie mit der russischen Gazprom. So stellte sich auch für die Transgas und für Tschechien die Frage der Diversifizierung. Da kam wieder Norwegen ins Spiel. Unser Vorteil war, dass wir beide Seiten gut kannten. So fand 1996 ein erstes Treffen in Leipzig statt. Wir frühstückten gemeinsam, stellten die Partner einander vor und boten unsere weitere Hilfe an. Das Ziel der VNG war, dass eine Belieferung Tschechiens durch Norwegen über unser Rohrleitungssystem erfolgen sollte. Die Parteien verhandelten, einigten sich und unterzeichneten am 17. Mai 1997 in Prag einen langfristigen Liefervertrag. Als Transportwege dienten Rohrleitungen der Ruhrgas und VNG, und das ist bis heute so geblieben.

Die Nordmänner

Gas aus Norwegen zu beziehen, war von Anfang an unser Ziel. In der norwegischen Wirtschaft stehen alle Akteure frei im nationalen und internationalen Wettbewerb, aber der Staat achtet sehr darauf, was sie tun und wie sie es tun, natürlich besonders in den Unternehmen, an denen er selbst Anteile besitzt. Öl und Gas haben das noch vor hundert Jahren bitterarme Land reich gemacht; stolz waren die Menschen dort schon immer.

Das Symbol eines der größten Unternehmen des Landes, Norsk Hydro, das damals im Öl- und Gasgeschäft aktiv war, ist ein Wikingerschiff, das nach seinem Fundort Oseberg-Schiff genannt wird. Es wurde 1904 unter einem Grabhügel am Ufer des Oslofjords gefunden. Die Holzanalyse ergab, dass es wohl um das Jahr 820 erbaut wurde, es ist 22 Meter lang und 5 Meter breit und im Wikingermuseum in Oslo zu bestaunen. Mit ihm und noch größeren Schiffen fuhren die Wikinger über See und räuberten. Seekrieger auf langer Fahrt weit von der Heimat entfernt, das bedeutet das Wort „Viking". Sie segelten die Flüsse Russlands hinauf, Richtung Orkney-Inseln und tief nach Frankreich hinein. Als sie es zu toll trieben, ging selbst die Zentralgewalt in Norwegen gegen sie vor, denn die Nordmänner waren zum Feind des Handelsmanns worden.

Der sportliche Wettbewerb liegt auch den Nachfahren der Wikinger im Blut. In Südfrankreich fuhren wir einmal zusammen in gemächlicher Reihe auf Squads durch die schöne Landschaft, als einer, vielleicht aus Versehen, ein wenig schneller wurde. Der Motor röhrte in höherer Drehzahl auf und schon wurden die Norweger in unserer Gruppe zu Bestien. Mit 60 km/h rasten sie über Stock und Stein und schmale Knüppelwege, drängten den Gegner notfalls ab, waren ganz auf Sieg gepolt. Es fehlte nur die Streitaxt, die dem Nebenmann den Hinterreifen spaltete. Nach der wilden Jagd strahlten sie übers ganze Gesicht – ein Kampf war bestanden. Norweger verlieren ungern. Selbst wenn die Niederlage wie beim Fußball offensichtlich ist, kann man in ihren Zeitungen lesen: „Wir haben die erste Halbzeit klar gewonnen."

Mit persönlichen Daten geht man in Norwegen anders um. Die Steuererklärung jedes Norwegers ist für jedermann öffentlich einseh-

Das norwegische Gas kommt und mit ihm die Königlich-Norwegische Garde: Festakt vor dem ehemaligen Reichsgericht Leipzig, 1. 10. 1996

bar: Wie viel man verdient, was man an größeren Anschaffungen getätigt hat, wie viel man für den Verkauf seines Hauses erlöst hat, das kann jeder wissen, den es interessiert. Für uns Deutsche ist dieser Gedanke sicher schwer erträglich, aber diese Transparenz trägt mit dazu bei, eine Atmosphäre natürlicher Bescheidenheit bzw. begrenzter Gier zu schaffen. Norwegen ist eine stolze Gesellschaft mit vergleichsweise geringen sozialen Unterschieden.

Die Verbindungen zu Deutschland waren gerade im 19. und in den ersten Jahrzehnten des 20. Jahrhunderts stark: Grieg, Munch, Hans Dahl, Henrik Ibsen – viele Maler, Dichter und Musiker fanden Anerkennung in Deutschland. Im Zweiten Weltkrieg fiel die deutsche Wehrmacht in Norwegen ein und besetzte das Land, was es völlig überrascht und traumatisiert hat. Es orientierte sich danach stärker Richtung Großbritannien. Vor dem Krieg konnte man sich mit der deutschen Sprache gut in Norwegen verständigen, heute ist das Englische viel verbreiteter, es ist auch die Sprache der Öl- und Gasbranche.

Die Norweger singen gerne. Dabei sind mir einige lustige Unterschiede aufgefallen. Wir Deutsche lieben „O Tannenbaum", 1824 getextet, übrigens in Leipzig. Die Norweger kennen die Melodie sehr wohl auch, singen es aber mit dem Text „Ein Buschauffeur, ein Bus-

Königlich-Norwegische Garde: Festakt vor dem ehemaligen Reichsgericht Leipzig, 1.10.1996

chauffeur, das ist ein Mann mit gut Humor", und das nicht nur zu Weihnachten, sondern auch gern in der Kneipe. Dafür hat ihr besonders beliebtes Weihnachtslied „På låven sitter nissen" die gleiche Melodie, wie wir sie von der deutschen Weise „Meine Oma fährt im Hühnerstall Motorrad" kennen. Es lohnt sich immer, sich über spezifische Gewohnheiten zu informieren, wenn man ein Land kennenlernen und Geschäfte in ihm machen will.

Am 17. Mai begehen die Norweger ihren Nationalfeiertag. An diesem Tag wurde im Jahr 1815 in Kristiania, dem heutigen Oslo, die Arbeit an der norwegischen Verfassung abgeschlossen. Bengt Li Hansen, unser Verhandlungspartner bei Norsk Hydro, hatte uns 1995 für diesen Tag ins Grand Hotel in Oslo eingeladen, von dort hat man einen guten Ausblick auf den Feierumzug. Es ist vor allem ein Fest von und für Kinder. Schule um Schule zog über die Prachtstraße am Hotel vorbei zum Königsschloss, Kapelle um Kapelle spielte Lieder und Märsche, die Menschen sangen mit, winkten und waren einfach nur fröhlich. Dann kam der Höhepunkt: das königliche Drillregiment nebst Musikkapelle. Da marschierte eine wohl ausgebildete militärische Einheit, spielte jazzige Klänge und zeigte, wie man Freude geben und empfangen kann. Die Menschenmassen waren entzückt und gingen mit. Beim Erleben der königlichen Garde kam uns ein Gedanke, nämlich dass wir die mal in Deutschland marschieren lassen müssten!

Das erste Erdgas aus dem Norden sollte laut Vereinbarung am 1. Oktober 1996 in Ostdeutschland eintreffen. Und da Erdgasmoleküle ja nicht sichtbar sind, wollten wir diese Garde als sicht- und hörbares Zeichen unserer neuen Partnerschaft nach Leipzig holen. Wir wählten ein prächtiges Gebäude als Schauplatz: das ehemalige Reichsgericht, in dem das Bürgerliche Gesetzbuch geboren wurde und das heute wieder das höchste deutsche Verwaltungsgericht beherbergt; vor ihm liegt ein großer Platz, der Anfang der 1950er Jahre dort entstand, weil die Pleiße, die sich durch die Chemieindustrie im Südraum Leipzigs immer mehr zur stinkenden Kloake entwickelte, unter die Erde gebracht wurde. Die Feierstunde sollte im Kuppelempfangssaal des ehemaligen Reichsgerichts stattfinden, das zu dieser Zeit auch noch als Museum der bildenden Künste diente, und auf dem Platz vor dem Gebäude die Vorführung der Garde Seiner Majestät des Königs.

Das Musikkorps war bereit, nach Deutschland zu kommen, sie wollten, wo sie schon mal im Osten waren, gleich auch noch mit Musik durchs Brandenburger Tor marschieren. Die Vorbereitungen liefen, Politik, Wirtschaft und andere Gäste erhielten Einladungen.

Vierzehn Tage vor dem Termin zog die staatliche Aufsichtsbehörde die Genehmigung zurück. Man hatte sich unser Programm noch mal angesehen und da kam nun die Garde mit ihrer Vorführung im Gleichschritt ins Spiel. Es hieß, die alte Überdeckung der Pleiße vor dem Gericht würde die Belastung nicht aushalten. Da parkten normalerweise Dutzende Autos, und wir wollten rund 60 Mann mit Gewehren (ungeladen) und aufgepflanztem Bajonett drüberlaufen lassen. Aber den Unterschied machte eben dieser Gleichschritt. Wenn militärische Abteilungen über eine Brücke gehen, wird der Gleichmarsch aufgehoben, die Eigenschwingung der Brücke könnte sich sonst mit dem Marsch der Soldaten überlagern und die Brücke zum Einsturz bringen.

Auf unsere Versuche, den Einwand zu entkräften, reagierte der Abteilungsleiter knapp, wir könnten ja gern das Risiko auf uns nehmen, dass sich die Präsidentin des Deutschen Bundestags – Rita Süssmuth war unserer Einladung gefolgt – auf einmal mit der Königlich-Norwegischen Garde zehn Meter tiefer in der Pleiße wiederfindet ... Wer wollte das schon? Es sich auch nur in Gedanken auszumalen genügte, dass wir uns auf die Suche nach einer im wörtlichen Sinn tragfähigen Lösung begaben.

Unser Chef für Öffentlichkeitsarbeit W. Altmann fand sie. Er orderte eine Bauabteilung, die über die Gullischächte in den Untergrund eindrang und den ganzen Platz von unten her mit Hydraulikstempeln abstützte. Nun hätte wohl eine ganze Armee im Gleichschritt paradieren können, und Frau Süssmuth, die eine gute Freundin der VNG geworden ist, war vor einem Sturz in die Pleiße geschützt.

Die Veranstaltung geriet genau so, wie wir es uns gewünscht hatten. Sie hatte Volksfestcharakter, brachte Leipzig und Ostdeutschland auf die Beine und erregte nationale und internationale Aufmerksamkeit. Zwei Redner blieben mir in besonderer Erinnerung. Der Leipziger Oberbürgermeister Hinrich Lehmann-Grube zeigte sich überrascht von der

Norwegisches Honorar Generalkonsulat im Gebäude der VNG in der Braunstraße 7

König Harald V. von Norwegen am Messestand der VNG, Stavanger 1994. Er wäre gern eine Runde Bob gefahren ...

Wucht dieser Veranstaltung in seiner Stadt und kam auf den besonderen Ort deutscher Rechtspflege zu sprechen, an dem wir uns befanden. Der andere war Harald Norvik, Vorstandschef der norwegischen Statoil, der ebenso wie Egil Myklebust, sein Kollege von der Norsk Hydro, Leipzig und der VNG die Ehre gegeben hatte.

Ich wusste bereits, dass Norvik noch einen persönlichen Grund hatte, nach Leipzig zu kommen. Zwei Jahre zuvor waren wir an einem regnerischen Herbsttag mit dem Auto durch Leipzig gefahren, es war sein erster Besuch bei uns. Ich gab ihm unterwegs einige Erklärungen zur Stadt, die damals selbst ohne Regen recht trüb und grau wirkte. Da sagte er: „Oh, ich kann meinen Vater gut verstehen, dass es ihm hier gefallen hat."

„Wie das?", fragte ich.

„Er hat Anfang der zwanziger Jahre in Leipzig Zahnmedizin studiert. Wir haben bei uns zu Hause viele, viele Geschichten aus dieser Zeit gehört. Jetzt auf dieser Fahrt werden sie lebendig."

Am Abend kamen wir darauf zurück und Harald Norvik erzählte eine dieser Geschichten: Es war die Zeit der Wirtschaftskrise nach dem ersten Weltkrieg, die in Deutschland zu einer Hyperinflation geführt hat. Das Papiergeld für die Löhne wurde zuletzt in Schubkarren abgeholt und schnell zum Bäcker und Fleischer gefahren, weil der ganze Inhalt schon bald nichts mehr wert war. Der größte je in Deutschland als Wert gedruckte Geldschein aus dieser Zeit war ein 100-Billionen-Mark-Schein! In dieser Zeit also studierte der Norweger Norvik in Leipzig. In seinen Taschen klimperte nicht viel Geld, aber es waren norwegische Kronen – Devisen von höchstem Tauschwert. Eines Tages schlenderte Vater Norvik mit Kommilitonen durch die Grimmaische Straße, in der sich damals schon Geschäft an Geschäft reihte und Kneipe an Kneipe. Es war ein schöner Sommertag, die Gaststätten waren überfüllt, Norvik Senior fand keinen freien Tisch oder Stuhl. Da hatte er eine Idee: In einem Antikmöbelladen kaufte er für eine kleine Summe seiner kostbaren Währung einen Tisch und vier Stühle, seine Freunde und er setzten sich damit vor eine Kneipe und bekamen nun ihr Bier. Eine wirklich schöne Geschichte.

Einige Jahre danach besuchte uns Harald Norvik wieder in Leipzig und da kam es zu einer späten Fortsetzung. Auf dem Markt fand eine Energiemesse statt, Stände und Zelte waren aufgebaut, wir gingen in eines der Zelte und wollten uns auf ein Bier hinsetzen. Es gab keinen freien Platz, aber mit Absicht, denn wir hatten das Ganze so präpariert. Ich fragte Harald nach einem 100-Kronen-Schein. Er schaute verwundert, rückte ihn aber nach kurzem Zögern heraus. Einer unserer Direktoren, W. Zöllner, spielte den Wirt, dem gab ich allen sichtbar die 100 Kronen. Er hielt den Schein provokativ prüfend gegen das Licht, gab sich zufrieden, winkte und Kellner brachten einen Tisch mit vier Stühlen und stellten sie vor uns hin. Dann lud ich Harald ein, Platz zu nehmen. Er schaute immer noch verblüfft und begriff erst so richtig, als wir ihm ein Duplikat der Exmatrikulationsurkunde seines Vaters überreichten. Wir lachten herzlich und bekamen auch ein wenig feuchte Augen. Seine Mutter, die damals noch lebte, hat sich über

... doch erst sein Sohn Kronprinz Haakon stieg Jahre später in den Simulator, Essen 2006

dieses Mitbringsel ihres Sohnes sehr gefreut, das Duplikat bekam einen Ehrenplatz über dem Kamin im Hause Norvik.

Gut zwei Jahre nach dem Eintreffen des ersten norwegischen Erdgases hatte die VNG die vereinbarte Höchstmenge von vier Milliarden Kubikmetern erreicht. Für dieses Gasgeschäft war von Seiten der Statoil Peter Mellbye verantwortlich. Er war noch bis 2012 bei seinem Unternehmen. Für mich hat er wie wenige das moderne Norwegen verkörpert. Neben seiner Rolle als Verhandlungsführer gegenüber der VNG saß er auch in unserem Aufsichtsrat. Statoil war bis 2003 Aktionär der VNG mit 5 Prozent Anteil und einem Sitz. Es war anfangs schwer für ihn, den auf Deutsch geführten Redeschlachten zu folgen, er nutzte sie jedoch als Lehrstunden und beobachtete uns Deutsche sehr genau dabei, wie wir uns beharkten.

Dazu erzählte er folgende Geschichte: Auf der konstituierenden Sitzung des ersten Aufsichtsrats nach unserer vollständigen Privatisierung ging es besonders hoch her. Zwischen den Aktionären ging es um Vorsitz, Stellvertretung und Ausschüsse, also um Einfluss. Mellbye hörte den Reden zu, nahm mehr die Stimmung, die Emotionen auf als dass er den genauen Inhalt der heftigen Wortgefechte verstanden hätte. Sein Vater, so Peter, hatte ihn, geprägt durch den Zweiten Weltkrieg und die für Norwegen schreckliche Besatzungszeit, immer vor den

Deutschen gewarnt: Achtung, misstraue ihnen, das sind alles Schweinehunde! Peter Mellbye hatte dann im Wirtschaftsleben seine eigenen, positiven Erfahrungen gemacht. Er hatte Liesen und Bergmann von der Ruhrgas vertrauen gelernt, sein Bild von Deutschland und seinen Bewohnern hatte sich gewandelt, Vaters Warnung war verblasst.

„Nun aber", so Peter, „bei dieser Auseinandersetzung im Aufsichtsrat sah ich diesen oder jenen, bei dem ich zu wissen glaubte, was mein Vater gemeint hatte." Ich war erschrocken, konnte ihn aber verstehen und nahm mir fest vor, mir selbst solche Entgleisungen künftig zu verbieten. Peter Mellbye wollte immer viel darüber wissen, wo wir herkamen, mit welchen Erfahrungen wir aufgewachsen sind. Er hat mir oft Fragen zu Deutschland gestellt, die manchmal so speziell waren, dass ich sie nachschlagen musste.

Einmal saßen wir im „Paulaner" in Leipzig und unterhielten uns über die unterschiedlichen neuen Märkte in Europa nach 1989/90. Die Gaststätte war gut gefüllt und man musste in einer gewissen Lautstärke reden, um sich zu verstehen. Er wollte meine Meinung zu Polen wissen und schrie durch den Lärm: „Was hältst du eigentlich von den Polacken?" Ich zuckte zusammen, an einigen Tischen schauten sich Leute nach uns um. Ehe ich ihm antwortete, rückte ich dicht an ihn ran

Städtepartnerschaft zwischen Lillehammer und Oberhof, initiiert von der VNG, mit den Bürgermeistern beider Städte, Audun Tron und Peter Hajduk, März 1993

und erklärte ihm, dass in Deutschland „Polack" als Schimpfwort benutzt und auch so empfunden werde, wir würden von unseren Nachbarn als Polen reden. Er schaute zunächst verständnislos, dann rief er: „Aber in Norwegen ist Polack eine ganz normale Bezeichnung." Ich bat ihn erneut, nicht so laut zu sein, und erweiterte meine Erklärung, bis er meinte: „Gut, dann sag mir deine Meinung über die Polen." Ich bin dieser Aufforderung nachgekommen und später floss norwegisches Erdgas auch nach Polen.

Seit nunmehr zwanzig Jahren nimmt die VNG an der Messe Offshore Northern Sea (ONS) in Stavanger teil, zunächst als Kunde, dann ab 2006 mit seiner Tochtergesellschaft VNG – Norge auch als kleiner Spieler im Öl- und Gasfördergeschäft. Da wir es ja bekanntlich mit einer Ware zu tun haben, die man nicht anfassen kann, waren wir immer auf der Suche nach etwas, das Kunden und Neugierige zu uns an den Stand führt. Das erste Sportsponsoring der VNG war der „Hoppe-Bob", benannt nach dem vielfachen Weltmeister und Olympiasieger Wolfgang Hoppe aus Apolda. Das Logo der VNG ist von einem Bob abgeleitet, daraus entstand die Idee, einen solchen Zweier-Bob mit einer Simulationsanlage an den Messestand zu stellen. Man setzt sich hinein und fährt an einem Monitor virtuell die Bobbahn von Oberhof oder Königssee herunter, die Zeit wird gestoppt, jeder Unfall beendet natürlich die Fahrt, dann muss neu gestartet werden. Der schnellste Pilot wird namentlich ausgewiesen.

So etwas zieht die sportbesessenen Norweger magisch an, zumal sie im wirklichen Wintersportbetrieb in dieser Disziplin nicht ganz so erfolgreich sind. Einmal kam auch König Harald V. auf seinem Rundgang an unserem Stand vorbei, eine Ehre, die einem nur alle paar Jahre widerfährt. Bevor er und sein Tross gleich wieder weiterzogen, lenkte ich seinen Blick auf unseren Bob und lud ihn zu einer „Fahrt" ein. Sein altes Olympioniken-Herz war sofort begeistert, schon wollte er einsteigen. Da sah ich das Entsetzen in den Augen seiner Begleitung, die Sicherheitsleute stürzten herbei und verhinderten die Aktion. Der König lächelte und zuckte bedauernd mit den Schultern.

Einige Jahre später auf einer anderen Messe, der E-World in Essen, hatten wir wieder unsere Bobanlage mit, und diesmal kam der norwegische Kronprinz Haakon mit einer Delegation vorbei. Wir empfingen ihn und erzählten ihm die Geschichte von der verhinderten Bobfahrt

Norwegen, zu Besuch auf der Plattform TROLL A, v. l. n. r. König Harald V., Bundespräsident Herzog, Harald Norvik (Statoil) und Bergmann (Ruhrgas), 1998

seines Vaters. Das war Grund genug für ihn, sich selbst diesmal nicht abhalten zu lassen. Er „fuhr" Bestzeit und war sehr zufrieden mit sich. Die Presseleute, denen vor lauter Soft- und Hardware um sie herum die Langeweile bereits ins Gesicht geschrieben stand, lebten auf und hatten ihr Thema. Und die VNG eine Schlagzeile mit Kronprinz in der größten norwegischen Tageszeitung. – Einen ähnlichen Überraschungsangriff auf ihn verübten wir auf der ONS 2006. Wenn wir das, was wir vorhatten, vorher angemeldet hätten, wäre nichts daraus geworden: Als er erschien, drückten wir ihm eine Leine in die Hand, an der er zog und somit das Logo der neuen Firma VNG – Norge enthüllte. Alle klatschten, nur Gutes war geschehen. Man muss sich manchmal über das Protokoll hinwegsetzen, unter Wahrung von Würde und Sitte, versteht sich.

Bei unseren Aktivitäten hat uns immer geholfen, einige Worte in der Sprache des Gegenübers sprechen zu können. Wir begannen sehr früh damit, lernten einfache Konversation und einige Lieder. Einen Teil meiner Rede am 1. Oktober 1996 in Leipzig hielt ich auf Norwegisch. Ich habe es so lange geprobt und die richtige Intonation auch abends im Bett noch geübt, dass es sich ziemlich gut angehört haben

Im Eis Spitzbergens

muss. In der Folge freilich dachten manche, dass der Holst gut Norwegisch spricht, und sie verwickelten mich in Gespräche, wo der Schwindel rasch aufflog.

Apropos Protokoll. Eine weitere Übertretung macht mich stolz.

Wir befanden uns vor dem Vertragsschluss mit Norwegen. Die VNG kannte dort niemand und wir wussten, wie wichtig die allgemeine Billigung des geschäftlichen Treibens im Land der Wikinger ist. Da eröffnete sich mir eine Chance auf Umwegen. Jochen Schilde, ein deutscher Journalist, der schon lange verheiratet in Oslo lebt, half mir, sie zu nutzen. Schilde war befreundet mit Morten Wetland, dem Leiter des Büros von Ministerpräsidentin Gro Harlem Brundtland. Ich hatte Wetland schon kennengelernt, von ihm erfuhren wir, dass eine Kommission des Deutschen Bundestages zu Besuch bei der norwegischen Ministerpräsidentin sein werde. Norwegen unternahm damals einen zweiten Anlauf, Mitglied der EU zu werden. Eine erste Volksbefragung war 1972 negativ ausgefallen, nun prüften Brüssel und Europa ihrerseits, ob Norwegen die Voraussetzungen erfüllte. Dazu musste

Randi Bratteli (in der Mitte sitzend) erhält in Oslo den Verdienstorden der Bundesrepublik Deutschland aus der Hand von Botschafter Horst Winkelmann (hinter ihr), mit Familie Göbel in Oberhof / Thüringen

auch der Deutsche Bundestag eine Meinung entwickeln und da spielte die Frage eine wichtige Rolle, wie es Norwegen in Zukunft mit dem Walfang halte. Zur Klärung dieser Frage war die Kommission im Anmarsch.

Wetland und Schilde sagten: „Du gehst da einfach mit und passt die Gelegenheit ab, ob man neben der Walfrage auch noch über Erdgas für Ostdeutschland reden kann."

„Wie soll das denn gehen?", fragte ich.

„Ich bring dich zum Sitz der Ministerpräsidentin", so Jochen Schilde.

„Und ich schleuse dich in die Delegation ein", ergänzte Wetland. Ich sollte mit niemandem darüber sprechen, das war die einzige Bedingung.

Dann ging es los. Schilde und ich waren bereits vor der deutschen Delegation im Haus, ich wurde quasi in Frau Brundtlands Vorzimmer geparkt und, als die Deutschen eintrafen, wie ein Kuckucksei zwischen sie geschoben. Die Ministerpräsidentin kannte ja keinen, begrüßte jeden freundlich, auch mich, die Deutschen kannten nur einander und

171

dachten wohl, ich sei ein norwegischer Spezialist für Walfang und so blieb ich unerkannt geduldet. Es waren Journalisten samt Fernsehkameras dabei; ich hielt mich sorgsam den Mikrofonen und Objektiven fern. Frau Brundtland zeigte der Delegation von ihren Fenstern die Aussicht auf Oslo. Die kannte ich schon. Dann nahm man Platz an einem großen ovalen Tisch und kam zu den Sachfragen.

Den Deutschen brannte die Frage auf den Nägeln, wie Norwegen zum weiteren Walfang stehe und ob diese Frage einem Beitritt Norwegens zur EU im Weg stehen könne. Frau Brundtland erläuterte, dass Norwegen seit langem wirtschaftlich eng verbunden mit der EU sei und so auch alle in diesem Zusammenhang stehenden Gesetze einhalte. Die Stimmung im Land wäre wie vor zwanzig Jahren zweigeteilt, der Süden sei dafür, der Norden dagegen. Dabei spielten Gefühle und Emotionen eine erhebliche Rolle. Fischfang und Waljagd waren nun mal Teil der jahrhundertelangen Lebenskultur, besonders im Norden des Landes. Die verbreitete Ansicht, Norwegen beteilige sich an der Ausrottung der Wale, sei aber gelinde gesagt böswillig, ja ein Manöver, um von vielen anderen Umweltsünden in allen Erdteilen abzulenken. Man brauche sich von denen, die den Regenwald abholzten, nicht belehren zu lassen, erläuterte sie sehr freundlich, auch ein wenig spitz. Im Übrigen lebe man von Fisch und Wal und würde doch einen Teufel tun, diese Existenzgrundlage zu beseitigen.

Den deutschen Parlamentariern gingen die Fragen aus. Aber die furchtbaren Bilder im Fernsehen, das Harpunieren und Hochhieven und Ausschlachten. Schwein, Rind, Schaf und Lamm, erwiderte Frau Brundtland, würden im Tod auf dem Schlachthof vor einer Fernsehkamera auch nicht sehr glücklich rüberkommen. Um die Stimmung nicht unter den Nullpunkt sinken zu lassen, kam sie auf die Leistungen ihres Landes bei der Bewahrung der Umwelt und den Möglichkeiten für ihre Verbesserung.

Und da sprach sie das Zauberwort aus, zumindest für mich: Erdgas. Norwegen liefere den umweltfreundlichen Energieträger ja schon nach Italien, Frankreich, in die Schweiz und nach Deutschland und man hätte entschieden, die ohnehin schon erheblichen Investitionen in die Infrastruktur weiter zu erhöhen und das wäre doch eigentlich für Europa wichtiger als der Walfang.

Norwegische Öl- und Gasfördertechnik, Plattform TROLL A

Mein Einsatz war gekommen, ungefragt warf ich ein: „Aber norwegisches Erdgas kommt in Deutschland nicht überall hin." Alle drehten sich zu mir hin und fragten sich, wer das eigentlich war, der sich da einmischte. Die Kameras waren nicht mehr dabei, ich lief also keine Gefahr, dass mich mein Aufsichtsratsvorsitzender in der Tagesschau als Walfangexperten des Deutschen Bundestages auftreten sah, um sogleich meine Entlassungspapiere auszustellen. „Ich komme aus Leipzig. Bei uns ist im Winter der Schnee nach zwei Stunden von Ruß und Staub aus Holz- und Kohleheizungen schwarz und dreckig. Die Kinder und die Alten haben Bronchitis und andere Atemwegserkrankungen. Das müssen und wollen wir ändern und dazu brauchen wir neben Gas aus Russland (gleich ein wenig Wettbewerbssignale) das aus Norwegen."

Die Ministerpräsidentin schaute nicht unglücklich, sie konnte weg von den Walen, hin zur Luftverbesserung im Ostteil des wiedervereinigten Deutschlands. Das muss doch den Bundestag interessieren. Das tat es nicht wirklich und tut es noch heute nicht besonders, aber man reagierte nicht gereizt auf den Störenfried und duldete einen munteren Austausch darüber, wann, wie und wie viel Erdgas in die Neuen Bundesländer fließen könnte. Frau Brundtland versprach, sich dafür einzusetzen. Und ich hatte meine Mission erfüllt. Ich glaube, Morten Wetland ist für dieses Manöver mit dem Trojanischen Erdgaspferd von seiner Chefin sogar gelobt worden. Er ist später als Botschafter seines Landes nach Berlin gegangen, dort sind wir uns wiederbegegnet. Erdgas aus Norwegen floss inzwischen kontinuierlich zum Wohl beider Seiten nach Ostdeutschland, mit dankbar angenommener Unterstützung durch alle Botschafter beider Seiten.

Wer im Winter die Biathlon-Wettkämpfe im thüringischen Oberhof im Fernsehen verfolgt, wundert sich wohl über die vielen norwegischen Fähnchen, die dort geschwungen werden. Sind dort so viele Norweger zu Besuch? Nein, oft sind es Einheimische, die dies tun. Es ist das Ergebnis einer inzwischen zwanzig Jahre währenden Partnerschaft zwischen den Städten Oberhof und Lillehammer. Die im norwegischen Oppland-Gebiet gelegene Olympiastadt war im Vorfeld der Spiele von 1994 ein weltweit begehrter Partner. In einer fröhlich-intensiven Nacht mit viel Aquavit gelang es der VNG, die Spitzen der Stadt für Oberhof und ihre Wintersporttradition zu interessieren. Etwa mit dem Hinweis, dass der norwegische Skisprungheld Birger Ruud 1931 seine erste Weltmeisterschaft in Oberhof gewonnen hatte. So bekam die Stadt Besuch von Bürgermeister Audun Tron sowie Randi Bratteli, der Frau des ehemaligen Ministerpräsidenten Trygve Bratteli, der im Zweiten Weltkrieg in deutschen Konzentrationslagern gefangen war und gleichwohl später viel für die Aussöhnung geleistet hat. Im März 1993 wurde die deutsch-norwegische Städtepartnerschaft in Oberhof geschlossen. Zur Olympiade 1994 – für viele Menschen die schönsten Winterspiele überhaupt – durften die Oberhofer mitten in der Stadt ein großes Zelt aufbauen. Am Tag schauten sie die Spiele, am Abend war das Zelt überfüllt mit internationalen Gästen bei Thüringer Bratwurst und Köstritzer Schwarzbier. Die VNG unterstützt die nach wie vor lebendige Partnerschaft bis heute.

Zum Abschluss meiner Gedankensplitter zu den Nordmännern erinnere ich mich an eines meiner letzten Treffen als tätiger Unternehmer mit einem norwegischen Öl- und Gasminister. Es war am Rande der Sanderstolen-Konferenz, die inzwischen nicht mehr in dem Bergdörfchen Sanderstolen, sondern in Oslo stattfand. Der Minister war neu im Amt, die VNG bekam dreißig Minuten Zeit, sich vorzustellen. Nach zehn Minuten fragte mich der Minister: „Sagen Sie, Herr Holst, was ist die Strategie der VNG, wie würden Sie die beschreiben?" Ich dachte kurz an Frau Brundtland und fragte ihn: „Kennen Sie das Lied vom Käpt'n Surtebil?" Das ist ein norwegisches Kinderlied. „Ja", antwortete er und schaute ein wenig verunsichert ob meines Geisteszustands. Da sang ich eine Zeile daraus vor: „Vi rövar i ost o vi rövar i väst", was bedeutet: „Wir räubern im Osten und wir räubern im Westen."

Er begriff sofort, alle lachten und verstanden die Strategie der VNG, als kleines Unternehmen die anderen, meist größeren in den Wettbewerb zu bringen. Die Geschichte verbreitete sich schnell. So etwas bringt in Norwegen oft mehr Reputation als grimmige Verhandlungen und weitschweifige Erklärungen.

Langemarck – und noch einmal Russland

Einmal fragten mich unsere belgischen Kollegen der Distrigas, was ich in Belgien gerne sehen bzw. besuchen würde. Ich antwortete: Ypern und Langemarck (heute Langemark). Das sind zwei Orte in Flandern, die für das fürchterliche Massensterben von Soldaten im ersten Weltkrieg stehen. In Ypern setzten deutsche Truppen am 22. April 1915 zum ersten Mal Giftgas ein. Das Chlorgemisch des Chemikers Fritz Haber, der wenige Jahre darauf den Nobelpreis erhielt, brachte fürchterlichen Tod und Verstümmelung über Briten und Franzosen, die später Gleiches mit Gleichem vergolten.

In dem sumpfigen Gebiet an der Yser bei Langemarck war es in der ersten großen Flandernschlacht vom 20. Oktober bis 3. November 1914 unter eilig zusammengestellten Reserveeinheiten aus jungen Kriegsfreiwilligen zu entsetzlichen Verlusten gekommen. Unerfahren in den Kampftechniken, fielen sie zu Tausenden. In den Bericht der obersten Heeresleitung fand ihr sinnloses Sterben Eingang als Heldentod. Die Propaganda der Nazis machte daraus später den „Mythos von Langemarck", demzufolge die Jugend für Volk und Vaterland freudig in den Tod gegangen sei.

Die belgischen Kollegen führten mich dorthin. Die Soldatenfriedhöfe des Stellungskrieges sind ein furchtbarer und eindrucksvoller Anblick. Niemand kann sich ihrer Wirkung entziehen. Am Ausgang lag ein Besucherbuch; der „Volksbund Deutsche Kriegsgräberfürsorge e. V." forderte auf, seine Eindrücke in ihm niederzuschreiben. Ich tat das, schrieb auch meine Adresse dazu und erhielt eine Weile später eine Broschüre über die beeindruckende Arbeit dieses ehrenamtlichen Vereins zugeschickt: Pflege von Kriegsgräbern, Bergung von Kriegstoten, Zusammenarbeit mit Regionen in über hundert Ländern, seit 1990 endlich auch in den Ländern des früheren Ostblocks, seit 1993 mit Schwerpunkt Russland. Deutsche graben seither die Überreste ihrer Gefallenen auch hier aus und bestatten sie ordentlich. Ich folgte der Aufforderung, etwas zu spenden, und bekam erneut Post: einen Gutschein über eine kostenlose Nachfrage über den Verbleib eines Angehörigen im Krieg.

Meine Mutter und mein Vater mit Bruder Günther, Neustrelitz 1936

Mein Vater war vor meiner Geburt bei der Schlacht um Leningrad gefallen. Meine Mutter hatte manchmal von ihm erzählt, Großvater sehr selten, die Brüder nur aus verschwommener Erinnerung, sie nannten ihn Papi. Ansonsten lag bei uns in der DDR ein Tabu über diesem Thema. Mit den Toten, aber auch den Überlebenden des Zweiten Weltkriegs befasste man sich nicht aus eigener, deutscher Perspektive, es war ja der Große Vaterländische Krieg der Sowjetunion gewesen. Die Schuld der Nazis war klar, alle beim Überfall auf die Sowjetunion Beteiligten waren Verbrecher, die, die darüber redeten, waren Revanchisten und die noch lebenden Kriegsverbrecher waren alle in der „BRD". So war es täglich zu sehen und zu lesen. In der Schule verlor man über die Väter der Waisen kein Wort, und das Schweigen hatte auch die Familien ergriffen. Von meinem eigenen Vater wusste ich so gut wie nichts.

Nun kam der Gutschein ins Haus – ich nahm ihn in Anspruch und fragte an. Die Antwort kam zügig: Unteroffizier Ewald Holst, gefallen am 1. 10. 1942 bei Leningrad, begraben auf dem Friedhof Makajewskaja Pustin, Reihe X, Grab Y. Ob das Dorf noch besteht, wisse man nicht, aber der Volksbund habe in dieser Gegend noch viel vor.

Jetzt wollte ich natürlich Genaueres wissen. Ich nahm über das VNG-Büro in Moskau Kontakt mit dem Vertreter des Volksbundes in der Region Sankt Petersburg auf. In Sankt Petersburg befindet sich auch das älteste Bergbauinstitut Russlands, gegründet 1773, wenige Jahre nach der weltweit ältesten Hochschule dieser Art, der Bergakademie Freiberg.

Wenn sich der Volksbund entschieden hat, in einem bestimmten Gebiet tätig zu werden, schickt er zunächst einen deutschen Mitarbeiter, der dort mit den Behörden verhandelt, dann Menschen aus der Region einstellt und das Auffinden, Bergen und Umbetten der Toten organisiert. Ein hochsensibles Thema! Viele begrüßen diese Form der Aufarbeitung. Aus Sicht manches Russen jedoch sind diese Deutschen Nachkommen von Nazis, von Faschisten, die da kommen und sich um ihre Toten kümmern – und wer kümmert sich um die über zwanzig Millionen russischen Toten, die die Deutschen auf dem Gewissen haben? Ich habe Hochachtung vor all denen, die diese Aufgabe anpacken, im Fall von Sankt Petersburg, dem einstigen Leningrad war das die Familie Lemke.

Von September 1941 bis Januar 1944 wurde die Dreimillionenstadt Leningrad von der deutschen Wehrmacht belagert, mit dem Ziel, die in ihr eingekesselt lebende Zivilbevölkerung systematisch verhungern zu lassen. Während der Blockade starben mindestens 700 000 Menschen an Hunger und Kälte, durch Granaten und Bomben. Auf Seite der Deutschen kamen in den fast drei Jahren über 100 000 Soldaten zu Tode. Nach Bergung ihrer Überreste werden ihre letzten Ruhestätten einmal die weltweit größte deutsche Kriegsgräberstätte bilden. Der Friedhof soll – dies war die verständliche Bedingung von russischer Seite – kein „Heldenfriedhof" sein.

Parallel dazu wurde durch Mittel des Volksbundes eine zerstörte Kirche in Sologubowka als Zentrum wieder aufgebaut. Das russisch-orthodoxe Gotteshaus

Gefallen im Oktober 1942 vor Leningrad

Lt. Helfrich
Kp.Führer 18o38

Im Felde, den 16. November 42

Sehr geehrter Herr Studienrat .

Gestatten Sie, dass ich mich in Beantwortung Ihres Briefes
vom 3.11.42 kurz fasse.
Uffz. Holst einer der zuverlässigsten und bravsten Soldaten
der Kp. hatte am 1.1o.42 den Auftrag,mit drei Männern einen Gelände-
streifen zu entminen.
Die eigene HKL. ostw. Markajewskaja - Pustia,von der russ.
HKL . etwa 35o m. entfernt hatte eine vorgeschobene von etwa zwei
Gruppen besetzte Stellung, genannt „Aussenseiter". Diese Stellung sollte
weiter zurückgenommen und von der eigenen HKL. besseren Feuerschutz
erhalten. Zu diesem Zweck mussten in das Gehoelz Feuergassen geschlagen
werden und da das Gelände sehr lange umstritten ist,musste vorher
entmint werden. Bei der Durchführung dieses Auftrages setzte Uffz.
Holst von „Aussenseiter" aus in Richtung HKL. zwei Minensuchgeräte ein
und ging im Bestreben die Tätigkeit derselben zu überwachen und gegen
Feindbelästigungen zu sichern in das noch nicht überprüfte Gelände.
Dabei wurde eine deutsche S.-Mine ausgeloest,die den Tod von Uffz.
Holst und O.Pion. Groeck,der Uffz. Holst begleitete, herbeiführte.

Uffz. Holst war keineswegs verstümmelt, mehrere S.-Minen-
kugeln hatten ihn aber toedlich in die Brust getroffen.
Die heutigen Formen des Kampfes im Osten machen einen solchen
Pioniereinsatz häufig noetig und der Tod durch eine Mine, im Niemands-
land auch durch eine Eigene,ist für den Pionier das Gleiche wie für
den Infanteristen der Tod durch eine MG.-Garbe.
Unser lieber Uffz. Holst steht deshalb in der Ehrenliste
der Kp. mit an oberster Stelle.

Durch eine Verlegung der Kp. verzoegerte sich die Absendung
der Nachlassachen. Ich bitte das entschuldigen zu wollen und in den
nächsten Tagen mit dem Eintreffen derselben zu rechnen. Meines Wissens
ist nichts verloren gegangen. Sollte sich das von Ihnen erwähnte Licht-
bild beschaffen lassen,wird esselbstverständlich zugesandt .

In aufrichtiger Teilnahme

Ihr

Lt.u.Kp.Führer

Mein Großvater hatte nachgefragt: Antwortbrief aus dem Jahr 1942 über die Todesumstände meines Vaters.

Die Grabstelle wird gesucht ... und gefunden. Darauf eine Zigarre.

Särge für die Gebeine der Deutschen, im Hintergrund die Kirche von Sologubowka; unten: Massengrab bei Sologubowka

wurde an die Gemeinde zurückgegeben, gleichzeitig erwarb der Volksbund das Recht auf dauerhafte Nutzung der Kellergewölbe als Ausstellungs- und Gedenkraum, eine einzigartige Verbindung. Dort liegt die Gesamtdokumentation der deutschen Kriegsverluste für das Gebiet der russischen Föderation. Im Jahr 2003 verzeichnete sie schon 850 000 Namen von deutschen Gefallenen und Vermissten. Kirche und Friedhof wurden 2003 eingeweiht und bieten jedem die Möglichkeit, an jenem Ort um seine Angehörigen zu trauern, an dem sie dem Wahnsinn des Krieges zum Opfer gefallen sind.

So wurde auch ich mit meinen Unterlagen vom Volksbund bei den Lemkes vorstellig. Dabei half mir die Familie Bandlow, er Deutscher, sie Russin, viele Jahre lang Leiter unseres Moskauer Büros. Lemkes waren dankbar für die Information über den Soldatenfriedhof bei Makajewskaja und versprachen, ihn mit in ihre Planung einzubeziehen. Mein eigenes Suchen und Fragen war bis dahin nur von Neugierde und einem persönlichen Interesse getrieben gewesen. Nun entstand in mir der Gedanke, ob es denn nicht möglich sei, die Überreste meines Vaters, so sie denn gefunden würden, in die Heimatstadt nach Neustrelitz bringen und neben seiner Frau und seinen Schwiegereltern zur letzten Ruhe zu legen? Ich fragte nach, es war möglich. Ich bekam ein Merkblatt für Heimatüberführungen, darin waren einige Voraussetzungen formuliert: Das Kriegsgrab muss im Arbeitsbereich des Umbettungsdienstes liegen, die Identifizierung und Bestätigung muss eindeutig sein, man benötigt einen Nachweis über eine Begräbnisstätte in Deutschland und eine Genehmigung durch das zuständige Bundesministerium; das neue Grab ist Privatgrab, die Kosten sind vom Veranlasser zu tragen.

So weit waren wir aber noch lange nicht. Lemkes informierten mich darüber, dass vom Dorffriedhof Makajewskaja nichts mehr zu sehen oder oberflächlich vorhanden war. Alles war zerstört und von der Natur zurückerobert.

2003 wurde ich sechzig Jahre alt und bekam eine DVD geschickt, die ich mir zusammen mit meinen Brüdern anschaute. Lemkes und Bandlows waren auf die Suche gegangen und hatten das Gelände gefilmt, Baum und Strauch, Stock und Stein, Sumpf und Mücke, Weg und Nichts, dann wieder ein freies Stück mit hohem Gras. Dann sahen wir Lemke mit seinem GPS-Gerät und langen Stangen, wie bei der Suche

Grabstelle in Neustrelitz

nach Lawinenopfern. Stich um Stich bewegte er sich voran nach einem vorgegebenen Raster, nichts, nichts, nichts, dann stieß er auf Widerstand, stocherte nach, wurde fündig. Uns Brüdern stockte der Atem. Da sagte Lemke in Bandlows Kamera, die Koordinaten stimmten, hier liege der gesuchte Friedhof.

Die sprichwörtliche deutsche Gründlichkeit, in diesem Fall hatte sie ihr Gutes. Die deutschen Soldaten, so informierte ich mich, hatten ein System mit Erkennungsmarken. Abends notierte der Kompaniechef die Verluste und schrieb, wenn er noch konnte, an die Angehörigen, mit einem Bild vom Grab anbei. Die Russen hatten kein allgemein gültiges Erkennungssystem. Wer wollte, trug zur Wiedererkennung einen Nummernzettel in einem Glaszylinder in der Tasche mit sich.

Nun war auf dem Video zu sehen, wie Lemke über der Suchstelle ein Lagerfeuer errichtete und wieder löschte, als hätten hier Jäger gelagert. Sinn der Übung war, der Aktion ihren Grund möglichst nicht ansehen zu lassen. Sehr schnell spricht sich herum, wenn man Leute fremden Autos entsteigen und in den Sumpf eindringen sieht, und schon sind Grabräuber zur Stelle. Ihre Funde konnte man Anfang der neunziger Jahre auf den Trödelmärkten in Moskau sehen und kaufen, vom verrosteten MG-42 bis zum sauber abgewaschenen menschlichen Unterkiefer. Also war Vertuschung geboten.

Nach längeren Recherchen stellte ich den Antrag auf Umbettung des Unteroffiziers Rechtsanwalt Ewald Holst nach Neustrelitz, Mecklenburg. Alle erforderlichen Voraussetzungen konnte ich als erfüllt nachweisen. Am schwierigsten war die Identifizierung der Grabstelle meines Vaters, die sich nur indirekt durch die eindeutige Identifizierung des Nachbarkameraden mit Bild und Marke erzielen ließ.

Zuvor bin ich selbst nach Makajewskaja gefahren, gemeinsam mit Lemkes und zwei russischen Begleitern sowie den Bandlows, alle in Gummistiefeln und mit Mückenschutz. Drei Stunden dauerte der Weg hin und drei Stunden zurück. Auf der zweistündigen Autofahrt von Sankt Petersburg durch Wald, Wald und noch mal Wald drängte sich mir die Frage auf, was um alles in der Welt wir hier eigentlich zu suchen hatten. Sie verstärkte sich noch beim Marsch durch den sumpfigen Wald, in dem man irgendwann damit aufhörte, nach den Mücken und Fliegen zu schlagen. Da erinnerte ich mich an einen der letzten Briefe meines Vaters an einen Onkel vom Januar 1942 – er hatte geschrieben, wie ihm und seinen Kameraden in ihren Erdlöchern im Herbst die Mücken zugesetzt hatten und nun im Winter bei minus dreißig Grad die Wanzen. Da hatten wir es hier mit unseren Mücken wohl vergleichsweise gut, zumal niemand auf uns schoss.

Schließlich mussten wir vom Weg ab und durch den Wald. Da auf der Lichtung sah ich einen Trichter, wohl von einer Mine, Blech von Konserven, eine Gasmaske, einen verrotteten Stahlhelm. Ich blieb stehen. Als Rechtsanwalt war Vater zu einer Pioniereinheit mehr oder weniger strafversetzt worden. Soldat zu sein, war ohnehin nicht seine Passion gewesen, aber bei den Pionieren war er mit Sicherheit am ganz falschen Platz. Sein Kompanieführer hatte meinem Großvater geschrieben, sein Sohn habe beim Minenräumen eine deutsche Splittermine ausgelöst, die seinen Tod herbeigeführt habe, sein Körper sei davon aber nicht verstümmelt worden – wie tröstlich, wenn es stimmt.

Ich halte an. Hier konnte es gewesen sein! Man schaut fragend auf mich, und ich erzähle den Grund meines Innehaltens. Alle schweigen. Dann geht es weiter. Wir kommen zu dem verwunschenen Feld, da ist

die Feuerstelle der „Jäger", unversehrt. Es gibt überwucherte Mauer-
reste vom Dorf. Wir halten erneut kurz inne, machen kehrt und gelan-
gen über einen Umweg zu einer Stelle, an der noch mehr Spuren von
Zivilisation zu sehen sind: eine gusseiserne Umzäunung, dahinter ein
Kreuz, ein Heiligenbild, russisch-orthodox, frische Blumen, mitten im
Wald. Hier machen wir Rast.

Ich bin nicht ergriffen. Ich bin nur dankbar für diesen unverhofften
Ausflug in ein Stück gemeinsamer Geschichte. Die Stimmung ist gelöst, ich gebe eine Runde Zigarren aus. Wir zünden sie an und rauchen
sie mit unseren russischen Begleitern, machen Fotos. Ich erkundige
mich, wie die Bergung abläuft. „Wir müssen schnell sein", sagt Lemke,
„und wir werden schnell sein, jedes Grab wird ausgegraben und die
sterblichen Überreste in Säcken auf dem Rücken der Helfer zurückge-
tragen."

Als wir das Auto wieder erreichen, bin ich völlig fertig von der Tour
und froh, sie nicht auch noch mit den Knochen deutscher Soldaten auf
dem Rücken absolviert haben zu müssen. Ich bin voller Hochachtung
für die, die diese Aufgabe erledigen. Einige Wochen später sind 137 hier
gefallene Soldaten geborgen. Alle gelangen nach Sologubowka und
mein Vater trifft über sechzig Jahre nach seinem Tod auf dem Friedhof
Neustrelitz ein. Seine Gebeine werden in der Friedhofskapelle aufge-
bahrt. Unsere Familien sind da, auch die Enkel und Urenkel und die
Bandlows. Es ist ein schöner, friedlicher Tag, der Pfarrer spricht, wir
sind froh, ich bin glücklich.

Wir essen zusammen zu Abend, meine Brüder erzählen von unserem Vater, dem Großvater. Zuvor hatten wir unterschiedliche Auffas-
sungen. Sollte er nicht lieber bei seinen Kameraden in Sologubowka
liegen statt in Neustrelitz? Ich argumentierte, dass er nie dorthin ge-
wollt hatte und schon gar nicht für alle Ewigkeit dort bleiben wollte.
Für alle haben wir nun, denke ich, den richtigen Ort gefunden, vor allen Dingen für meinen Vater.

Wir gingen dann noch auf den russischen Soldatenfriedhof in
Neustrelitz und legten dort Blumen nieder.

An der Grabstelle meines Vaters steht inzwischen eine Tafel mit
der Inschrift: „Nun ruht er in Frieden neben seiner geliebten Frau. Er
liebte Recht und Gerechtigkeit und starb doch in einem ungerechten
Krieg." Die Sache hat sich in der kleinen Stadt herumgesprochen, das

Grab wird gelegentlich von jungen Menschen besucht, die konfirmiert werden oder Jugendweihe erhalten. Fragen werden gestellt und diskutiert.

Wir sprachen dann noch das Bergbauinstitut in Sankt Petersburg an; man stellte den Bergungstrupps des Volksbundes ein Kettenfahrzeug zur Verfügung, für geologische Erkundungen in unwegsamem Gelände. Es wird auch heute noch gegraben und geborgen und in Sologubowka beigesetzt. Irgendwann werden achtzig- bis einhunderttausend Gefallene dort liegen.

Mauerfälle, Mouton und Erinnerung an einen großen Mahnenden

„Die Mauer muss weg" war der eindringliche Ruf im Herbst '89. Dann war die Mauer tatsächlich weg. Zunächst von Spechten angepickt und bald in ihre Einzelteile zerlegt, sind ihre Segmente bis heute eindrucksvolle Mahnmale der überwundenen Zeit. Zu meinem 60. Geburtstag wünschte ich mir ein Originalelement der Mauer, das seinen Platz in unserem Garten erhalten sollte. Als es geliefert wurde, stand es groß, grau und schrecklich da, doch wir lebten inzwischen in der Stadt und für den Balkon war es wirklich zu sperrig und schwer. Die Mauer musste noch einmal weg und gelangte in den kleinen Park des VNG-Gebäudes. Da steht das Segment nun und erinnert samt einer kleinen Tafel an die unselige Teilung unseres Landes und an die über 1000 Menschen, die an der innerdeutschen Grenze ihr Leben ließen. Manchmal treten Passanten neugierig näher. Einmal sah ich eine Frau meines Alters mit einem Mädchen davor stehen. Ich stellte mich dazu. Die Kleine fragte: „Oma, was ist das?" Oma war sichtlich verlegen, schaute mich an und sagte entschuldigend, mehr zu mir als zu ihrer Enkelin: „Ach, da möchte man gar nicht gern dran erinnert werden, nicht wahr?" Das sah ich ganz anders, und wir gerieten in eine bewegte Diskussion. Mögen sich noch viele Großeltern mit ihren Enkeln dorthin verirren.

Ende 2009 ergab sich eine weitere Möglichkeit zum Wachhalten unserer Geschichte. Bei seiner großen Spendengala „Ein Herz für Kinder" sammelte das ZDF Spendengelder für Hilfsprojekte in aller Welt. Der Fall der Mauer hatte sich zum zwanzigsten Mal gejährt, und in der Sendung konnte ein Mauerstück ersteigert werden. Es war vom Leipziger Künstler Michael Fischer-Art gestaltet und noch durch drei Unterschriften veredelt: die von Michail Gorbatschow, George Bush und Helmut Kohl. Dieses Mauerstück ersteigerte live auf Sendung die VNG. Mit diesem bedeutsamen Stück deutscher Geschichte unternahmen wir eine „Bildungsreise" durch Europa. Dieses Projekt mit dem Namen „Mauerfälle" führte nach Norwegen, Belgien, Ost- und Westdeutschland mit dem Ziel, insbesondere junge Menschen anzuziehen und mit ihnen ins Gespräch zu kommen.

So waren wir in Stavanger in Norwegen. Stavanger ist die Öl- und Gashauptstadt Westeuropas. Alle zwei Jahre trifft sich dort die gesamte Branche, die offshore, also im Meer Öl und Gas sucht und fördert. Die VNG ist dort seit 1992 als Unternehmen aus Ostdeutschland präsent. Wir nahmen die „Mauer" mit und luden Hans-Dietrich Genscher als einen der Zeitzeugen zu uns ein. Neben ihm kam der norwegische König auf seinem Rundgang vorbei – im Blitzlichtgewitter erläuterten wir ihm kurz unsere Idee. Danach kamen norwegische Schüler mit Genscher ins Gespräch. Zwei Stunden stand er Rede und Antwort, es war berührend mit anzusehen und anzuhören. Das Mauerstück funktionierte tatsächlich wie von uns erhofft als Katalysator für lebhafte Kommunikation, und so ging es noch zwei Jahre lang auf Tournee: Leipzig, Chemnitz, München, Essen, Neubrandenburg, Dresden, Brüssel, Nordhausen, Annaberg-Buchholz, Hoyerswerda, Wittenberg, Rostock, Erfurt und wieder Berlin. Das Mauersegment, eine Fotoausstellung, eine Schulstunde mitsamt dem Buch „Der 9. Oktober 1989" von und mit Michael Fischer-Art, ein Podium für die Gespräche vor Ort – alles das gelangt in einem Container von Ort zu Ort.

Während die „Mauer" auf Tour war, bekam ich eines Tages in Leipzig Besuch von einem alten Freund. Ich hatte Arpad von Lazar, „König aller Ungarn", wie er sich selbst nannte, 1996 am Rande einer Öl- und Gaskonferenz in Norwegen in der Sauna kennengelernt. Wir schwitzten beide heftig und verstanden uns sofort. Als Neunzehnjähriger war er im ungarischen Volksaufstand 1956 mit der Kugel aus einer russischen Waffe im Kopf in die Donau gesprungen und in Österreich halbtot aus dem Wasser gezogen worden. Mit Hilfe eines Stipendiums studierte er in den USA, er arbeitete in der Öl- und Gasbranche, wurde Professor und bildete den internationalen Nachwuchs in dieser Branche betriebswirtschaftlich aus. Er war mit einer deutschen Dressurreiterin verheiratet und trug sich mit dem Gedanken, auf seine alten Tage nach Europa zurückzukehren.

Nun saß er mir in Leipzig beim Mittagessen gegenüber und hatte ein Geschenk mitgebracht, nein, kein Geschenk, sondern ein Stück Geschichte. Er überreichte es mir wie der Lordsiegelbewahrer persönlich und nahm mir das Versprechen ab, es zusammen mit dem Mauerstück einzusetzen, zur Erinnerung an die wichtige Rolle Ungarns 1956 und im Herbst 1989. Es war ein Stück Stacheldraht auf einem Samtkissen und stammte von dem Draht, den die Ungarn beim „Paneuropäischen Frühstück" im August 1989 an der ungarisch-österreichischen Grenze herausgeschnitten und damit das erste Loch in den Eisernen Vorhang gemacht hatten. Es ermöglichte die erste Massenflucht von DDR-Bürgern. Arpad, der nie rehabilitiert wurde, war stets ein heftiger Gegner jeder sozialistischen Regierung in Ungarn, auch der im Herbst 1989 eingesetzten. Als ihr Außenminister Gyula Horn Ende 1989 nach New York kam, um Exil-Ungarn für Hilfe in ihrer früheren Heimat zu gewinnen, war er der

Nach der Ersteigerung des Mauerstücks zugunsten „Ein Herz für Kinder", Dezember 2009

Einladung nur widerstrebend nachgekommen. Am Ende des Abends überreichte Horn ihm dieses Stück Draht als Entschuldigung der ungarischen Regierung, und Arpad nahm die Gabe an.

Nun gab er es mir, gab es uns, der VNG. Das Versprechen wird noch eingelöst, wir arbeiten daran. Die „Mauerfälle" ruhen zur Zeit in einem Container. Sie brauchen einen dauerhaften angemessenen Ort, den viele neugierige Menschen besuchen kommen.

Als nach dem Krieg bei uns wieder eine Gans zum Weihnachtsfest auf dem Tisch stand, zitierte mein Großvater gern auf Plattdeutsch Fritz Reuter: „Un he, de Konsul Crotogino, ein gewaltiger Mann, wat hat de Mann für'n Rotwien." Weinkultur war uns in der DDR fremd. Mein Großvater schwärmte zwar am Festtag vom Bernkasteler Riesling, aber da es ihn bei uns nicht gab, konnte niemand überprüfen, ob er zu Recht schwärmte. Freunde alkoholischer Getränke waren damals überwiegend Biertrinker. Das normal erhältliche Bier musste zwar möglichst bald getrunken werden, denn es wurde sauer, erfüllte aber seinen Zweck, den Durst zu löschen und ausreichend zu benebeln. Schon Otto von Bismarck soll in einer Rede im Preußischen Landtag verkündet haben: „Bier, das nicht getrunken wird, hat seinen

Mit Leßner und Späth auf Weinreise an der Loire

Beruf verfehlt." Ein gutes Pils wie Wernesgrüner horteten wir und hoben es für den Urlaub in Bulgarien auf. Wenn wir ausgingen, etwa zum Tanzen, gab es oft süße Weine aus Ungarn oder Bulgarien, flaschenweise Tokaier Aszú, herrlich ein Glas als Dessert, aber in Mengen getrunken grauenhaft.

So waren die Trinkgewohnheiten, als wir auch in dieser Hinsicht nach Mauerfall und Wiedervereinigung Neuland betraten. Unsere neuen Partner, Unterstützer, Freunde und Konkurrenten aus dem Westen waren 1990 längst auf der Entwicklungsstufe, wo man ein kleines Bier als Starter oder nach dem Essen als Absacker genoss – ansonsten gab es Wein, vorwiegend Rotwein. So wurden wir schrittweise in eine neue Trinkkultur eingeführt. Bald wurde mir deutlich, dass Bier zwar den Durst löscht, Wein jedoch ein Erlebnis sein kann. So begannen wir, Wein wirklich kennen und genießen zu lernen und Herkunftsgebiete zu besuchen. Mit unserem guten Freund Rombach aus Baden-Württemberg haben wir vom Elsass über Burgund und die Champagne bis Bordeaux alle herrlichen Weingegenden Frankreichs bereist, es gibt ein Foto, wie ich am Château Mouton-Rothschild den Boden küsse.

Im März 1995 – wir waren auf diesem Weg noch ganz am Anfang – gingen meine Frau und ich durch die Mädlerpassage in Leipzig, die mit zahlreichen Geschäften wiederbelebt worden war. In dieser Passage befindet sich Auerbachs Keller, dank Goethes „Faust" eine der bekanntesten Gaststätten in Europa. In Richtung Meißner Glockenspiel lag damals Ingeborg Voigtmanns „Wein-Cabinett". Im Schaufenster sehe ich einen Rotwein, von dem ich schon gehört hatte, Mouton-Rothschild!

Dieses Weingut war mit seinen Tropfen erst 1973 in die Reihe der Ersten Gewächse im Bordeaux aufgestiegen, der Premiers Crus. Die Klassifikation stammt aus dem Jahr 1855 und nur Mouton schaffte danach noch den Aufstieg, eine Leistung des Besitzers Baron Philippe

Mit Familie Rombach (links außen und zweite von rechts) im Elsaß

Rothschild. Die in fünf Klassen gestaffelte Klassifikation der Gewächse – eine große Marketingidee des 19. Jahrhunderts – entscheidet bis heute über die Preise der Rotweine aus diesem größten Weinanbaugebiet der Welt. Sie sagt aber nichts über den Geschmack und die Freude beim Trinken dieser Weine aus, das muss jeder für sich selbst herausfinden. Ganz kann man sich aber der Magie nicht entziehen, einen Premier Cru zu trinken oder im Keller liegen zu haben. Mouton hat noch eine eigene wirksame Marketingidee. Seit Anfang der 1940er Jahre lässt man das Etikett jedes Jahrgangs von einem weltbekannten Künstler gestalten und macht damit auch noch die leere Flasche zu einem begehrten Sammelobjekt. Picasso, Dalí, Warhol – alle haben sich hier verewigt.

Nun sehe ich also eine Flasche des Jahrgangs 1989. Das Etikett zeigt eine zerbröselnde Steinmauer, davor liegt ein Esel auf dem Rücken, dazu der Satz: „Drüben sein, jetzt hier", gezeichnet: Baselitz. Da liegt also ein französischer Kultwein im Fenster, mit einem Label von einem deutschen Künstler, der aus Sachsen stammt, die DDR verließ und nun den „Fall der Mauer" gestaltet hat! Zögernd betrat ich den kleinen Weinladen.

„Dieser Rotwein dort, wie viele Flaschen haben Sie von ihm?"

191

Vor dem Essen v. r. n. l. Frau Friede Springer, Jürgen Hambrecht und Michael Otto, Dezember 2009

„Fünf."

„Die hätte ich gerne."

„Gut, Ihre Adresse bitte, wir liefern, die Rechnung liegt dann anbei."

So geschah es. Zu Hause fiel mir ein, dass ich nicht nach dem Preis gefragt hatte – na, wird schon nicht so schlimm sein. Dann bekam ich die Weinkisten geliefert und mit ihnen die Rechnung präsentiert. Oh, dachte ich nur – die Flasche kostete 219 DM (dafür kriege ich ja fast zehn Kisten Bier, ging mir noch durch den Kopf). Ich schluckte kurz, meine Frau bekam die Rechnung nicht zu sehen. Dann trug mich die Fantasie fort: Man stelle sich vor, man hätte heute fünf Flaschen Mouton aus dem Jahr 1789, dem Revolutionsjahr mit dem Sturm auf die Bastille, und ginge damit nach London, Sotheby's würde sie versteigern – und ein Vermögen umsetzen! Dieser Mouton aus dem Revolutionsjahr 1989 wird unsere Altersversorgung! Meine Gedanken spielten sofort weiter: Einen Mouton von 1789 mit den Unterschriften von Rousseau und Robespierre auf dem Etikett – den gibt es nicht, aber unvorstellbar, was die noch zur Wertsteigerung beitragen würden – Wahnsinn. Die Revolutionäre von 1989 mussten her!

Diese Idee haben wir im Unternehmen schrittweise umgesetzt. Wir kauften zunächst sechzig Flaschen Mouton – der Vorstand schluckte,

... bei einem festlichen Abendessen im Springer-Hochhaus. Unter den Gästen: Helmut Kohl, Michail Gorbatschow und George Bush sen.

denn die VNG machte damals hohe Verluste und stürzte sich dennoch in solche Ausgaben? Dann luden wir die Revolutionäre am 9. Oktober zu einem Abendessen ein. Die Revolutionäre – also das Leipziger Volk, das mit den Montagsdemonstrationen und dem „Wunder von Leipzig" vom 9. Oktober 1989 den friedlichen Übergang vom SED-Staat zu einem wirklich demokratischen Land erkämpft und eingeläutet hatte. Aber für das ganze Volk hatten wir weder den Platz noch den Wein, also ging das nur über Repräsentanten. Es kamen die beiden Nikolaikirchpfarrer Christian Führer und Friedrich Magirius, letzterer Moderator des Runden Tisches, dann Walter Christian Steinbach, lange Zeit Pfarrer in Rötha und später Regierungspräsident, der Kabarettist Bernd Lutz Lange und Kurt Masur, Dirigent des Gewandhauses. Dazu kam der Vorstand der VNG.

Der Abend diente keinem anderen Zweck als dem Erzählen und Diskutieren, und wir luden fortan jedes Jahr wieder dazu ein. Über fünfzehn Jahre hindurch waren dies die spannendsten Abendessen, die ich erleben durfte. Man bekam immer wieder neue Einblicke in die Abläufe und Wahrnehmungen im Herbst 1989, das war Zeitgeschichte zum Anfassen, und zu trinken gab es Mouton! Nach zwei, drei Jahren begannen wir Ehrengäste einzuladen, die die Diskussion aus

Ein Plausch mit dem ehemaligen US-Präsidenten Bush

anderem Blickwinkel bereicherten: Kurt Biedenkopf, Joachim Gauck, Lothar de Maizière, Klaus Liesen, Hans-Dietrich Genscher, mit dem wir uns stritten, weil er alles schon vorher gewusst haben wollte, was wir selbst im Auge des Taifuns nicht erkennen konnten.

Auch Erich Loest war unser Gast, der mutige Schriftsteller, der für sein gedankliches Aufbegehren fast acht Jahre in Bautzen büßen muss-te und auf seine knorrige Art leidenschaftlich mitdiskutierte. Wir ha-ben ihn jedes Jahr eingeladen, doch irgendwann kam er nicht mehr. Ich glaube, er muss jedes Mal Höllenqualen gelitten haben, weil sein geis-tiger Kampf gegen die DDR-Ideologen ihn zunächst ins Zuchthaus und dann zur Ausreise in die Bundesrepublik gezwungen hatte und er dann im historischen Moment, von dem sich bei unseren Treffen nun alle ge-genseitig erzählten, nicht dabei sein konnte in seinem geliebten Leipzig.

Zurück zum ersten Abendessen dieser Art. Wir hatten die sech-zig Flaschen ausgelegt und baten vor dem Mahl alle zur Unterschrift auf dem Baselitz-Etikett. Die meisten hatten damit kein Problem, nur Pfarrer Führer wollte zunächst nicht – ein Gottesmann im Dienste des Marketings? Ich konnte ihn überzeugen, fünfzehn Jahre später waren wir beide Gründungsmitglieder der Stiftung Friedliche Revolution Herbst 1989.

Die erste Wertsteigerung unserer Mouton-Flaschen war also gelungen. Danach rief ich den Künstler Baselitz an und fragte ihn, ob er selbst auch noch bereit sei, auf ihnen zu unterschreiben. Nein, sagte er schlicht, er habe keine Lust und verstehe im Übrigen auch nicht, was das solle. Nun, das konnte ich ihm erklären; in vielen Jahren der Mangelwirtschaft war ich gut geworden im Finden von Ersatzlösungen, und in der Sozialen Marktwirtschaft war ein Geschick im Nichtlockerlassen hinzugekommen. Ich bot Baselitz an, den Wein zu ihm zu bringen, dort könne er ihn ohne großen Zeitaufwand veredeln. Er ließ sich von mir breitschlagen und hat im Hof seines Schlosses, das er damals bewohnte, kniend alle Flaschen signiert, auch meine privaten – ich hatte zugekauft und besaß nun zwölf.

1997 feierte man in Leipzig acht Jahre Leipziger Herbst, zum feierlichen Abendessen erschien auch Michail Gorbatschow, der Mann, der erkannt hatte, dass man den Weg der Deutschen in die Einheit nicht mit Gewalt würde verhindern können und ihn statt dessen ebnen half. Ich war ebenfalls dorthin geladen. Ich nahm in einem Stoffbeutel drei Flaschen meines Mouton mit, stellte ihn unter den Tisch und wartete auf meine Gelegenheit. In einer Pause ging ich zu seinem Dolmetscher und stellte mein Ansinnen vor: ob „Gorbi" mir die drei Flaschen wohl unterschreibe, eine sei dann für ihn. Wir traten zu ihm, ich mit meinem Stoffbeutel in der Hand. Oh Gott, alle am Tisch guckten. Um ihn auf Augenhöhe zu sprechen, ging ich in die Hocke und erklärte ihm meine Bitte, ihm wurde übersetzt – er schaute fröhlich und unterschrieb. Die für ihn bestimmte Flasche schlug er aus. Ich war begeistert, die zweite Wertsteigerung, wenn auch nur für diese drei Flaschen. Über unsere Repräsentanten in Moskau habe ich Gorbatschow später drei Mouton überreichen lassen. Ich hoffe, er hat sie genossen.

Wir haben die Entwicklung dieses Weines jeweils im Oktober überprüft, dazu wurden gelegentliche Nachkäufe erforderlich. Die veredelten Flaschen auszutrinken, verbot sich selbstverständlich.

Auf der bereits erwähnten Spendengala des ZDF zugunsten der Aktion „Ein Herz für Kinder" 2009 konnten wir noch einmal ein paar Flaschen aufwerten lassen, genauer gesagt beim Galadinner im Springerhochhaus zu diesem Anlass. Wir haben drei Flaschen veredelt bekommen: Helmut Kohl, George Bush und Michail Gorbatschow unterschrieben neben Pfarrer Führer auf dem Baselitz-Etikett. Das Erbe steht, Sotheby's kann kommen – in knapp einhundert Jahren. Ich prophezeie jeder Flasche den Wert eines Einfamilienhauses.

Sollte ein Leser kritisch einwenden, ob ein Gasunternehmen denn wirklich solche Dinge tun sollte, würde ich ihm sagen: Ja, denn billiger und zugleich nachhaltiger kann man Marketing kaum haben. So mancher Gast im Springerhochhaus hat noch lange von diesem Abend und dem dort ausgeschenkten Mouton '89 geschwärmt. Wer den Wein auf den Tisch stellen ließ, hatten wir nicht verschwiegen. Damit haben wir nach vielen Seiten als Unternehmen mit Ideen gepunktet.

Zudem ist uns dabei nie aus dem Blick geraten, wichtige Projekte und Initiativen zu unterstützen.

Seit 1993 gibt es den „Internationalen Brückepreis" der heutigen Europastädte Görlitz und Zgorzelec, durch die der Fluss Neiße verläuft und sie in eine deutsche und eine polnische Hälfte teilt. Jahrzehntelang hinderte hier eine Staatsgrenze, heute kann jedermann über die beide Seiten miteinander verbindende „Brücke der Freundschaft" spazieren. Erste Preisträgerin war Marion Gräfin Dönhoff, Herausgeberin der „Zeit". Viele herausragende Persönlichkeiten wie Adam Michnik, Chefredakteur der Tageszeitung „Gazeta Wyborcza", die ehemaligen polnischen Außenminister Bartoszewski und Mazowiecki, der englische Historiker Norman Davies, Autor der herausragenden „Geschichte Polens" und natürlich Kurt Biedenkopf erhielten den Preis, zuletzt im Jahr 2012 Vitali Klitschko!

Die VNG und unser polnisches Pendant PGOC unterstützten einige Jahre lang den Brückepreis, er passte in unsere Strategie und zu unserer Grundhaltung. Im Jahr 2000 erhielt der Historiker Arno Lustiger den Preis, die Laudatio hielt Wolf Biermann, der mit seinen Liedern und Gedichten die DDR erst gestärkt hat und später mithalf, sie zu demontieren.

Arno Lustiger wurde als Kind polnischer Juden 1924 in Bedzin, Oberschlesien geboren und hat in seinem Leben Unglaubliches erfahren müssen. Nach dem Einmarsch Hitlerdeutschlands geht er 16-jährig in den Widerstand. Er wird verhaftet, überlebt sechs Konzentrationslager und zwei Todesmärsche (wie die grausamen Fußmärsche des Holocaust genannt werden, die den einzigen Zweck hatten, dass die Menschen unterwegs entkräftet sterben sollten). Auf dem letzten Marsch, so erzählte er mir, flieht er mit sechs Kameraden in Thüringen.

Während der „Mauerreise" mit König Harald V. von Norwegen und Hans-Dietrich Genscher, Stavanger 2010

Sie werden getrennt, er versteckt sich halb verhungert in einer Scheune und wird von einer deutschen Patrouille entdeckt. Das war's, denkt er, da wirft ihm ein Offizier ein Stück Brot zu, deckt ihn wieder zu und verschwindet; Lustiger wird schließlich, zum Skelett abgemagert, von den Amerikanern gerettet. Er glaubte, dass ihm dieses Erlebnis in der Scheune die Möglichkeit offenhielt, trotz allem, was ihm und dem jüdischen Volk insgesamt widerfahren war, in Deutschland zu bleiben.

Er wird Textilhändler in Frankfurt am Main und fängt später an, sich wissenschaftlich mit der Geschichte der Juden und des Holocaust zu befassen. Es entstehen zahlreiche Bücher. Ein Argument, das ihn besonders entsetzt und das er immer wieder zum Gegenstand seiner Untersuchungen macht, ist der Vorwurf, warum sich denn die Juden willenlos „wie Lämmer zur Schlachtbank" hätten abführen lassen, ohne sich zu wehren. Der Mörder ist nicht allein schuldig, will dieser Versuch einer Abwehr besagen, der Gemordete hat ja eine Mitverantwortung! Mit dieser Haltung lebt es sich als Mörder oder als Angehöriger eines Volks, das millionenfachen Massenmord zu verantworten hat, einfach leichter.

Arno Lustiger erzählte mir weiter, dass er sich nach der Friedlichen Revolution endlich auf Spurensuche zu seinem Todesmarsch

Ein Wein, der nicht nur mit dem Alter immer besser wird, sondern auch mit den Unterschriften auf seinem Etikett: Château Mouton-Rothschild 1989

in Thüringen machen konnte. Die Erinnerung ist zwar wach, aber die Ortskenntnis schlecht. Er fährt kreuz und quer, da kommt er an einer Landstraße an einer schlichten Gedenktafel vorbei, die an sechs in den letzten Kriegstagen erschossene KZ-Häftlinge erinnert – es sind die mit ihm geflohenen Kameraden. Erschüttert betet er für sie und schaut als einziger Überlebender über die Thüringer Landschaft.

Wir haben später in sporadischen Abständen viele Stunden miteinander telefoniert und uns ausgetauscht. Zu einem Treffen der Führungskräfte der VNG in Leipzig konnten wir Arno Lustiger und Wolf Biermann einladen. Aus dieser Begegnung ergaben sich für die Juristen, Betriebswirte und Ingenieure viele neue Gedanken und Anregungen.

Im Jahr 2003 erhielt Arno Lustiger die Ehrendoktorwürde der Universität Potsdam. Ein deutscher Germanistikprofessor hielt die Laudatio, er unternahm eine umfassende Würdigung von Lustigers wissenschaftlicher und publizistischer Leistung. Es war sehr bewegend, doch mit einem Mal stockte mir der Atem. In seiner Beschreibung von Lustigers Einsatz im Warschauer Ghettoaufstand sagte er, Lustiger sei dort kämpferisch als Teil einer „verschworenen Gemeinschaft" tätig gewesen. Ich fiel fast vom Stuhl. Dieser Begriff an dieser Stelle, zu diesem Anlass – ich konnte nicht glauben, wie sehr es hier an Sprachbewusstsein mangelte.

Dabei hatte uns jemand in einem zeitlosen Buch sensibilisiert für die mehr oder weniger versteckten Signale der Gewalt in der Sprache: Victor Klemperer, der jüdische Romanist aus Dresden, legte 1947 sein Buch „LTI – Notizbuch eines Philologen" vor. LTI, Lingua Tertii Imperii nennt er darin die Sprache des Dritten Reichs. In der DDR war es neu aufgelegt worden und weit verbreitet, für mich als Student war es eine Offenbarung. Es beschreibt die allumfassende Militarisierung der deutschen Sprache in der Nazizeit und wie sie die Menschen schleichend erfasst und fürchterlich verändert und auch danach oft unerkannt fortwirkt – alles nach Hitlers Willen im Dienst der zu erzeugenden „verschworenen Gemeinschaft", die für bedingungslosen Gehorsam steht und in den Kampf gegen alle Feinde des Deutschen Reichs in der Welt ziehen soll – den Bolschewismus, England und natürlich den zu vernichtenden „Weltjuden". Der junge Professor in Potsdam ahnte wohl nichts Böses, als er diese Formulierung verwendete, ihm empfehle ich, wie jedem Menschen, die Lektüre dieses Buches.

Später telefonierte ich mit Lustiger, erzählte ihm, was ich da hatte hören müssen. Er selbst war im Geist mit seiner Dankesrede beschäftigt gewesen, sodass er nichts bemerkt hatte. Wir waren uns einig darin, dass man auf seine Worte, seine Bilder, seine Sprache achten möge, sie ist ein Abbild des Denkens. – Arno Lustiger ist am 15. Mai 2012 gestorben.

Anstiftung zur Kunst

Ich war zum Gespräch mit dem Geschäftsführer der BEB in Hannover geladen, es muss im Mai/Juni 1990 gewesen sein. BEB ist die Abkürzung für Brigitta-Elwerath-Betriebsführungsgesellschaft, gegründet als Bergwerksgesellschaft in den 1920er Jahren, nun eine Tochtergesellschaft von Esso Deutschland und Shell Deutschland. Die BEB, damals bereits der größte Erdgas- und Erdölförderer in der Bundesrepublik, war es bald auch in Gesamtdeutschland. Sie war die erste westliche Gesellschaft, mit der die DDR-Gesellschaft VNG im Mai 1990 einen Gasliefervertrag abschloss. „Angestiftet" durch die Ruhrgas, hat sie sich als VNG-Aktionär bei der Treuhandanstalt beworben und wurde dies dann im August 1990. Lange Zeit hielt die BEB 10 Prozent der Aktien der VNG.

Mit Herrn Geisel von der BEB also besprach ich gemeinsame Schritte zur Einführung von Erdgas in der DDR. In einer Pause sah ich mich in seinem Büro näher um und betrachtete ein Bild, das über dem Sofa hing. In einer Ecke des Bildes las ich „Beuys"! Ich war und bin kein Kunstkenner, aber diesen Namen hatte ich denn doch schon gehört, im Zusammenhang mit der Zerstörung seiner „Fettecke" durch einen Hausmeister. „Eine schöne Reproduktion", sagte ich zu Herrn Geisel. „Das ist ein Original", antwortete er. „Als wir dieses Gebäude vor fünfzehn Jahren bauten und einrichteten, haben wir es für 1500 DM gekauft. Nun hat man mir 300 000 DM dafür geboten, aber es bleibt hier – für schlechte Zeiten", fügte er lächelnd hinzu. Donnerwetter, dachte ich, zweitausend Prozent Wertsteigerung in fünfzehn Jahren, das lohnt sich.

In Leipzig ging ich bald darauf mit meiner Mitarbeiterin Frau B. in die Hochschule für Grafik und Buchkunst (HGB), und mit Christine Rink, Galerieleiterin der HGB, legten wir den Grundstein für eine langfristige Zusammenarbeit. Im Kern lautete unsere Vereinbarung: Wir, die VNG, haben keine Ahnung von Bildern und auch noch keine ordentlichen Wände, um welche aufzuhängen. Deshalb wird uns Frau Rink dabei helfen. Wir stellen ihr dazu eine Summe zur Verfügung und verlassen uns auf ihre Sachkenntnis.

In dieser Zeit lebte es sich als Künstler im Osten Deutschlands schwer. Jeder wollte ein neues Auto, eine neue Wohnung und Arbeitsstelle, Auslandsreisen – aber für die Anschaffung von Kunst interessierte sich kaum jemand. Mit harter Währung begann Frau Rink Bilder zu kaufen und damit Künstlern zu helfen, deren Namen inzwischen bekannt bis berühmt sind: Werner Tübke, Arno Rink, Neo Rauch, Michael Fischer-Art, Reinhard Minkewitz, Günter Richter, Rosa Loy und viele andere. Als die VNG im März 1997 in ihr neues Gebäude im Leipziger Nordosten umzog, war bereits eine stattliche Anzahl von Bildern vorhanden. Das Konzept von Frau Rink hatte vorgesehen, von jedem ausgewählten Künstler zwei Werke für die VNG-Sammlung anzukaufen. Nun gab es auch genug Wände, um sie anzubringen. Das Gebäude ist übrigens ein eigenes Stück Baukunst mit Kunst am (und im) Bau.

Wichtig war uns, dass wir die Kunst nicht nur „hatten", sondern dass sich die Mitarbeiterinnen und Mitarbeiter auch mit ihr auseinandersetzten. Die Bilder konnten betrachtet werden, die Kuratorin hängte alle im Unternehmen auf.

Eines Morgens kam ich in mein damaliges Büro in der Karl-Heine-Straße und verspürte schlechte Laune bei der Sekretärin Frau Fäthe – das merkt ein Chef schon daran, wie ihm die Kaffeetasse hingestellt wird. Ich fragte sie nach ihrem Befinden, da brach es aus ihr heraus: Irgendjemand hätte ihr ein dunkles Ölgeklecksel direkt vor die Nase gehängt, ohne zu fragen und nun schaue sie immer direkt auf dieses Bild, wenn es überhaupt eines sei, sie sei davon ganz niedergedrückt und missgelaunt.

„Dann such dir doch ein anderes aus, das dir gefällt und gute Laune macht", sagte ich, „und wechsle es gegen das ‚schlechte' aus." – „Darf man denn das? – „Natürlich! Es liegt ja in unserer Hand." Bald hing ein anderes Bild an ihrem Arbeitsplatz. An dem sitzt heute ihre Nachfolgerin, das Bild hängt immer noch dort.

Einmal sprach mich ein Mitarbeiter auf die Bilder eines jungen Künstlers an, von dem wir nicht nur Werke angekauft, sondern auch Buchprojekte und Kalender hatten gestalten lassen: Wie wir (eigentlich: ich) so ein buntes Geschmiere bloß gut finden und auch noch in Umlauf bringen könnten. Das wäre übrigens nicht nur seine Meinung, er sei sich darin mit etlichen Leuten der Leipziger Kunstszene einig. –

Ich fühlte mich nicht sehr angegriffen und antwortete mit einem Gedankenspiel. Ich bat ihn, sich vorzustellen, er wäre vor hundert Jahren von einem jungen Künstler angesprochen worden, der ihm einige seiner Bilder zum Kauf anbot; in der Kunstwelt hatten sie schon für einen Aufschrei gesorgt und auch er würde sie unverständlich finden und entrüstet ablehnen. Sein Nebenmann aber hätte dem jungen Mann, vielleicht auch ein wenig aus Mitleid, einige dieser seltsamen Bilder abgekauft. Dessen Erben wären heute im Besitz echter Picassos und somit reich.

Das könne man nun wirklich nicht vergleichen, antwortete der Kollege, und ich erwiderte: „Ganz ausschließen kann man so eine Entwicklung aber auch nicht." Es folgte ein wenig Nachdenken über Geschmack und auch über Toleranz und dabei beließen wir es.

Leipzig erlebte zu Anfang der neunziger Jahre einen rasanten Bauboom. Neben dem privaten Bedarf an neuem Wohnraum gab es natürlich den Wunsch nach vernünftigen Bedingungen am Arbeitsplatz. Als Allererstes verbesserten wir in unseren Papp-Baracken in Böhlitz-Ehrenberg die Situation der Toiletten, dort sah und roch jeder Mitarbeiter sofort die Möglichkeiten der neuen Zeit. Aber das konnte nicht die ganze Lösung sein. Wie viele Betriebe stellten auch wir uns vor, bald in um- oder neugebauten Räumen zu arbeiten. Auf die große Lösung mussten wir, die wir ja mitten im Kampf um die Durchsetzung unseres Produkts Erdgas standen, noch eine Weile warten.

Um eine Vision von unserer räumlichen Zukunft zu bekommen, schrieben wir einen Architektenwettbewerb aus, er lieferte ein gutes Dutzend Vorschläge und Modelle. Daraus formten wir eine Ausstellung, die allen Mitarbeitern zugängig war, und jeder sollte seine Meinung dazu abgeben können, der Aufsichtsrat, der Vorstand, der Betriebsrat, jedes Gremium erkor seinen Favoriten. Aus den drei bestplatzierten wurde in einer neuen Runde der Gewinner ermittelt. Dieses Modell ließen wir vervielfältigen und stellten es in allen unseren acht Standorten in Leipzig aus. Da stand nun unsere Zukunft im Raum – im wahrsten Sinne des Wortes. Jeder konnte seine Träume an diesem Modell festmachen. Wenn wir bei der Eroberung des neuen Wirtschaftssystems und seines Marktes einmal verzweifelten, vor dem Gebirge der Aufgaben mutlos wurden, schauten wir auf das Modell und wussten, warum sich das alles lohnen könnte.

James Turell, Gebäude VNG bei Nacht, 1997

Am 17. März 1997 zogen wir in unser neues, helles und transparentes Betriebsgebäude ein. 1996 hatten wir unser erstes Jahr mit positivem Betriebsergebnis abgeschlossen. Acht Jahre nach der Revolution hatte die VNG einen Erfolg am Markt erreicht, freilich mit einer in diesem Zeitraum deutlich verringerten, „angepassten" Mitarbeiterzahl, wie es in der Sprache des neuen Wirtschaftssystems hieß. Mancher ambitionierte Neubau in Leipzig wurde dagegen gar nicht erst bezogen, weil sich der Bauherr nicht am Markt hatte halten können. Als ich eines Abends unserem Sohn, der als Schauspieler der Welt des Managements und der Wirtschaft mit Vorbehalten gegenüberstand, dieses neue Gebäude zeigte, schaute er sich ausgiebig um, sah dann mich an und sagte: „Vadder, das hätte ich euch Langweilern gar nicht zugetraut."

Das Gebäude war die Leistung einer jungen Gruppe Berliner Architekten und ihr erstes Projekt. Sie erzählten uns später folgende Geschichte: Sie wollten diesen Auftrag unbedingt bekommen. Als eine Gruppe von VNG-Ingenieuren sie in Berlin besuchte, um ihnen bzw. ihrer Kompetenz auf den Zahn zu fühlen, errichteten sie für sie ein kleines Potemkinsches Dorf: Sie mieteten möblierte Räume für einen Tag, setzten emsig wirkende Studenten an nicht angeschlossene Telefone, hingen Bilder von vielen Projekten an die Wände, stellten Modelle auf die Tische – und unsere Leute kehrten beeindruckt nach Leipzig zurück. Sie erhielten den Zuschlag. Das Haus – eine Investitionssumme von weit über einhundert Millionen Mark – wurde gebaut und ein schöner Arbeitsplatz für hunderte Mitarbeiter.

Als dort der Betrieb lief, kamen die selbstbewussten Architekten noch einmal zu mir: Es müsse noch Kunst am Bau her. Wir hängten gerade die von Frau Rink beschafften Bilder auf – mehr geht nicht, sagte ich, kommt gar nicht in Frage! Wir hätten aber eine ganz große Chance, sagten sie, die die VNG nicht verstreichen lassen dürfe: James Turrell, der Lichtkünstler unserer Zeit, hätte sich bereit erklärt, in Leipzig ein Objekt mit seiner Kunst zu veredeln, das wäre das erste Projekt im gesamten ehemaligen Ostblock – und fast umsonst! Lichtkunst? Ich sah bunte Leuchtreklame um uns herum flimmern, der Name Turrell sagte mir Banausen auch nichts – und fast für umsonst, das machte mich erst recht misstrauisch. Als Erstes fragte ich nach, wie viel denn „umsonst" sei? „Nicht mehr als siebzig- bis achtzigtausend Mark." – „Was?", ich sprang von meinem Stuhl auf.

Håkon Bleken: „Ich und Trondheim" (1999)

Um es kurz zu machen, der Lichtkünstler kam und installierte. Und wir haben es nicht bereut. Wenn man sich abends vor den entsprechenden Trakt stellt, wird man in eine sich langsam verändernde, durch einen Zufallsgenerator gesteuerte Farbwelt entführt. Irgendwann tritt man wieder aus ihr hervor, ist verblüfft und verzaubert.

Eines Tages in der Weihnachtszeit hatte ich Geschenke eingekauft, die ich später abholen wollte. Ich gab meine Visitenkarte ab, die Verkäuferin schaute darauf und sagte: „Ist das Verbundnetz Gas da draußen in der Braunstraße?" – „Ja", antwortete ich verwundert. „Oh, das ist abends so schön. Ich gehe da manchmal extra hin, um das Farbspiel auf mich wirken zu lassen."

Drei der Bilder, die an unseren Wänden hängen, schaue ich mir wegen ihrer besonderen Geschichte bis heute besonders gern an. Das erste ist „Ich und Trondheim" (1999) von Håkon Bleken, dem derzeit vielleicht bekanntesten lebenden Maler Norwegens. Durch Wolfgang Laschet, der eine Zusammenarbeit zwischen Freiberg, der Uni Leipzig und der TU Trondheim seit 1994 organisierte, lernten wir den Künstler in Trondheim kennen, dem man dort ein eigenes Museum errichtet hatte. Die VNG hatte inzwischen begonnen, auch nach Werken aus Russland und Norwegen zu schauen. So sollte nun ein Bleken her. Dieses großflächige Bild gefiel uns, noch mehr die Geschichte dazu.

Ein Stadtteil Trondheims am Hafen war ziemlich verfallen und wurde, weil sehr billig, von Studenten, Künstlern und Lebenskünstlern belegt. Nach heftigen Diskussionen gab es einen Ratsbeschluss zur Entwicklung dieses Viertels zu einer modernen Wohngegend samt Gewerbegebiet. Dazu musste vieles abrissen und beseitigt werden. Der „Tag der Bagger" war festgelegt, die Häuser bereits freigeräumt. Da kam Håkon Bleken auf eine Idee. Er sprach Kollegen, Studenten und andere an und versah über Nacht einige der Abrisshäuser mit frischgemalten Bildern. Die Bauarbeiter staunten am nächsten Morgen nicht schlecht. Natürlich hatte die Presse diskrete Hinweise erhalten und war versammelt, um zu dokumentieren, was geschehen würde. Die Arbeiter weigerten sich, die Greifarme ihrer Maschinen gegen die Kunst zu erheben. Aus Abrisshäusern waren Kunstwerke geworden, für die der Ratsbeschluss nicht mehr galt. Die Stadtverordneten mussten sich erneut mit der Sache befassen. Sie besichtigten, waren überrascht, einige beeindruckt, und sie gebaren einen neuen Beschluss: Das Viertel wurde erhalten, erneuert, umgebaut, modernisiert. Heute ist es ein Schmuckstück der Stadt Trondheim, voller Leben, Tradition und Beweglichkeit, mit Blekens Kunst mittendrin.

Von dieser Geschichte erzählt das Bild „Ich und Trondheim", wie Håkon Bleken uns sagte. Wir kauften es und nun hängt es seit geraumer Zeit in der sechsten Etage der VNG und erzählt dort ein Stück weit auch von unserer eigenen Geschichte.

Das zweite Bild, ebenfalls ein Großformat, ist von dem Berliner Maler Harald Hoffmann de Vere. Das „Bild vom Bau der Mauer (Confrontation)" (1994) zeigt in Collageform einen Tag deutscher Geschichte im Oktober 1961, an dem sich amerikanische und sowjetische Panzer am Checkpoint Charlie gegenüberstehen, dem Berliner Grenzübergang zwischen West und Ost. Die DDR hatte am 13. August 1961 die Grenze zu den Westsektoren abgeriegelt und mit dem Bau der Mauer begonnen. Nun, am 12. Oktober, fahren amerikanische Panzer vor den Augen und Kameras der Welt mit Volldampf auf den Mauer-

Harald Hoffmann de Vere: „Confrontation" – Bild zum Mauerbau 1961

durchgang zu, als wollten sie durchbrechen. Im letzten Moment bremsen die Fahrer, die Panzer stehen, wippen, ihre Geschütze neigen sich nach vorn. Diesen Moment zeigt das Bild in einer Mischung aus Malerei und Fotografie.

Den Künstler hatte ich bei einer kleinen Ausstellung seiner Werke auf Hiddensee kennengelernt. Er malte für das VNG-Büro am Berliner Gendarmenmarkt ein Bild von diesem schönen Platz. Später hatte ich Gelegenheit, einer Einladung Hoffmann de Veres zum Besuch einer Ausstellung in New York zu folgen. Und da, in dieser verrückten Stadt, hing dieses Bild von der Mauer-Konfrontation. Die VNG hat es gekauft, wir haben es zurück nach Deutschland gebracht, es hängt in der Braunstraße 7 in Leipzig.

Das dritte Bild, über das ich gern erzähle, ist von Werner Tübke. Die VNG hat Friedrich Späth aus Essen viel zu verdanken. Als er 2001 den Vorstandsvorsitz der Ruhrgas und damit auch den Aufsichtsratsvorsitz der VNG niederlegte, war die Frage, womit wir ihm unsere Dankbarkeit zeigen konnten. Es musste etwas sein, was er nicht gleich verbrauchen oder austrinken konnte, er sollte sich ja noch ein wenig an uns erinnern. Also dachte ich: Er bekommt ein Bild, und da fiel einem in Leipzig gleich Tübke ein – ein bedeutender Maler aus der DDR, nicht ohne Widerständigkeit, aber auch nicht unangepasst. Ich wusste von ihm nur, was nahezu jeder wusste, er hatte im thüringischen Bad Frankenhausen im Auftrag der Staatsführung ein riesiges Bild gemalt, für das ein ganzes Museum gebaut wurde, hoch auf dem Berg, an dem die entscheidende Schlacht des Bauernkriegs getobt und mit der Niederlage der Bauern um Thomas Müntzer als Symbolfigur geendet hatte. Das monumentale Panoramagemälde mit 123 Metern Umfang und 14 Metern Höhe hatte Tübke 1987 fertiggestellt. Ich hatte es mir zu DDR-Zeiten nie angesehen – ich fürchtete, dort Bauern Fahnen mit Hammer, Sichel und Ährenkranz schwingen zu sehen.

Nun war mein Plan, den Maler aufzusuchen, ihm ein kleines Bild abzukaufen, mir das große in Bad Frankenhausen vor Ort von ihm erklären zu lassen, und bei der Überreichung des kleinen Bildes an Späth wäre der Künstler auch mit dabei.

Meine Sekretärin sollte einen Termin vereinbaren. Sie versuchte es mehrfach, war erst ratlos, später verzweifelt und fasste ihr Problem zusammen: „An den Tübke kommt man nur über seine Frau ran und das klappt nicht, sie wimmelt einen gnadenlos ab." Ich bat sie, es noch einmal zu versuchen, und irgendwann klappte es.

Mein Fahrer setzte mich vor einer schönen Villa am Leipziger Kickerlingsberg ab – Tübkes Wohnhaus und Atelier zugleich. Frau Tübke empfing mich freundlich-zurückhaltend, mit wachem, forschendem Blick. Im Vorgespräch tasteten wir einander ab, ich ergriff die Gelegenheit, sie von der Redlichkeit meines Begehrens zu überzeugen. Je mehr ich von mir erzählte, desto freundlicher wurde Frau Tübke. „Ich war mal sein Scheidungsanwalt, danach habe ich ihn geheiratet", erzählte sie mir lächelnd zum Ende des ersten Teils unseres Gesprächs, dann erklärte sie mir ihre Zurückhaltung bei der Terminabsprache. Die Tübkes hatten sich nach 1989 jeden Tag einem Besucheransturm gegenüber gesehen, zumal der Maler ja auch im Westen ein Begriff gewesen war. Anfangs hatten sie sich über so viel Interesse gefreut, aber es wurde schnell lästig, weil die Besucher aufdringlich wurden, nach dem Motto: „Wir wollen kaufen und nehmen alles, was da ist." Die Empfangssperre, die sie sich daraufhin selbst verordneten, hatte auch mich getroffen.

Frau Tübke schaute schon milder auf ihren Gast, sagte: „Nun wollen wir mal sehen, ob Herr Tübke für Sie bereit ist, ich habe Sie angemeldet", schritt zum untersten Treppenabsatz, ergriff eine Glocke und schüttelte sie kräftig. Es schallte gewaltig durchs Treppenhaus, nach drei bis vier Versuchen hörte ich eine Stimme: „Ja, was ist?" – „Herr Holst ist hier", schrie Frau Tübke. – „Soll hochkommen." – „Dann versuchen Sie mal Ihr Glück", sagte Frau Tübke noch zu mir.

Oben angekommen, wurde ich mit einem Kopfnicken begrüßt, die Hände waren farbgezeichnet. „Schießen Sie los, was kann ich für Sie tun? Ich muss aufräumen, lassen Sie sich nicht stören." Und er räumte. Hier unter dem Dach hatte er wohl schon etliche Stunden in brütender Hitze gearbeitet und er zeigte mir beim Ordnungschaffen auch, woran.

Dann trug ich ihm meine Bitte um Begleitung zu seinem Hauptwerk nach Bad Frankenhausen vor – nachdem ich die besondere Hilfe der Ruhrgas und Herrn Späths für den Osten, die VNG und für mich erläutert hatte. Dabei entwickelte sich folgender Dialog:

„Kommt nicht in Frage, keine Lust und keine Zeit."

„Ich dachte, niemand könnte besser erklären ..."

„Ach was. Die da rumlaufen, wissen alles viel besser zu erklären, was ich da sechs Jahre lang gemalt habe. Ich würde doch nur ins Stottern kommen."

„Würden Sie denn dafür an einem guten Abendessen teilnehmen, nachdem wir uns Ihr Gemälde haben erklären lassen?"

„Nein. Das ist ja noch schlimmer, da muss ich mir den ganzen Abend Ihre Fragen zur Kunst anhören und mir hochgebildete Antworten einfallen lassen, nee!"

„Trinken Sie gern guten Rotwein?"

„Ja."

„Wenn wir also nur Rotwein trinken gehen?"

„Ja, aber ohne reden!"

Das war nun geklärt, es würde keinen Ausflug nach Bad Frankenhausen mit ihm geben. Dann ging es weiter:

„Was wollen Sie nun heute von mir?"

„Ich möchte eines Ihrer Bilder kaufen."

„Ich verkaufe keine Bilder, ich habe genug Geld."

„Dann schenken Sie mir doch eins!"

Verblüfft hielt Tübke inne, schaute mich zum ersten Mal richtig an, aufmerksam, und antwortete: „So war das nun auch nicht gemeint." Er nahm meinen Arm: „Nun lassen Sie uns erst mal eine Tasse Tee trinken, das Geschäftliche müssen Sie sowieso mit meiner Frau abmachen." Er

Werner Tübke: „Herbst '89" (1990)

ging mir voraus die Treppe zum schon auf uns wartenden Tee herunter. Er erklärte mir noch einmal, dass er sein Werk der Öffentlichkeit zugänglich halten möchte und es nicht in Privathäusern verschwinden solle. Er erzählte von den unsäglichen, auch körperlichen Mühen bei der Arbeit am Frankenhäuser Gemälde, die technischen Herausforderungen, eine so gewaltige Leinwand in einem Stück zu weben und dann sicher und spannungsfrei zum Bemalen aufzuhängen. Ein dazu geeigneter Webstuhl wurde nur im Ural, in Ufa, gefunden, die Leinwand stammte von dort.

Ich kannte das Werk ja immer noch nicht und konnte nur zuhören. Meine Erklärung, warum ich es bislang nicht angesehen hatte, kommentierte er nur mit: „Naja, wir werden sehen." Dann verschwand er zum Nachmittagsschlaf.

Nun übernahm Frau Tübke wieder das Zepter und legte mir zunächst einen Werkkatalog ihres Mannes vor, den ich durchblätterte.

Das brachte zunächst nichts, ich wurde zu großen Schubladen geführt, in denen viele Skizzen zu dem Monument in Bad Frankenhausen lagerten. Hier wurde ich fündig und erstand zwei Tuschezeichnungen, eine für Späth und eine für mich.

Dann nahm ich mir noch einmal in Ruhe den Katalog vor. Mein Blick traf auf ein Bild, auf dem eine riesige Mauer aus Betonelementen von Engeln und Harlekinen zum Einsturz gebracht wird; aus der Menge der Renaissancefiguren ragen die Rotorblätter eines russischen Hubschraubers hervor. Der Titel: „Herbst '89". Es fesselte mich, ich schaute in die Spalte „Besitzer" und las: BEB Hannover – also einer unserer Aktionäre. Ich sagte: „Frau Tübke, dieses Bild hätten wir doch hier in Leipzig behalten sollen, das hätte die VNG gerne gehabt."

„Verstehe", sagte Frau Tübke lächelnd, „aber das hätten Sie damals (gemeint war 1990) wohl nicht bezahlen können." Auf mein Drängen nannte sie mir die Dimension der damaligen Transaktion und ich musste ihr recht geben – das hätte unseren Jahresetat für Kunstankauf überstiegen. Aber nun war ich auf der Jagd nach diesem Bild, ohne zu wissen, wie ich es bekommen sollte.

Später waren wir mit Späth und anderen in Tübkes Bauernkriegspanorama, von Hammer, Sichel und Ährenkranz war nichts zu sehen. Dieses Werk braucht viele Besuche und man kann es trotzdem wohl nie ganz erfassen. Wir haben zu Abend gegessen und Wein getrunken und über Tübke geredet, nicht mit ihm.

Wenig später hatte ich ein Treffen mit Putze und Kalkoffen, den damaligen Geschäftsführern der BEB Hannover. Zum Abschluss ließ ich beiläufig die Bemerkung fallen, dass bei ihnen noch ein Bild von uns hängen würde. Ich erzählte ihnen mein Tübke-Erlebnis. Sie kannten das Bild nicht, versprachen aber nachzuschauen, weil ich ernsthaft angeboten hatte, es für die VNG erwerben zu wollen.

Ich habe dann lange nichts mehr von ihnen gehört, zumal nach der Übernahme der Ruhrgas durch die VEBA, später e.on Düsseldorf, eine schwierige neue Zeit über die VNG hereinbrach. Diese Übernahme wurde nach dem Verbot durch die Monopolkommission und letztendlich das Kartellamt nur durch das Primat der Politik in Form einer „Ministererlaubnis" möglich – begründet durch übergeordnete gesamtwirtschaftliche Erwägungen. Eine der Auflagen lautete, dass die Ruhrgas ihre Anteile an der VNG AG Leipzig veräußern musste. Sie tat es und mit ihr auch andere Aktionäre wie die norwegische Statoil und die BEB Hannover. Das war ein Unsinn, über den man ein eigenes Buch schreiben könnte, aber zurück zur Kunst.

Zum Abschluss dieses Prozesses sagten sich die Geschäftsführer der BEB bei mir in Leipzig an, offizieller Anlass: Verabschiedung der BEB als Aktionär der VNG. Ich freute mich, die Herren waren immer gute Geschäftspartner und Freunde der VNG gewesen. Nach dem Essen, bei dem wir die aktienrechtliche Trennung von beiden Seiten ausreichend bedauert hatten, gab es ein Geschenk: Putze und Kalkoffen packten Tübkes Bild „Herbst '89" aus und übergaben es mit den Worten: „Hier passt es doch viel besser hin als nach Hannover." Ich war entzückt, erfreut und gerührt.

Die schwierigste Übung bei dieser Aktion bestand übrigens in der steuerlichen Behandlung der Schenkung. Seitdem hängt dieser Tübke in dem Raum des VNG-Gebäudes, in dem montags die Vorstandssitzungen stattfinden. Über viele Jahre hatten wir auf unserer ansonsten feststehenden Tagesordnung einen Punkt 0: „Verschiedenes am Wochenende Erlebtes oder Gelesenes". Sehr oft kamen wir dabei ins Politisieren, ich denke, dass das Bild vom Fall der Mauer uns trefflich dabei angeregt hat. Werner Tübke hat zu seiner Entstehung erzählt, er hätte im Dezember 1989 zusammen mit Gewandhausdirigent Kurt Masur auf dem Dach des Gewandhauses in Leipzig gestanden und einer Montagsdemonstration mit Kundgebung zugeschaut. Die Kraft der Demonstranten hätte sich ihm physisch so mitgeteilt, dass das Bild Gestalt in ihm angenommen habe.

Als wir uns im Jahr 1992 mit Christine Rink trafen, sagte ich, dass wir gern dokumentiert hätten, wie die alten Heizungssysteme in der DDR, also die Häuser mit ihren Schornsteinen, aussähen, weil uns klar war, wie schnell sich das alles verändern würde und bald nicht mehr wiederzuerkennen sei. Sie zeigte uns den Katalog „Das Bitterfeld" mit Bildern der Fotografen Thomas Wolf, Max Baumann und Frank-Heinrich Müller. Diese schwarzweißen Aufnahmen sahen genau so aus, wie ich mir das für unser Projekt vorstellte. Die jungen Leute, die gerade die Hochschule absolviert hatten, machten eine Projektstudie für uns, mit dabei auch noch Matthias Hoch, wir waren einverstanden und sie legten los – ohne irgendwelche Vorgaben.

Leipzig, August-Bebel-Straße 50, Hinterhof. Fotografien von Thomas Wolf, 1994

So entstanden viele Fotografien aus einer Zeit, die bis zum Ende der DDR stillgestanden zu haben schien und nun mächtig in Bewegung geriet. Etwa das Bild, das aus einem Treppenaufgang in der August-Bebel-Straße heraus auf den Hinterhof und das Dach blickt. Wann immer jemand die DDR verklärte, konnte ich diese Bilder hervorziehen und einen Blick auf unser damaliges verrottetes Umfeld gewähren, Kommentar unnötig. Im Lauf der Zeit entstanden aus dem von uns gesammelten Material mehrere Fotobücher und eine wohl einzigartige Fotosammlung, die man noch in hundert Jahren fasziniert betrachten wird.

Die erste Ausstellung dazu ließen wir 1994 beim Weltgaskongress in Mailand am Stand der VNG aufbauen. Zuvor hatte eine heftige interne Diskussion stattgefunden. Die einen sagten, diese Bilder könnten wir so nicht zeigen, dann würde niemand Gas von uns kaufen wollen, die anderen hielten dagegen, wir müssten jetzt zeigen, wie es gegenwärtig aussieht, damit wir später umso besser die Veränderungen darstellen können, an denen wir mit unserer Energierevolution Anteil haben. Diese Meinung setzte sich durch, die Ausstellung zog mehr Besucher an, als wir das auf andere Weise je hätten erreichen können. Weitere Bücher entstanden anlässlich der Weltgaskongresse 1997 in Kopenhagen und 2000 in Nizza. Unser Kalkül ging voll auf, denn nun konnten wir bereits die Veränderungen zeigen.

Zu meinen Lieblingsbildern zählt das von einem tristen Gebäude in Halle/Saale, in dem jemand, der wohl Satellitenschüsseln verkauft, seinen Eckladen geweißt hat. Dieses ganze Ensemble ist inzwischen längst gewichen. Dann die Bilder, die eine ostdeutsche Stadt, es könnte jede Stadt sein, vor und nach der Revolution vom Herbst 1989 auch mit Blick auf die Situation der Energieversorgung zeigt.

Das bislang letzte Buch dieser Serie entstand fünfzehn Jahre später und heißt „East – Zu Protokoll". Es fasst scheinbar willkürlich Fotografien von Motiven zusammen, die zahlreiche Fotografen mit dem Herbst '89 verbinden, Kurzprotokolle zu ihren Intentionen werden mitgeliefert, das Geleitwort stammt von Hans-Dietrich Genscher.

Zu dieser durch die VNG initiierten Reihe von Büchern muss schließlich noch das „Bilderbuch des 9. Oktober 1989 für Kinder" von Michael Fischer-Art gezählt werden, mit einem Vorwort von Erich Loest, dem Leipziger Schriftsteller und Ehrenbürger.

Zum Kapitel über die Beziehung der VNG zur Kunst gehören auch die Musik und das Theater. Wobei das Unternehmen die Künste gern finanziell unterstützt und das auch für seine öffentliche Darstellung genutzt hat, aber niemals irgendwelchen Einfluss auf ihre Formen und Inhalte ausübte – das verbot sich uns, die wir eben erst aus einem Land der Unfreiheit entlassen worden waren.

Anfang der neunziger Jahre hatten wir eine Vereinbarung mit der Leipziger Oper, die eine Inszenierung pro Jahr durch ein Zusatzbudget von der VNG nach eigenem Ermessen speziell gestalten konnte. Die künstlerischen Ideen konnten sich ein wenig mehr austoben als gewöhnlich. Udo Zimmermann, der damalige Intendant führte in dieser Zeit sein Haus in die erste Liga der deutschen Opernhäuser. So entstand etwa eine beeindruckende Inszenierung von Mussorgskis „Boris Godunow", zu der die VNG Kunden aus nah und fern einlud. Nie werde ich das Anfangsbild vergessen: ein großes aufgeschlagenes Buch, in dem sich in einzelnen Abteilungen wie in einem Adventskalender die Personen dieser Geschichte um einen falschen Zaren bewegten.

Zu erwähnen sind auch die Unicef-Gewandhauskonzerte, die seit nun beinahe zwei Jahrzehnten zusammen mit der „Leipziger Volkszeitung" und dem Gewandhaus am ersten Advent stattfinden und Geld für Bedürftige einspielen. Kurt Masur, Herbert Blomstedt, Riccardo Chailly und ihr Orchester haben dabei auch Tausende unserer Kunden begeistert. Zweimal durften wir das Gewandhausorchester im Ausland begleiten, in die USA und nach Norwegen.

Kunst, Kultur und Sport gelten als „weiche Standortfaktoren". Bei der VNG haben wir sie immer als „harte" Faktoren angesehen. Wenn ein Familienernährer seinen Arbeitsplatz aussucht, wird doch oft am Abendbrottisch im Kreis der Familie darüber entschieden, wenn eine Wahlmöglichkeit besteht. Dann, so bin ich sicher, rät die Familie auch danach, wie es mit diesen Faktoren in der in Frage kommenden Stadt ausschaut. Wir haben uns immer daran beteiligt, dass sie dort, wo die VNG tätig ist, möglichst attraktiv sind.

Der frühere Chef des BMW-Werks in Leipzig sagte mir bei unserem ersten Treffen, er kenne die VNG und mich schon seit geraumer Zeit von einem unserer Fotobücher. Gazprom-Chef Miller betrachtete, als er zur Feier des 50. Jahrestags der VNG anreiste, in Leipzig ein

Bundeskanzlerin Angela Merkel, der Präsident der Russischen Föderation Wladimir Putin und Sachsens Ministerpräsident Georg Milbradt nach der Enthüllung eines Denkmals für den russischen Schriftsteller Fjodor M. Dostojewski im Rahmen des „Petersburger Dialogs", Dresden, 10. 10. 2006

großformatiges Foto von seinem Moskauer Bürotower, wie er es in dieser Perspektive nie vorher gesehen hatte. Frank-Heinrich Müller hat es für die VNG in Moskau angefertigt. Immer wieder ergaben sich über die Künste Anknüpfungspunkte zur Kommunikation, immer festigten sich so bestehende Geschäftsbeziehungen, manchmal entstanden auch neue.

Unlängst war ich einmal wieder in Sankt Petersburg und in der nahegelegenen Stadt Puschkin, dem „Zarendorf" mit dem Katharinenpalast. In diesem befand sich das im Zweiten Weltkrieg verschollene Bernsteinzimmer, das Geschenk Preußens an den Zaren von Russland. Nun ist es dort wiedererstanden. Doch selbst in den ausführlichsten Zeitungsartikeln über diese Rekonstruktion war selten etwas darüber zu lesen, wer die Initiative dazu hatte und das Projekt bis zu seiner Vollendung finanziell maßgeblich unterstützt hat. Es war die Ruhrgas aus Essen.

Ich möchte noch eine letzte Geschichte erzählen. Ende der neunziger Jahre war ich einmal von Frankfurt nach Leipzig unterwegs. Der Zubringerbus am Flughafen Frankfurt war schon abfahrbereit, als noch ein Ungetüm von Mann zustieg und sich keuchend in den Halteriemen neben mir hing. Ich hatte ihn bald aus den Augen verloren und saß in Leipzig wartend am Gepäckband. Da war er wieder. Ich hörte ihn, bevor ich ihn sehen konnte: „Einen Kofferträger, bitte einen Kofferträger", rief er. Es war eine laute, kräftige, aber verzweifelte Stimme. „Oh Gott", dachte ich, „wo kommt der denn her – ruft in Leipzig nach einem Kofferkuli."

Dann plumpste er neben mir auf die Bank. „Seit vierundzwanzig Stunden bin ich unterwegs, ich bin am Ende", floss es aus ihm heraus. Nun begann er mir leid zu tun, dann schauten wir uns an. Meine Reserviertheit schlug sofort in Hilfsbereitschaft um: Große braune Augen flehten um Hilfe. Ich erklärte ihm, dass sein Ruf nach einem Träger hier ungehört verhallen würde, dass ich aber gern bereit sei, diese Aufgabe zu übernehmen. Ich holte zusätzliche Gepäckwagen und harrte der Koffer. In der Zwischenzeit bekam ich seine Geschichte zu hören. Er war in Houston, Texas, losgefahren und unterwegs nach Altenburg zu einem von ihm ins Leben gerufenen Familientreffen. Seine Familie, das waren junge Sänger und Musiker aus aller Welt, die er und andere mehrere Wochen lang kostenlos unterrichteten und für ein großes Abschlusskonzert vorbereiteten.

Oh, unser thüringisches Altenburg, dachte ich, das wir in Sachen Gasversorgung so schmählich an die Wintershall verloren hatten. „Da kenne ich einen Herrn Ungvari", sagte ich.

„Natürlich, Herr Ungvari, mit dem bespreche ich alle notwendigen Dinge", erwiderte der Mann.

Was um alles in aller Welt setzt sich jemand aus Houston hier in der ostdeutschen Provinz ein?, schoss mir durch den Kopf. Bis unsere Koffer erschienen, hatte er es mir in aller Kürze erklärt. Er hieß Arturo Sergi, war Sohn armer italienischer Einwanderer und im Zweiten Weltkrieg als amerikanischer Soldat nach Deutschland gekommen. Nach seiner Gesangsausbildung hatte er eine Traumkarriere als

Heldentenor gestartet, die ihn an die bedeutendsten Opernhäuser und bis an die Met, die Metropolitan Opera in New York geführt hat. „Jetzt bin ich hier und gebe etwas zurück", sagte er. Er war Leiter der Altenburger Musiktheater-Akademie mit jährlich stattfindenden Meisterkursen für Gesang und bis zum Jahr 2000 Leiter und Organisator des Altenburger Musik-Festivals. Tausende Dollar hat er privat eingesetzt. Wie sich noch zeigen sollte, war er ein viel besserer Sänger und Lehrer als Kaufmann.

Die Koffer waren da, ich half ihm, der Zweihundertfünfzig-Kilo-Mann wollte mich tatsächlich bezahlen, da gab ich ihm schnell meine Visitenkarte. So entstand eine gute Freundschaft und die VNG hat dieses tolle Festival einige Jahre unterstützt. Arturo Sergi, der im Jahr 2006 elendig bei einem Autounfall ums Leben kam, hat die VNG jedes Jahr auf dem Weg nach Altenburg besucht, er hat für uns gesungen und an unsere unternehmerische Verpflichtung appelliert, die einmalige Kultur- und Theaterlandschaft besonders auf dem flachen Land mit zu unterstützen und zu erhalten. In seinem Land, den Vereinigten Staaten von Amerika, herrsche da kulturelle Öde.

Nach dem Verlauf seiner Karriere in den USA gefragt, erzählte er, dass er nach seiner Zeit an der Met einmal ohne Vertrag gewesen sei und einige Zeit Werkzeuge verkauft habe – an Haustüren.

„Werkzeuge?", fragte ich ungläubig.

„Ja", sagte er, „was sollte ich machen? Ich konnte vom Singen nicht leben, da musste ich eben auf andere Weise für mich und die Familie sorgen. Später habe ich dann wieder gesungen." Was für ein Künstler.

Abschied vom Aktionär Ruhrgas vor einem Bild von Michael Fischer-Art

Literatur

Apelt, Andreas H. / Robert Grünbaum / Martin Gutzeit (Hg.): „Der Weg zur Deutschen Einheit. Mythen und Legenden", Berlin (Metropol) 2010.

Badstübner-Gröger, Sibylle / Christine Jörss: „Städte in Deutschland – Neustrelitz", Berlin (Nicolai) 1994.

Biedenkopf, Kurt: „1989–1990. Ein deutsches Tagebuch", Berlin (Siedler) 2000.

Biedenkopf, Kurt: „Wir haben die Wahl. Freiheit oder Vater Staat", Berlin (Propyläen) 2011.

Buff, Wolfgang / Joachim Buff (bearb.): „Vor Leningrad. Kriegstagebuch Ost 29. September 1941 – 1. September 1942", Kassel (Volksbund Dt. Kriegsgräberfürsorge) 2000.

Burfeind, Marthe / Nils Köhler (Bearb.): „Der Golm und die Tragödie von Swinemünde", Kamminke, Karlshagen (Nordlicht) 2011.

Davies, Norman: „Im Herzen Europas. Geschichte Polens", München (Beck) 2000.

Diekmann, Kai / Ralf Georg Reuth: „Die längste Nacht, der größte Tag. Deutschland am 9. November 1989", München, Zürich (Piper) 2009.

Eide, Per: „Lost in Norway", Lysaker (Dinamo) 2003.

Fischer-Art, Michael: „Der 9. Oktober 1989 – 20 Jahre danach", Leipzig (Oemus Media) 2009.

Fučiková, Eliška, Ladislav Čepička: „Albrecht z Valdštejna Inter arma silent musae?", Prag (Academia) 2007.

Führer, Christian: „Und wir sind dabei gewesen. Die Revolution, die aus der Kirche kam", Berlin (Ullstein) 2008.

George, Klaus, Steffen Uhlmann: „Zur Sache Ost. 75 Gespräche mit Spitzenleuten der deutschen Politik und Wirtschaft über den Aufbau Ost und den Mittelstand in den neuen Bundesländern", Berlin (Ed. Klageo) 2000.

Haffner, Peter: „Grenzfälle. Zwischen Polen und Deutschen", Frankfurt/M. (Eichborn) 2002.

Hirschfeld, Gerhard / Gerd Krumeich / Irina Renz: „Enzyklopädie Erster Weltkrieg", Paderborn (Schöningh) 2008.

Istendaal, Geert van: „Mijn Duitsland. Einsichten in die deutsche Seele von Aachen bis Zwiebelmarkt", Berlin (Parthas) 2008.

Kammerer, Anja / Willi Kammerer (Bearb.): „Deutsche Kriegsgräber in Ost und Südosteuropa", Kassel (Volksbund Dt. Kriegsgräberfürsorge) 2004.

Kohl, Helmut: „Ich wollte Deutschlands Einheit", dargestellt von Kai Diekmann und Ralf Georg Reuth, Berlin (Propyläen) 1996.

Lustiger, Arno: „Rettungswiderstand. Über die Judenretter in Europa während der NS-Zeit", Göttingen (Wallstein) 2011.

Müller, Frank-Heinrich (Hg.): „East. Zu Protokoll – For the Record", Göttingen (Steidl) 2009.

Baumann, Max / Hoch, Matthias / Müller, Frank-Heinrich / Wolf, Thomas: „VorOrt - Eine Sammlung topografischer Fotografien Ostdeutschlands", Leipzig (Verbundnetz Gas AG) 1994.

Mann, Golo: „Wallenstein. Sein Leben erzählt von G. M.", Frankfurt/M. 1997.

Murawski, Erich: „Der Kampf um Pommern. Die letzten Abwehrschlachten im Osten“, Beltheim-Schnellbach (Lindenbaum) 2010.

Nahmmacher, Karl: „Neustrelitz vor 50 Jahren. Jugenderinnerungen“, Neustrelitz (Wagner) 1933, Reprint 1994.

Naumann, Martin: „Wende-Tage-Buch. Ein Tagebuch von der Wende bis zur Einheit“, Leipzig (Militzke) 1998.

Pietsch, Ulrich / Claudia Banz / Theresa Witting (Hg.): „Triumph der blauen Schwerter. Meißner Porzellan für Adel und Bürgertum“, Leipzig (E. A. Seemann) 2010.

„Pod Jedna Korona. 300 Jahre Polnisch-Sächsische Union“, Katalog 1997.

Richter, Herbert: „Lose Blätter. Visionen und Realitäten“, Schkeuditz (GNN) 2004.

Stoiber, Edmund: „Weil die Welt sich ändert. Politik aus Leidenschaft – Erfahrungen und Perspektiven“, München (Siedler) 2012.

Schneider, Wolfgang: „Leipziger Demontagebuch“, Leipzig, Weimar (Kiepenheuer) 1990.

Stürmer, Michael: „Russland: Das Land, das aus der Kälte kommt“, Hamburg (Murmann) 2008.

Sabrow, Martin (Hg.): „1989 und die Rolle der Gewalt“, Göttingen (Wallstein) 2012.

Teltschih, Horst M.: „329 Tage. Innenansichten der Einigung“, Berlin (Siedler) 1991.

Witzke, Harald / Christiane Witzke: „Strelitz-Alt und Neustrelitz", Erfurt (Sutton) 2002.

Verbundnetz Gas (Hg.): „25 Jahre russisches Erdgas für die Verbundnetz Gas AG", Moskau, Leipzig 1998.

Verbundnetz Gas (Hg.): „Sammlung Zeitgenössische Malerei und Grafik der VNG – Verbundnetz Gas Aktiengesellschaft, Leipzig", Leipzig 2006.

Bildnachweis

Titel/Umschlag

Müller, Frank-Heinrich, photographiedepot.de (Titel)

Busse, Christoph (Umschlag Rückseite)

Innenteil

Augsten, Matthias (S. 121, 216)

Bandlow, Dieter (S. 112, 113, 119)

Biskup, Daniel (S. 189, 192, 193, 194)

Busse, Christoph (S. 122, 123, 124, 125)

Jung, Matthias (S. 44)

Müller, Frank-Heinrich (S. 163, 198, 203)

Schütze-Rodemann, Sigrid (S. 78, 79)

Süddeutsche Zeitung (S. 93)

VNG-Archiv (S. 67, 70, 73, 82, 87, 91, 96, 114, 115, 116, 134, 135, 139, 140, 143, 160, 161, 163, 164, 167, 169, 173, 197)

Vogel, Holger (S. 97)

Wolf, Thomas (S. 213)

Woroch, Robert (S. 166)

Privatarchiv Holst (S. 13, 19, 20, 23, 27, 28, 39, 41, 42, 48, 50, 55, 94, 99, 103, 111, 132, 152, 155, 156, 170, 171, 177, 178, 179, 180, 181, 183, 190, 191, 219)

Impressum

Bibliografische Information der Deutschen Nationalbibliothek
Die Deutsche Nationalbibliothek registriert diese Publikation in der Deutschen
Nationalbibliografie; detaillierte bibliografische Daten im Internet unter
http://d-nb.de.

Erste Auflage 2013

© 2013 für die Fotografien bei den Fotografen

© 2013 VG Bild-Kunst, Bonn für Werner Tübke und Harald Hoffmann de Vere

© 2013 für die Texte bei den Autoren (Klaus-Ewald Holst, Kurt Biedenkopf)

© 2013 für diese Ausgabe: mdv Mitteldeutscher Verlag GmbH, Halle (Saale)

Projektkoordination Frank-Heinrich Müller, PHOTOGRAPHIEDEPOT, Leipzig

Lektorat Dr. Jan Strümpel, Göttingen

Buchgestaltung und Satz Martina Römer, Berlin und Inka Perl, Leipzig

Gesamtherstellung mdv Mitteldeutscher Verlag GmbH, Halle (Saale)

www.mitteldeutscherverlag.de

ISBN 978-3-95462-069-2

Printed in the EU